SV

DIE SIEBZIGER JAHRE

Ein Suhrkamp Lesebuch

Erste Auflage 1990

Quellenhinweise am Schluß des Bandes
Satz: IBV Satz- und Datentechnik GmbH, Berlin
Druck: Wagner GmbH, Nördlingen
Printed in Germany

DIE SIEBZIGER JAHRE

Ein Wort zuvor

Dieses Buch ist eines der vier Lesebücher, die der Suhrkamp Verlag anläßlich seines vierzigjährigen Bestehens vorlegt: es sind die Fünfziger Jahre, die Sechziger Jahre, die Siebziger und Achtziger Jahre, deren Autoren hier versammelt und aus deren im genannten Zeitraum erschienenen Büchern Texte geboten werden.

Vor 40 Jahren gründete Peter Suhrkamp seinen Verlag neu; erste Autoren waren Hesse und Brecht, T. S. Eliot und Proust, Adorno und Benjamin; als »junger Autor« trat Max Frisch hinzu. 40 Jahre später ist dieses Verlagsprogramm wirksam entfaltet: Herausragende zeitgenössische deutschsprachige Autoren; immer wieder der Versuch »der junge Autor«; ein Programm großer internationaler Autoren wie Joyce, Beckett, Duras, der Mexikaner Octavio Paz, der Peruaner Mario Vargas Llosa, der Japaner Yasushi Inoue, die Chinesin Ding Ling, die Russin Marina Zwetajewa, der Pole Czesław Miłosz, der Spanier Jorge Semprun, die Katalanin Mercè Rodoreda, der Israeli Amos Oz. Die Basis Adorno/Benjamin wurde erweitert mit den Werken von Ernst Bloch, Michel Foucault, Herbert Marcuse, Alexander Mitscherlich, Max Raphael, Gershom Scholem, Georg Simmel, Claude Lévi-Strauss und Ludwig Wittgenstein bis hin zu den Werken von Jürgen Habermas, Niklas Luhmann, Dieter Henrich, Manfred Frank und vieler jüngerer Wissenschaftler.
Die vier Lesebücher, die sich auf Belletristisches konzentrieren und nur gelegentlich die wissenschaftliche Dimension des Programms, die eigens vorgestellt werden soll, andeuten, wollen ein Fazit verlegerischen Wirkens ziehen. Sie spiegeln die Geschichte des Verlages wie die Geschichte

der deutschsprachigen Literatur dieser vier Jahrzehnte. Den Lesern seien diese Kompendien angeboten, zum Überblick für die einen, den anderen, vor allem den jüngeren Lesern, zum Hinführen zu Werken, die entdeckt oder neuentdeckt werden sollten.

Eine Einladung zum Lesen also: Wie war es »damals« in den 50er, 60er, in den 70er Jahren, und was ereignet sich heute in der Literatur der jüngsten Autoren.

Siegfried Unseld

Inhalt

THOMAS BERNHARD

... tatsächlich habe Konrad im Zimmer seiner Frau wochenlang eine Hacke versteckt gehabt

... tatsächlich habe Konrad im Zimmer seiner Frau wochenlang eine Hacke versteckt gehabt, eine ganz gewöhnliche Holzhacke, er, Konrad, habe aber seine Frau nicht mit dieser Hacke erschlagen, sagt Höller, sondern erschossen, die Hacke sei wochenlang hinter dem Krankensessel auf der Fensterbank gelegen und dort verstaubt. Als Tatzeit wird drei Uhr früh vermutet, aber es ist auch von anderen Zeiten die Rede, so heißt es im Lanner immer wieder, Konrad habe seine Frau um *vier Uhr* früh umgebracht, im Laska, um *ein Uhr,* im Stiegler, um *fünf Uhr* früh, im Gmachl um *zwei.* Niemand, auch Höller nicht, hat einen Schuß gehört. Während er selbst das Sickinger Kalkwerk als den einzigen ihm noch möglichen Ort bezeichnete, sagt Wieser, sei ihm, Konrad, Sicking in Wahrheit nach und nach und in den letzten beiden Jahren, so Fro, mit geradezu bösartiger Schnelligkeit zum Verhängnis, im Grunde ihm selber auf das Tödlichste bewußt zu einer einzigen deprimierenden Niederlage geworden, Wieser sagt auf seine Art ganz pathetisch: zur Tragödie. Während er, Konrad, schon sehr früh alles versucht habe und auch alles getan habe, in den Besitz des Kalkwerks zu kommen, das zwar immer schon in der Familie der Konrad, aber durch Erbschliche, wie Konrad einmal Fro anvertraut haben soll, zwischen den beiden Weltkriegen in die Hände von Konrads Neffen Hörhager gespielt worden sei, das Kalkwerk käuflich zu erwerben, war an die drei oder gar vier Jahrzehnte Konrads Wunschtraum gewesen, der sich, das muß gesagt werden, meinte Fro, immer schwieriger, aber dann auf einmal doch über Nacht, wie Wieser meint, verwirklichen habe lassen, Konrad habe schon in der Kindheit an der Vorstellung gearbeitet, sich einmal im Kalkwerk niederzulassen, meint Fro, von frühester Jugend an habe er den Plan, einmal in das Kalkwerk einziehen und in ihm hausen zu können verfolgt, Besitz zu ergreifen von dem alten Mauerwerk, den Rest des Lebens in der, wie Konrad selbst einmal zu Fro gesagt haben soll, absoluten Isolierung von Sicking auf seine ihm mehr und mehr zur Notwendigkeit gewordenen intensiven Art und vor allem immer von seinem ihm tatschächlich noch immer vollkommen gehorchenden Kopfe aus zu verbrauchen, habe er sich schon früh vorgenommen, aber der unaufhörlich von seinem Neffen Hörhager in die Höhe getriebene Kaufpreis und das fortwährende Ja und Nein des Neffen, den Verkauf des Kalkwerks an Konrad betreffend, die ihn, Konrad, geradezu sadistisch anmutende fortwährende Willensänderung des Neffen, der alle Augenblicke einmal zusicherte, das Kalkwerk zu verkaufen, dann aber wieder plötzlich von einem Verkauf an Konrad nichts wissen wollte, der immer wieder drohte, er werde wohl das Kalkwerk verkaufen, aber nicht an Konrad, dann wieder versprach, das Kalkwerk nur an Konrad zu verkaufen, der an einem Tag Konrad die Zusicherung gab, das Kalkwerk zu verkaufen, am nächsten diese Zusicherung wieder zurückzog oder von einer solchen an Konrad gegebenen Zusicherung auf einmal immer wieder nichts mehr wissen wollte, dieses ständige Verkaufenwollen und Nichtverkaufenwollen, die unaufhörliche, in Wahrheit durch nichts gerechtfertigte Preishinauftreibung (Fro), von Tag zu Tag hatte das Kalkwerk einen höheren, immer einen immer noch höheren Preis, zermürbten Konrad, aber er wäre nicht er selbst gewesen, wenn er nicht gegen und vor allem gegen alle diese, wie er gesagt haben soll, unmenschlichen Widerstände schließlich doch in den Besitz des Kalkwerks gekommen und in das Kalkwerk eingezogen wäre. Während man aber also ruhig sagen kann, meint Wieser, daß

Konrad jahrzehntelang alles getan habe, um schließlich und endlich in den Besitz des Kalkwerks zu kommen und mit immer rücksichtsloserer Schärfe diesen Plan vorangetrieben und verfolgt und eines Tages tatsächlich verwirklicht habe, habe seine Frau, die, und das hängt mit ihrer Verkrüppelung und Unbeweglichkeit zusammen, solange sie im Kalkwerk gelebt hat, außer dem Höller, dem Bäcker, dem Rauchfangkehrer, dem Friseur, dem Gemeindearzt und der Störschneiderin kein Mensch je zu Gesicht bekommen hat, die Konrad, von welcher gesagt wird, daß sie zwar verkrüppelt, aber von großer Schönheit gewesen sei, habe also die Konrad alles versucht und auch alles getan, um nicht in das Kalkwerk gehen zu müssen, er, ihr Mann, meint Wieser, habe naturgemäß immer nur an seine Studie gedacht, für die ihm immer das Kalkwerk als ein ideales erschienen war, sie aber befürchtete schon zu der Zeit, in welcher ihr Mann die ersten, damals von ihr kaum noch ernst genommenen Gedanken an das Kalkwerk wie sie später immer wieder gesagt habe, regelmäßig, ja mit einer in der Folge zunehmenden leidenschaftlichen Gewohnheit, gehabt habe, daß ihr ja schon genug trauriges Leben mit der Verwirklichung des Vorhabens ihres Mannes, ins Kalkwerk einzuziehen, in eine mehr oder weniger fürchterliche Existenz einmünden werde, was sich auch, wie man heute weiß, bewahrheitet hat; sie hat nach Toblach, in ihren Elternort und in ihr Elternhaus, zurückgehen wollen, aber nach Toblach zurückgehen hätte für ihn nichts anderes als die endgültige Aufgabe seiner Studie und also auch seines Existenzzweckes und in der Folge auch für seine Frau, in Wahrheit Konrads Halbschwester, nichts anderes als die totale mutwillige Existenzvernichtung noch dazu im Ausland bedeutet, denn die Abhängigkeit seiner Frau von ihm war die vollkommenste, die man sich vorstellen kann, sagt Wieser, und es habe in jedem Falle immer nur eine tödliche Wirkung, aus Verzweiflung und Ratlosigkeit und letzter Lebensanstrengung und also aus doppelter Verzweiflung und doppelter Ratlosigkeit, weil man ganz einfach keinen anderen Ausweg mehr weiß und weil man weiß, daß es ganz einfach keinen Ausweg mehr gibt, keinen Ausweg mehr geben kann, schließlich das Elternhaus im Elternort und in der Elternlandschaft wieder aufzusuchen, den sogenannten Rettungsort. Tatsächlich wäre seiner Frau immer Toblach als der alleridealste Rettungsort unter allen anderen Rettungsorten im Gedächtnis gewesen, das allerideal-ste Toblach fortwährend im Gegensatz zu dem für sie furchtbaren Sicking, das sie fürchtete. Aber gerade nach Sikking sind die beiden gegangen, er, sagt Fro, habe sich durchgesetzt, sie habe das Kalkwerk immer gehaßt, sie habe immer alles versucht, ihn von der Idee, in das Kalkwerk zu gehn, abzubringen, seinen Neffen Hörhager habe sie zuerst zu überreden versucht, das Kalkwerk nicht oder jedenfalls nicht an Konrad zu verkaufen, dann habe sie den Neffen Konrads zu bestechen versucht, habe dem Neffen, sagt Fro, sogar eine sechsstellige Summe angeboten, für den Fall daß er das Kalkwerk nicht an Konrad, sondern an einen andern verkauft, schließlich habe sie dem Hörhager gedroht, ihn abwechselnd erpreßt und gewarnt und ihm gedroht, aber das alles habe nichts genützt, sagt Fro, Konrad habe sich durchgesetzt, wie er sich immer und in jedem Falle immer durchgesetzt habe, wie Fro sagt.

UWE JOHNSON

29. Oktober, 1967

29. Oktober, 1967 Sonntag. Wechsel von Sommer- auf Winterzeit

Gestern, gegen Mittag, in der 53. Straße an der Fünften Avenue, händigten Schauspieler einer Passantin eine Wasserpistole aus rotem Kunststoff aus, drängten sie in einen Kreis und forderten sie auf, einen Halbwüchsigen zu erschießen, der ihr als Angehöriger der Viet Cong vorgestellt wurde. Das Mädchen, eine zwanzig Jahre alte Deutsche zu Besuch in der Stadt, richtete ihre Waffe direkt auf den Jungen und löste den Schuß aus. Das Opfer fiel, lag in Spreizhaltung auf dem Bürgersteig. Als die Schauspieler inmitten der Schaulustigen sich davongemacht hatten, war der Vorfall für Fräulein Gritli Kux noch lange nicht klar.

Die evangelische Kirche zu Jerichow, bei der Cresspahl wegen Anmeldung eines Kindes vorsprach, war immer noch die Kirche von Pastor Methling, so lange war er in der Stadt gewesen, sichtbar, fühlbar, hörbar.

Sichtbar, ein Mann von bald zwei Metern und noch fast zwei Zentnern, dem der Talar um den Bauch weit genug war, jedoch um die Knöchel zu kurz, so daß er unter dem schwarzen Kittel oft lehmige Stiefel zeigte beim Abschreiten der Stadtstraße, erhobenen Kopfes unterwegs zu Hausbesuchen, gesenkten Kopfes hinter Swensons Leichenwagen her, und wie seine Gemeindemitglieder ihn bei dem einen Mal hätten zum Säcketragen schicken mögen, so trauten sie bei dem anderen nicht seiner Darstellung von Demut. Denn er schrie sie an. Als er im Herbst 1927 von Probst Swantenius eingeführt wurde, hatten sie einen abgekämpften Seelenhirten erwartet, zum Abverdienen der Pension in eine kleine Stadt abgeschoben, gerade noch tüchtig genug zur Ausschmückung der Feste. Mit Milde fing der Neue gar nicht erst an. Ebenso ließ er sich nicht ein auf die Gewohnheit, daß die Kirche zu den feierlichen Gelegenheiten nur bestellt wurde, damit an der Hochzeit oder Geburt nichts fehlte (»damit alles seine Ordnung hat«). Er kam auch ungebeten ins Haus, da mußte gar nicht jemand krank sein, und setzte sich so breit, daß allenfalls Einer wie Peter Wulff um Bewirtung herumkam. Und er brachte die Kirche mit zu Festen, die sein Vorgänger zu Hause begangen hatte: Tag der Reichsgründung, Kaisers Geburtstag, Schlacht bei Tannenberg. Er gründete ein Gemeindeblatt »Rund um die Petrikirche«, und ließ es sich nicht pro Stück bezahlen, sondern gleich das ganze Unternehmen, mit Spenden. Er mußte nur ein paar Sonntage hintereinander über die »Trägheit des Herzens« unter besonderer Berücksichtigung von Jerichow predigen (»wüten« nannte Ottje Stoffregen das), und Maaß am Markt bekam nicht nur das Geld für seine Druckerrechnung auf Vorlage, sondern zusätzlich Aufträge, für Plakate. Er brachte es fertig, in Jerichow, wo schon ein zehnjähriger Junge zum Mitarbeiten angehalten wurde, eine Gruppe »Eiserner Ring« zu gründen, und hielt die Kinder mit Übungen in Kluft und Abzeichen auf, und wenn er ihnen auch die Mitgliedschaft in politischen Vereinigungen verbot, die »Schildschaft« mußte bei Versammlungen doch in Uniform auftreten, und ihr Spruch war »Grip tau – Holl wiss«, und damit war gewiß nicht gemeint, ein Deutscher solle loslassen was er besaß, in der Hand oder in Gedanken. Pastor Methling zeigte sein hartes Ei von einem Kopf, an dem vorn ganz wenig Gesicht angebracht war, freundlich angehobenen Kinnes auf den Familienfotos und im Gneezer Tageblatt, denn er war eingenommen von der ausgeprägten Form und hielt sie für echt mecklenburgisch und niederdeutsch, und so ließ er sich auch vernehmen gegenüber den Stadtverordneten, die nun mit einem Mal in ihren Beratungen ein »Interesse der Kirche« berücksichtigen mußten, von dem sie früher weniger bemerkt hatten. Und die Adligen, die den neuen Pastor bei Dienstantritt zur Vorstellung beordert hatten, wurden seine Besuche nicht mehr los, und wenn er eine Freifrau von Plessen auf der Straße grüßte, so tat er das nicht mit dem Versuch angenommener Gleichberechtigung, wie doch immerhin der alte Papenbrock, sondern führte die Hand recht langsam an die Hutkrempe und kippte die Kopfbedeckung im Drehen des Handgelenks so feierlich, daß die Herablassung auffiel, und wenn Louise Papenbrock das mit seiner besseren Kenntnis der Bibel rechtfertigte, so mußte Pächter Kleineschulte etwas anderes verstanden haben, seit er vor Pastor Methling nicht mehr den Hut schwenkte, sondern die Peitsche.

Er machte sich fühlbar. Er begann mit der Aufforderung an die Gemeinde, im Gottesdienst die Hüte und Mützen nicht auf die Bankwagen zu hängen; er ging weiter mit dem Verlangen an Wöchnerinnen, für die Genesung mit einem Kirchgang zu danken; er hatte sich durchgesetzt, als er durch Beschluß des Kirchgemeinderats Frakturbuchstaben (statt Antiqua) auf Grabsteinen zur Bedingung machte, damit ein Deutscher deutsch sei, auch im Verrotten. Kam die Mutter eines unehelichen Kindes nicht freiwillig, so konnte er sie sich schicken lassen durch eine Gutsverwaltung, und hatte auf dem selben Wege genug erfahren zur Demütigung der Mädchen, und ließ es ohne Tränen nicht abgehen. Er hatte dem Fleischer Methfessel die Taufe seines Sohns verweigert, weil Methfessel nur mit der Gebühr bezahlen wollte, nicht aber mit dem Aufsagen der Versicherung, er werde den jungen Erdenbürger in chrislichem Geiste erziehen und zu christlichen Taten anhalten. Nicht nur Methfessel hatte klein beigegeben. Sie ließen sich Methlings joviales Betragen gefallen, weil es ihn wenn nicht neben die so doch in die Nähe der Herrschaften rückte. Seine Vertraulichkeiten, seine Starrhalsigkeit, seine Salbaderei auf vaterländischen Kundgebungen lud auch ein zu Unternehmungen gegen ihn. Mit ihm sich anlegen, es mochte Geld kosten, es konnte Spaß einbringen. Ein Mädchen hatten sie ihm noch nicht anhängen können. Daß er gern einen trank, gab er selbst zu oft zu, als daß es für eine Beschwerde bei der Superintendentur in Gneez gereicht hätte. Aber schon die Erde am Stiefel, die Jerichows ländliche Umstände bloßstellen sollte, war gut für Kopfschütteln oder Vergnügen daran, daß ein Endsechziger so sich gehen ließ. Und einmal hatten sie ihn hereingelegt, zum Reformationsfest 1931, als das Handwerk nicht wie er dachte mit Zylindern gegen den Bau einer katholischen Kirche demonstrierte, sondern die Einkünfte aus dem Auftrag feierte. In der Stadt galt Papenbrock als der einzige, der Methling gewachsen war; hatte er seine jüngste Tochter für Methling arbeiten lassen, so doch nicht ohne einen Gewinn, mochte er vorläufig undeutlich sein.

Und Pastor Methling machte sich hörbar. Leider hatte Methling eine Sorge. Oder war es eine Konkurrenz, oder geradezu ein Feind? Manchmal nannte er ihn das Element der Gottlosen, und seine Zuhörer hätten an die Kommunistische Partei denken können. Im Frühjahr 1932 wurde der Irrtum offenbar. Methling predigte über die Namensgebung und warnte vor jüdisch-griechischen Ableitungen, aber der plattdeutsche Akzent in seinem tönenden Baß war in siebzehn Dienstjahren an der Grenze zu Brandenburg ein wenig ausgewaschen. Methling, Mitglied und Abonnent aller mecklenburgischen Heimatbünde, sprach von der Kanzel herab über die völkische Forderung nach reinrassigen Ehen und nannte sie berechtigt. Unter der Kanzel saß Methlings Frau, klein, schmächtig, auffällig älter als er, mit einem vor Verschüchterung fast tauben Blick, mit blanken schwarzen Haaren in einem Dutt, kinderlos, von Kindern auf der Straße umlaufen, nicht Methlings Rasse. Rasse hielt Methling für eine irdische Schranke, die in der Ewigkeit aufgelöst werde; er wollte die Juden achten und lieben und zum rech-

ten Glauben bekehren – regiert werden wollte er nicht von ihnen, (das sei nicht christlich). Er sagte den Juden Geldgier nach, und seine Gemeinde entsann sich Methlings Vorliebe, kirchliche Dienstleistungen in Bargeld zu beziehen. Dr. Semig hatte oft genug im Preis nachgelassen. Er sprach von der jüdischen Gleichgültigkeit gegen die Idee der Nation, aber er hatte in der Heimat gepredigt, als Semig im Graben lag. Er meinte gar nicht Semig selbst, er meinte nicht den Kleiderhändler Taunebaum in der Kurzen Straße, obgleich er beiden Kaufgräber auf seinem Friedhof nur mit 100% Aufpreis abgelassen hätte; er meinte Volkstum, germanisches Erbe, Rassenehre. Jetzt ging Semig nicht mehr auf die Straße und nicht ins Hotel Stadt Hamburg. Jetzt saß Semig zu Hause, neben einem stillen Telefon, vor einem Terminblock, auf dem noch im Dezember einige Bestellungen standen, jetzt fast keine.
Wilhelm Methling war noch in Jerichow, obwohl er nach seiner Verabschiedung ein geerbtes Haus in Gneez bezogen hatte. Von da aus redigierte er weiterhin sein Blatt rund um den Turm der Petrikirche, mit der Unterstützung des Lehrers Stoffregen. Stoffregen schrieb kleine Aufsätze über Ortsgeschichte in der Umgebung von Jerichow, er tat auch eingesandten Kindermund und Familiennachrichten und Fotos von übriggebliebenen Windmühlen ins Blatt, aber Methling saß in Gneez und schrieb über Bäume, Bäume im Volkslied, in der Sage, notfalls an der Chaussee, und kam von jedem auf die Stammbäume, auf Staemmlers Gesetzentwurf zur Rassenscheidung, auf Eheverbot und Vorfahrenforschung (siehe den Stammbaum Jesu im Buch Lukas), nur daß er jetzt Geld verlangte für das Amt des Schriftleiters, das er vorher Ehren halber verwaltet hatte. Und Methling war es, der in einer Einwohnerversammlung in Gneez das Glückwunschtelegramm an den neuen Reichskanzler formuliert hatte, beim Verlesen fotografiert vom Gneezer Tageblatt, ein alter Mann voll kindlicher Freude, seine Lebens-

ziele nicht übergangen sondern an der Regierung zu sehen, ein großes glänzendes mecklenburgisches Ei von einem Kopf, oben etwas flächig und an den Seiten leicht zusammengedrückt und knitterig.

Da wollte Cresspahl sein Kind anmelden.

Als er vor dem Pfarrhaus stand, sah er das Schild des neuen Pastors, Brüshaver, und erinnerte sich. Die Vordertür war verschlossen. Cresspahl ging seitlich um das Haus, über die matschige Einfahrt der Gärtnerei Creutz, aber die Pforte des Pfarrgartens war verschlossen, und hinter den rötlich spiegelnden Fenstern regte sich Keiner.

Bei uns, an der nördlichen Grenze unseres Viertels, steht die Kirche des Heiligen Johannes von Gottes Gnaden, die größte gotische Kathedrale der Welt, drei Blocks breit, von der 111. bis zur 113. Straße an der Amsterdam Avenue, begonnen 1891, nicht weitergebaut seit 1941, nicht fertig ohne die geplante Mittelkuppel und die beiden Türme zum Westen hin. Wir haben sie schon immer die Kathedrale des Unvollendeten Johannes genannt. Jetzt soll sie es bleiben, solange Horace W. B. Donegan Bischof von New York ist, bis die Qual der benachteiligten Bürger in den umgebenden Slums gelindert ist. Das sind zwei verschiedene Daten.

– Das verstehe ich nicht: sagt Marie: Wieso hab ich durch die Umstellung der Uhr eine Stunde zurückbekommen?

– Weil du am 30. April eine Stunde weniger schlafen konntest. Die Sommerzeit hatte dich zu früh aus dem Bett geholt.

–Und wenn ich mich nun nicht erinnere, ist es dann auch noch wirklich?

GÜNTER EICH

Ein Tibeter in meinem Büro

Mein Gedächtnis ist so gut geworden, daß ich die vielen Erinnerungen nicht mehr unterbringe. Wohin damit, in meine Steinzeit oder mein Quattrocento? Ich habe kein Datum mehr frei. Aber sie sind nicht wegzubringen, vermehren sich noch und ich könnte mit dem gleichen Recht sagen, mein Gedächtnis sei schlechter geworden. Ich habe mir eine Registratur einrichten müssen, Lochkarten, doppelte bis dreifache Buchführung, Ordnung nach Alphabet und Sachgruppen.

Ich verbringe dort den ganzen Tag und denke streng behördlich. Parteienverkehr von 8 mit 12. Meine Erinnerungen im Vorzimmer, Gewerbetreibende, Bittsteller, halten sich nicht an die Zeiten, kein Essen, kein Trinken, ganz bedürfnislos, sie warten. Sie haben alle Gestalt angenommen, das werfe ich ihnen vor. Ich wage mich nicht mehr hinaus, beobachte sie durchs Schlüsselloch, aber das Schlüsselloch ist kein gesunder Zustand.

Einer, der ist neu, hat einen Röhrenhut auf, höher als ein Zylinder, auch schwarz. Tibetischer Lama, denke ich mir gleich, aber wieso trägt er blonde Haare bis auf die Schulter? Om mani padme hum kann es nicht sein, auch nicht a plus b ins Quadrat, das wäre kürzer geschoren. Bestimmt kenne ich ihn gut, bestimmt eine Sentenz. Die Tiefe der Dinge ist ihre Oberfläche. Von Nietzsche. Aber ich will garnicht wissen, woher. Wohin mit dem Tibeter, wieso ist er geblieben, und gerade jetzt? Mein Tibetisch ist nicht besonders.

Mich stört auch, daß sie miteinander sprechen, Freundschaften schließen, Verbindungen eingehen, womöglich Kinder zeugen, die dann mit zu meinen Erinnerungen gehören, das wird mir wie gesagt zuviel. Der Tibeter zum Beispiel mit der Pik sieben. Ist das Junge dann eine Sentenz oder ein Liebesverhältnis oder eine Mischung, das stelle ich mir furchtbar vor. Mein Büro käme durcheinander und Fluchtwege habe ich nicht, ich müßte immer durch die Gesellschaft hindurch und alle würden mich am Ärmel zupfen und mich Vater nennen.

Exkurs über die Milz

Halten wir die Milz in Reserve! Wenn wir zum Beispiel der Zeit auf die Sprünge kommen, kann das die Milz übernehmen. Da hat sie zu tun ohne sich zu überanstrengen. Aber wie ich die Milz kenne, wird sie wieder alles den Geisteswissenschaften überlassen wollen und das gibt Ärger.
Die Milz ist ein faules Organ. Komm, alte Milz, sag mir, was ich am Eschersheimer Tor gesagt habe. Das Eschersheimer Tor habe ich nicht aufgenommen, es steht außerhalb meines Lebens. Gewiß gibt es Punkte auf der Welt, die ich milzähnlich verwende, ich weise ihnen Funktionen zu, sie übernehmen mein Gedächtnis, so habe ich mich auf vier Kontinenten eingerichtet, muß fleißig herumfahren, um alles beisammen zu haben. Aber das Eschersheimer Tor? Ich weiß nicht einmal, ob es nicht Turm heißt.
Was sagte ich am Eschersheimer Turm? Ariadnefaden, Leuchtfeuer? Orientierung braucht man nicht nur in Frankfurt. Schon die Oder kann zu Irrtümern verleiten. Ach liebe Milz, erinnere dich an die Oderbuhnen, bring alles durcheinander! Es ist so selten, daß man alles in einem Punkt beisammen hat, in einem zugespitzten Augenblick, der den ganzen Bleistift enthält.
Am Eschersheimer Turm sagte ich was ich immer sage. Aber dort sprach ich es aus, wie man mir sagt. Ich sprach es am Eschersheimer Turm aus wie in Kyoto und Vézelay,

– zwei meiner Milzorte. Einmal ausgesprochen ist für immer gesagt, zu meinem Leidwesen. Man möchte manches wieder einatmen und in der Milz hinterlegen, ziemlich tief links außen, man möchte seine bescheidenen Geheimnisse behalten.

für Uwe Johnson

ÖDÖN VON HORVÁTH

Original Zaubermärchen

Erstes Bild

Schauplatz: Im Hintergrund ein Regiment Soldaten mit Fahne in Paradeaufstellung. Daneben die Musik.
Johann, ein Soldat. Feldwebel. Musikmeister.

FELDWEBEL Stillgestanden! Rührt euch! Stillgestanden! Rührt euch! Daß mir nur alles klappt! Ihr Sauhorde! Wie stehst denn du schon wieder da? Gleich laß ich dich umanand, daß mit dem Arsch auf die Uhr schaust!

MUSIKMEISTER Apropos Uhr: du Feldwebel – wir haben doch noch Zeit, bis die Exzellenzen kommen?

FELDWEBEL Oh noch lang!

MUSIKMEISTER Dann ist schon gut – wir haben nämlich heut Abend ein Ständchen zum Spielen zugunsten der Mutterhilfe, und die kleine Nachtmusik klappt noch nicht ganz – wir werden pianissimo inzwischen üben. Also los!
Sie üben pianissimo.

FELDWEBEL *schreitet die Front ab, bleibt vor Johann stehen:* Was soll das?

JOHANN Melde gehorsamst, was, Herr Feldwebel?

FELDWEBEL Der Knopf.

JOHANN Melde gehorsamst, wieso, Herr Feldwebel?

FELDWEBEL Wieso? Was ist denn mit dem Knopf los? Ist das aber ein Saustall! In so einem Knopfe muß sich der Himmel spiegeln! Siehst du den Himmel, du Drecksau?

JOHANN Melde gehorsamst, nein, Herr Feldwebel!

FELDWEBEL Nein? Und ausgerechnet heut! Bei der Herbstparade! Umdrehen! *Johann dreht sich um.*
Hinten gehts ja – aber vorn! Der Knopf wird uns blamie-

ren! Der Knopf wird unser Unglück! Wenn der Kriegsminister den Knopf sieht, wird er demissionieren müssen! Da beschwört so ein Lümmel eine Krise hervor! Na wart!

JOHANN Melde gehorsamst, Herr Feldwebel, ich hab den Knopf geputzt.

FELDWEBEL Geputzt?

JOHANN Ich hab ihn drei Tage und drei Nächte geputzt. Ich hab meinen ganzen Urlaub damit verbracht. Ich bin nirgends hin. Meine Braut hat sich beschwert und ihre Freundinnen haben mich ausgelacht – ich hab den Kopf geputzt, aber er wird nicht blank.

FELDWEBEL Das gibt es nicht!

JOHANN Aber ich habe mein Möglichstes getan. Vielleicht liegt es am Knopf.

FELDWEBEL Am Knopf? Du weißt wohl nicht, was du da sprichst! Den Knopf hat der Staat geliefert – der Staat liefert keine schlechten Knöpfe! Das ist eine Beleidigung des Staates! Ich hätt gut Lust und tät dich einkerkern lassen! *Hauptmann kommt.*

Feldwebel schlägt die Hacken zusammen. Zur Stelle! 1458 Mann, Herr Hauptmann, 798 Kanonen, 40 Tanks, 126 Pferde, 586 Doppeldecker, 12 Maschinengewehre leichte und schwere, 800 Minenwerfer, 10000 Fahnen, 1238452 Knöpfe!

HAUPTMANN Danke! Na? Alles in Ordnung? Klappts?

FELDWEBEL Alles, Herr Hauptmann! Die Kanonen sind sauber! Die Pferde zahm, die Flugzeuge gut – alles klappt, bis auf einen Knopf.

HAUPTMANN Knopf?

FELDWEBEL Er ist nicht geputzt, Herr Hauptmann.

HAUPTMANN Skandal! Wer ist denn der Kerl!

FELDWEBEL Der Dritte von rechts!

HAUPTMANN Soll mal her! *Tritt auf ihn zu.* Also das ist er. Ich sehe, ich sehe. Ja was bilden Sie sich denn ein?! Mit einem solchen Knopf zur Parade! Na jetzt ist nichts mehr zu ändern! Aber wenn die Exzellenz das sieht, dann ist es aus!

JOHANN Melde gehorsamst, Herr Hauptmann – ich habe den Knopf geputzt, aber er wird nicht anders.

HAUPTMANN Also das ist eine Unverschämtheit!

Posaune in der Ferne; Defiliermarsch.

Der General! Jetzt ist schon alles wurscht!

Hauptmann zieht den Säbel und salutiert.

General mit Gefolge, darunter der Erfinder in Frack, kommt.

General schreitet die Front ab, stutzt etwas vor Johann; dann zum Hauptmann.

HAUPTMANN *erstattet Bericht:* Melde gehorsamst, Herr General! 1458 Mann, *usw.* – 10000 Fahnen, 1238453 Knöpfe.

GENERAL *zählt für sich nach:* 1238453 Knöpf – stimmt! Aber ein Knopf war dazwischen, der mir nicht gefallen hat. Zur Kritik, meine Herren! Sowas, wie das mit dem Knopf darf nicht vorkommen – es gefährdet zuguterletzt das Ansehen des Staates. Der Mann gehört exemplarisch bestraft. Festung, Folterung. Schad, daß die Folter schon abgeschafft ist, meiner Seel! – Es fällt auch auf Sie ein schlechtes Licht. Daß mir das nicht wieder vorkommt! So! Und jetzt wollen wir weitergehen – Meine Herren! Der Herr hier hat eine Kanone erfunden, und die wollen wir prüfen! Wenn das stimmt, was der Herr hier sagt, dann meine Herren, ist das grandios! Stellen Sie sich eine Kanone vor, mit deren Hilfe man eine Mücke treffen kann, und zwar auf zehn Kilometer Länge, in der Stratosphäre!

ERFINDER Verzeihung, aber auf unbeschränkte Länge!

GENERAL Unfaßbar!

ERFINDER Ich kann auch eine Fliege treffen, die sich im Weltraum bewegt – sagen wir mal eine Fliege zwischen

Venus und Merkur, oder in der Nähe des Saturn oder Mars.

GENERAL Mars! Bravo! Wenn es klappt, so ist das etwas ganz Großes.

Die Kanone wird hereingezogen – sie ist sehr klein.

ERFINDER Die Kanone hat den Vorteil der großen Wendigkeit, großer Tragbarkeit.

GENERAL Bravo!

HAUPTMANN Verzeihung, aber ich komm noch nicht ganz mit. Sie schießen also mit dieser Kanone nach Mücken, Fliegen –

ERFINDER Nach Bienen, Wespen, Brummer, – kurz alle Insekten!

GENERAL Auch Flöhe, Läuse?

ERFINDER Natürlich! Wanzen alles! Aber das hat keinen praktischen Wert.

GENERAL Richtig!

HAUPTMANN Aber wir sind doch Soldaten! Wir schießen doch auf Menschen, auf die Leut und nicht auf Mücken!

ERFINDER Bitte mich nur anzuhören! Es ist gewissermaßen ein indirektes Kriegführen, Herr Sachverständiger! Die Sache ist so: mit dieser Kanone schießen wir jedes einzelne feindliche Insekt tot – dann gibt es aber auch keine Befruchtung auf der Erde unter Pflanzen, stellen Sie sich das vor: die Leut verhungern einfach, sie haben keine Äpfel, keine Birnen, nichts wächst mehr –

HAUPTMANN Und der Weizen? Und der Hafer?

GENERAL Weizen, Hafer! Ist doch wurscht! Aber wenn der Feind keine Äpfel mehr hat, keine Birnen – stellens Ihnen das vor, wenns kein Zwetschendatschi mehr gibt!

ERFINDER Und keine Blumen!

GENERAL Und keine Blumen! Da freut einen ja das ganze Leben nicht mehr! Wenn man die kleinen Blümlein nicht mehr hat unter Strauch und Baum. Sie berücksichtigen eben nicht das seelische Moment, das mythische – die seelische Widerstandskraft wird gebrochen, trotz Weizen, Hafer und Gerste, Hopfen und Malz! Stellens Ihnen vor, eine Welt ohne Blumen!

HAUPTMANN Richtig!

GENERAL Nun wollen wir aber doch mal eine Probe machen!

ERFINDER Sofort! *Er schießt.* Ich stelle ein auf 347 Meter. Es war eine weibliche Stechmücke. Lateinisch: Culicida. Sie ist getroffen. Die Kugel hat ihr das Herz zerschmettert. *Ein Soldat bringt die Mücke.* Hier! *Die Mücke wird von Hand zu Hand gereicht.* Herr Generaloberarzt!

ARZT Der Mücke wurde das Herz zerschmettert. Ausschuß. Einschuß – sofort tot.

GENERAL Fabelhaft! Grandios!

HAUPTMANN Darf ich etwas fragen? Was kostet so ein Schuß?

ERFINDER Ja, er ist relativ teuer. Sechzehntausend Gulden.

GENERAL Pst! Zu teuer!

ERFINDER Wir könnten ihn eventuell auf fünfzehntausendneunhundertneunundneunzig Gulden – wenn ich noch daran arbeite.

GENERAL Das wäre tragbar.

HAUPTMANN Das schon.

GENERAL Also ich danke meine Herren! Ich finde es wunderbar – hoffentlich wird es zur Ehre und Würde unserer Nation beitragen! Zum Wohle unseres Vaterlandes! Für ein starkes Reich!
Musiktusch.
Was ich aber noch sagen wollte – vergessen Sie das nicht, das mit dem Knopf. Exemplarische Strafe, bitt ich mir aus! *Ab.*

HAUPTMANN *zum Feldwebel:* Da haben wir den Saustall! Warum geben Sie auch nicht mehr obacht! Der Kerl gehört gebügelt! *Ab!*

FELDWEBEL Na wart, Johann! Wie heißt denn du?

JOHANN Johann.

FELDWEBEL Du kommst noch vor ein Kriegsgericht. Nehmt ihm die Gewehre ab! Säbel ab! Rechts um! Marsch!

CLAUDE LÉVI-STRAUSS

Bororo-Gesang

a) Arie des Vogelnestaushebers

Die Bororo-Indianer Zentralbrasiliens, deren Gebiet sich einst vom oberen Tal des Rio Paraguay bis jenseits des Araguaya-Tals erstreckte, erzählen sich unter anderem folgenden Mythos:

M I (Referenzmythos). Bororo: o xibae e iari, »die Aras und ihr Nest«

In sehr alter Zeit trug es sich zu, daß die Frauen in den Wald gingen, um die Palmzweige zu sammeln, die zur Herstellung der *bá* dienten: der Penisbeutel, die den Jünglingen bei der Initiation übergeben werden. Ein Knabe folgte heimlich seiner Mutter, überraschte und vergewaltigte sie.

Als sie nach Hause kam, bemerkte ihr Ehemann die ausgerupften Federn, die noch an ihrem Rindengürtel hafteten und denen glichen, mit denen sich die jungen Leute schmücken. Da er ein Abenteuer witterte, befahl er, daß ein Tanz stattfinden sollte, denn er wollte herausbekommen, welcher Jüngling einen solchen Schmuck trug. Zu seiner großen Bestürzung stellt er fest, daß nur sein Sohn in Frage kommt. Der Mann fordert einen neuen Tanz – mit demselben Ergebnis.

Überzeugt von seinem Unglück und rachedurstig schickt er seinen Sohn zum »Nest« der Seelen, mit dem Auftrag, ihm die große Tanzklapper *(bapo)* zu bringen, nach der ihn gelüstet. Der junge Mann zieht seine

Großmutter zu Rate, und diese verrät ihm, welch tödliche Gefahr mit diesem Unternehmen verbunden ist; sie empfiehlt ihm, sich der Hilfe des Kolibris zu versichern.

Als der Held in Begleitung des Kolibris an das Wasser gelangt, in dem die Seelen wohnen, wartet er am Ufer, während der Kolibri hurtig hinüberfliegt und die Schnur durchhackt, an der die Klapper hängt: das Instrument fällt ins Wasser und tönt: »jo!« Von diesem Geräusch aufgeschreckt, schießen die Seelen Pfeile ab. Aber der Kolibri fliegt so schnell, daß er mit seiner Beute unversehrt das Ufer erreicht.

Nun befiehlt der Vater seinem Sohn, ihm die kleine Klapper von den Seelen zu holen, und es wiederholt sich die gleiche Geschichte in allen Einzelheiten, wobei das hilfreiche Tier diesmal der schnelle Juriti-Vogel (*Leptoptila* sp., eine Taube) ist. Im Laufe einer dritten Expedition bemächtigt sich der Sohn der *buttoré:* rasselnde Schellen aus den Hufen des Caetetu-Wildschweins *(Dicotyles torquatus),* die auf eine Schnur gezogen sind; man trägt sie um den Knöchel gerollt. Es hilft ihm die große Heuschrecke (*Acridium cristatum*, E. B., Bd. I, S. 780), die etwas langsamer fliegt als die Vögel, so daß die Pfeile sie öfters treffen, ohne sie jedoch zu töten.

Wütend darüber, daß seine Pläne vereitelt wurden, fordert der Vater seinen Sohn auf, mit ihm zu kommen, um Aras zu fangen, die an den Felswänden nisten. Die Großmutter weiß nicht so recht, wie dieser neuen Gefahr zu begegnen sei, gibt ihrem Enkel aber einen Zauberstab, an dem er sich festhalten kann, falls er abstürzen sollte.

Die beiden Männer gelangen zum Fuß der Felswand; der Vater stellt eine lange Stange dagegen und befiehlt seinem Sohn, hinaufzuklettern. Kaum hat dieser die

Höhe der Nester erreicht, schlägt sein Vater die Stange nieder; der Knabe hat gerade noch Zeit, seinen Stab in einen Felsspalt zu stecken. Er bleibt im Leeren hängen und schreit um Hilfe, während sein Vater von dannen geht.

Unser Held entdeckt eine Liane in Reichweite; er packt sie und zieht sich mühsam zum Gipfel hinauf. Nachdem er sich ausgeruht hat, macht er sich auf die Suche nach Nahrung, fertigt aus Zweigen einen Bogen und Pfeile, jagt die Eidechsen, von denen es auf dem Plateau wimmelt. Er tötet eine Menge von ihnen und hängt sich, als er satt ist, die restlichen an den Gürtel und die Baumwollbänder, die seine Arme und Knöchel umschlingen. Aber die toten Eidechsen verwesen und verströmen einen so widerlichen Gestank, daß der Held in Ohnmacht fällt. Die Aasgeier *(Cathartes urubu, Coragyps atratus foetens)* stürzen auf ihn nieder, verschlingen zuerst die Eidechsen und wagen sich dann an den Körper des Unglücklichen, wobei sie bei den Hinterbacken beginnen. Durch den Schmerz kommt der Held wieder zu sich und verjagt seine Angreifer, die ihm bereits sein ganzes Hinterteil abgenagt haben. So gesättigt werden die Vögel zu Rettern: mit ihrem Schnabel packen sie den Helden an seinem Gürtel und seinen Bein- und Armbändern, fliegen davon und legen ihn sanft am Fuß des Berges nieder.

Der Held kommt zu sich, »so, als erwache er aus einem Traum«. Er hat Hunger, ißt wilde Früchte, muß aber feststellen, daß er, mangels einer Unterlage, die Nahrung nicht bei sich behalten kann. Sie entweicht seinem Körper, ohne verdaut worden zu sein. Zuerst ratlos, erinnert sich der Knabe sodann an eine Erzählung seiner Großmutter, wo der Held ein ähnliches Problem löste, indem er sich aus einem Teig aus zerdrückten Knollen ein künstliches Hinterteil knetete.

Nachdem er auf diese Weise seine physische Integrität wiedererlangt und sich endlich sattgegessen hat, kehrt er in sein Dorf zurück, das er verlassen vorfindet. Lange irrt er umher auf der Suche nach den Seinen. Eines Tages entdeckt er Fußspuren sowie die Spuren eines Stockes, die er als die seiner Großmutter erkennt. Er folgt ihnen, aber da er fürchtet, sich zu zeigen, nimmt er die Gestalt einer Eidechse an, deren Treiben lange Zeit die alte Frau und ihren zweiten Enkel, den jüngeren Bruder des Helden, neugierig macht. Endlich beschließt er, sich ihnen in seiner wahren Gestalt zu erkennen zu geben. [Um zu seiner Großmutter zu gelangen, verwandelt sich der Held nacheinander in vier Vögel und einen Schmetterling, nicht identifiziert, Colb. 2, S. 235 f.]
In dieser Nacht gab es einen heftigen Sturm, begleitet von einem Gewitter, und alle Feuerstellen des Dorfes wurden ausgelöscht, außer der der Großmutter, zu der am folgenden Morgen alle Leute kamen und um Glut baten, vor allem die zweite Frau des mörderischen Vaters. Sie erkennt ihren tot geglaubten Stiefsohn und rennt weg, um ihren Mann zu benachrichtigen. So als wäre nichts geschehen, ergreift dieser seine rituelle Rassel und heißt seinen Sohn mit den Gesängen willkommen, mit denen die Rückkehr der Reisenden begrüßt wird.
Der Held indessen sinnt auf Rache. Eines Tages, als er mit seinem kleinen Bruder im Wald spazieren geht, bricht er vom Api-Baum einen Ast, der verzweigt war wie ein Geweih. Nach den Anweisungen des Älteren erbittet und erhält das Kind vom Vater das Versprechen, daß er eine gemeinsame Jagd anordnet; in ein kleines Mea-Nagetier verwandelt, erkundet er, ohne sich blicken zu lassen, wo sein Vater auf der Lauer liegt. Der Held bewaffnet sodann seine Stirn mit dem

falschen Geweih, verwandelt sich in einen Hirsch und stürzt mit solcher Wucht auf seinen Vater los, daß er ihn aufspießt. Immer noch galoppierend, lenkt er seine Schritte zu einem See, in den er sein Opfer wirft. Alsbald wird dieses von den Buiogoé-Geistern, kannibalischen Fischen, aufgefressen. Von dem makabren Festmahl bleiben auf dem Grund des Wassers nur die entfleischten Knochen übrig sowie die Lungen, die in Form von Wasserpflanzen auf der Oberfläche schwimmen, und ihre Blätter, so heißt es, sehen aus wie Lungen.

Wieder ins Dorf zurückgekehrt, rächt sich der Held auch an den Frauen seines Vaters (von denen die eine seine eigene Mutter ist).

Dieser Mythos ist Gegenstand eines Liedes, genannt *xobogeu*, das dem Paiwoé-Clan gehört, dem Clan des Helden (Colb. *3*, S. 224 bis 229; 343-347). Eine ältere Version schließt wie folgt: Der Held erklärte: Ich will nicht mehr mit den Orarimugu leben, die mich schlecht behandelt haben, und ich werde ihnen Wind, Kälte und Regen schicken, um mich an ihnen und an meinem Vater zu rächen. Dann führte er seine Großmutter in ein fernes, schönes Land und kehrte zurück, um die Indianer zu bestrafen, so wie er gesagt hatte (Colb. 2, S. 236).

LUDWIG WITTGENSTEIN

Über Gewißheit

106. Ein Erwachsener hätte einem Kind erzählt, er wäre auf dem Mond gewesen. Das Kind erzählt mir das, und ich sage, es sei nur ein Scherz gewesen, Soundso sei nicht auf dem Mond gewesen; niemand sei auf dem Mond gewesen; der Mond sei weit, weit von uns entfernt, und man könne nicht hinaufsteigen oder hinfliegen. – Wenn nun das Kind darauf beharrte: es gebe vielleicht doch eine Art, wie man hinkommen könne, und sie sei mir nur nicht bekannt, etc. – was könnte ich erwidern? Was könnte ich Erwachsenen eines Volksstamms erwidern, die glauben, Leute kämen manchmal auf den Mond (vielleicht deuten sie ihre Träume so), und die allerdings zugeben, man könnte nicht mit gewöhnlichen Mitteln hinaufsteigen oder hinfliegen? – Ein Kind wird aber für gewöhnlich nicht an so einem Glauben festhalten und bald von dem überzeugt werden, was wir ihm im Ernst sagen.

107. Ist dies nicht ganz so, wie man einem Kind den Glauben an einen Gott, oder daß es keinen Gott gibt, beibringen kann, und es je nachdem für das eine oder andere triftig scheinende Gründe wird vorbringen können?

108. »Aber gibt es denn da keine objektive Wahrheit? Ist es nicht wahr, oder aber falsch, daß jemand auf dem Mond war?« Wenn wir in unserm System denken, so ist es gewiß, daß kein Mensch je auf dem Mond war. Nicht nur ist uns so etwas nie im Ernst von vernünftigen Leuten berichtet worden, sondern unser ganzes System der Physik verbietet uns, es zu glauben. Denn diese verlangt Antworten auf die

Fragen: »Wie hat er die Schwerkraft überwunden?«, »Wie konnte er ohne Atmosphäre leben?« und tausend andere, die nicht zu beantworten wären. Wie aber, wenn uns statt allen diesen Antworten entgegnet würde: »Wir wissen nicht, *wie* man auf den Mond kommt, aber die dorthin kommen, erkennen sofort, daß sie dort sind; und auch du kannst ja nicht alles erklären.« Von Einem, der dies sagte, würden wir uns geistig sehr entfernt fühlen.

109. »Ein Erfahrungssatz läßt sich *prüfen*« (sagen wir). Aber wie? und wodurch?

110. Was *gilt* als seine Prüfung? – »Aber ist dies nicht eine ausreichende Prüfung? Und, wenn ja, muß sie nicht in der Logik als solche erkannt werden?« – Als ob die Begründung nicht einmal zu Ende käme. Aber das Ende ist nicht die unbegründete Voraussetzung, sondern die unbegründete Handlungsweise.

111. »Ich *weiß*, daß ich nie auf dem Mond war.» – Das klingt ganz anders unter den tatsächlichen Umständen, als es klänge, wenn manche Menschen auf dem Mond gewesen wären und vielleicht mancher, ohne es selbst zu wissen. In *diesem* Falle könnte man Gründe für dies Wissen angeben. Ist hier nicht ein ähnliches Verhältnis, wie zwischen der allgemeinen Regel des Multiplizierens und gewissen aufgeführten Multiplikationen?
Ich will sagen: Daß ich nicht auf dem Mond gewesen bin, steht für mich *ebenso* fest, wie irgendeine Begründung dafür feststehen kann.

112. Und ist [es] nicht das, was Moore sagen will, wenn er sagt, er *wisse* alle jene Dinge? – Aber handelt sich's wirklich darum, daß er's weiß, und nicht darum, daß gewisse dieser Sätze für uns feststehen müssen?

113. Wenn Einer uns Mathematik lehren will, wird er nicht damit anfangen, uns zu versichern, er *wisse*, daß $a + b = b + a$ ist.

114. Wer keiner Tatsache gewiß ist, der kann auch des Sinnes seiner Worte nicht gewiß sein.

115. Wer an allem zweifeln wollte, der würde auch nicht bis zum Zweifel kommen. Das Spiel des Zweifelns selbst setzt schon die Gewißheit voraus.

116. Hatte Moore, statt »Ich weiß…«, nicht sagen können »Es steht für mich fest, daß…? Ja auch: »Es steht für mich und viele Andre fest…«

117. Warum ist es mir nicht möglich, daran zu zweifeln, daß ich nie auf dem Mond war? Und wie könnte ich versuchen, es zu tun?
Vor allem schiene mir die Annahme, vielleicht sei ich doch dort gewesen, *müßig*. Nichts würde daraus folgen, dadurch erklärt werden. Sie hinge mit nichts in meinem Leben zusammen.
Wenn ich sage »Nichts spricht dafür und alles dagegen«, so setzt dies schon ein Prinzip des Dafür- und Dagegensprechens voraus. D. h. ich muß sagen können, was dafür *spräche*.

118. Wäre es nun richtig zu sagen: Niemand hat bisher meinen Schädel geöffnet, um zu sehen, ob ein Gehirn drin ist; aber alles spricht dafür und nichts dagegen, daß man eins drin finden würde?

119. Kann man aber auch sagen: Nichts spricht dagegen und alles dafür, daß der Tisch dort auch dann vorhanden ist, wenn niemand ihn sieht? Was spricht denn dafür?

120. Wenn aber nun Einer es bezweifelte, wie würde sich sein Zweifel praktisch zeigen? Und könnten wir ihn nicht ruhig zweifeln lassen, da es ja gar keinen Unterschied macht?

121. Kann man sagen: »Wo kein Zweifel, da auch kein Wissen?«

122. Braucht man zum Zweifel nicht Gründe?

123. Wohin ich schaue, ich finde keinen Grund, daran zu zweifeln, daß…

124. Ich will sagen: Wir verwenden Urteile als Prinzip(ien) des Urteilens.

ALEXANDER MITSCHERLICH

Versuch, die Welt besser zu bestehen

In einer seiner letzten Arbeiten zitiert Freud eine der Bosheiten seines Landsmannes Johann Nestroy, der einmal gesagt hat: »Ein jeder Fortschritt ist nur immer halb so groß, als wie er zuerst ausschaut.« Auf die Psychoanalyse angewandt, könnte man den Sarkasmus fortsetzen: Selbst wenn sie nur halb so weit getragen hätte, als ihre Freunde erhofft haben, sie ist immer noch in erheblichem Vorsprung von ihren Feinden, die sie seit einem halben Jahrhundert von Jahrzehnt zu Jahrzehnt totsagen. Zwei Fragen sind zulässig nahezu ein Lebensalter nach dem Tode des Begründers der psychoanalytischen Methode: Was haben die Psychoanalytiker mit ihrer Wissenschaft inzwischen angefangen? Und: Was fängt die Welt mit der Psychoanalyse an?

Die Entwicklung der Psychoanalyse in einem Längsschnitt darzustellen, wäre ein lohnendes Unternehmen. Eine Ahnung davon erhält der Leser der dreibändigen Biographie Freuds von Ernest Jones. Sie ist auch deshalb beachtlich, weil sie das Buch eines Psychoanalytikers über einen Psychoanalytiker ist. Man fühlt die Liebe und Verehrung, die der Schüler und Biograph für die Persönlichkeit empfand, deren Leben und deren Leistung er darstellt. Ziemlich spürbare Opfer wurden damals für das Anwenden der Psychoanalyse gefordert. 1910 hat Jones als Neurologe seine Stellung in London verloren, weil er nach dem Sexualleben der Patienten fragte. Es ist aber ein neues Element in seiner Darstellung am Werk; man sieht den Autor sich seines Gegenstandes in Ambivalenz bewußt. Es ist nicht seine Tendenz zu verschönen und zu verklären, Verehrung wirkt nicht verflachend und nicht monumentalisierend. Der Autor versteht seine eigenen Gefühle; das bedeutet für den Leser, Freuds Leben in einer sehr aufmerksamen, sehr bedachtsamen Atmosphäre verfolgen zu können. Es ist etwas von der Ruhe des analytischen Behandlungszimmer fühlbar, in der doch gleichzeitig alle menschlichen Gefühle sich unverhüllt zeigen dürfen.

Aber nicht nur diese unvergleichliche Mischung von Distanz, Disziplin und einfühlender Gegenwart, die Freud vorgelebt hat, und die seither den guten Psychoanalytiker auszeichnet, machen die Biographie von Jones so lesenswert. Die Schilderung gibt zugleich einen äußerst lebhaften Eindruck von der Größe des Unternehmens, das hier in Gang gekommen ist und von den weiten Auswirkungen der psychoanalytischen Methode über die Krankenbehandlung hinaus. Kaum ein Forschungsbereich über den Menschen selbst, zu dem der psychoanalytische Ansatz des Fragens nicht einen fruchtbaren, Vorurteile, Denkgewohnheiten korrigierenden Beitrag zu leisten hätte.

Um aber mit einigen Stichworten die Frage beantworten zu können, was die Psychoanalytiker heute mit ihrem Instrument anfangen, lassen wir am besten einige Sätze vorangehen, mit denen Freud selbst sein Werk historisch darzustellen versuchte; sie finden sich im »Kurzen Abriß der Psychoanalyse« aus dem Jahre 1924. Die Arbeit beginnt sehr charakteristisch: »Die Psychoanalyse ist sozusagen mit dem 20. Jahrhundert geboren; die Veröffentlichung, mit der sie als etwas Neues vor die Welt tritt, meine ›Traumdeutung‹, trägt die Jahreszahl 1900.« Die geniale Entdeckung, den »Traum als eine (verkappte) Erfüllung eines (verdrängten) Wunsches« zu erkennen, bezog sich auf eine seelische Erscheinung, an der das Ungewollte, im Sinne des wachen Willens, an der die Herkunft aus einem Bereich verminderter Bewußtheit, dem Schlaf, hervorstiсht.

Die Arbeit der ersten Generation der Analytiker war infolgedessen sehr stark von der Erprobung und Verfeinerung der

Traumanalyse bestimmt. Man muß aber sogleich noch hinzufügen, daß das 7. Kapitel der Traumdeutung einer jener dichten Texte Freuds bildet, dessen gedankliches Konzept weit über den unmittelbaren Anlaß der Traumdeutung hinausreicht und eine völlig neue dynamische Psychologie skizziert. Es scheint mir keine Schande, einzugestehen, daß wir mit unserer Bewußtseinshöhe den Reichtum und die Schärfe dieses Konzepts der Jahrhundertwende sicher nicht überschritten haben. Als Wissenschaft hat die Psychoanalyse das seltene Glück eines Begründers von außerordentlicher Schärfe des Intellektes und, wie Kurt Eissler unlängst betonte, Schärfe der Beobachtungsgabe. Die Freudschen Ideen sich nicht aphoristisch, Zeugen eines intuitiven Tiefblicks, der sich in den großen psychologischen Begabungen immer wieder auftat; sie rühren von Beobachtungen her und gehen immer in der Richtung eines funktionalen Zusammenhanges. Das kommt sehr gut zum Beispiel im Titel einer von Freuds Schriften zum Ausdruck: »Triebe und Triebschicksale«; wobei »Schicksal« durch die Gesetze von Ursache und Wirkung, durch Motivation zustande kommt.

So gewinnt man den Eindruck, daß es Freud und seinen ersten Schülern gelungen ist, die psychische Arbeit, die Dynamik innerseelischer Abläufe, in einem Modell zusammenzufassen, dessen Brauchbarkeit inzwischen nicht fragwürdig geworden ist. Im Gegenteil, es ist erstaunlich, daß die erwähnten experimental-psychologischen Untersuchungen amerikanischer Forscher über die Traumphasen, die aus der Sinnanalyse des Traumes stammende psychoanalytische Hypothese von seiner wunscherfüllenden Funktion auch von ihrer Seite zu bestätigen beginnen.

In ihrer Bedeutung für psychologische Theorien und für die Krankenbehandlung ist Freuds »Traumdeutung« zu einem Klassikum geworden. Hier zentriert sich heute nicht mehr die besondere Aufmerksamkeit einer in Richtung von Neuland zielenden Forschung. Ähnlich geht es mit dem solange und so emphatisch mißverstandenen Konzept der Sexualentwicklung. Da sie ein Teil des biologischen Reifens ist, war es kaum anders zu erwarten, als daß Früh- und Vorformen der Sexualität in der Kindheit zu finden sein würden. Dies verstieß, wie rückblickend nun mit ungefährlichem Lächeln auf vorväterliche Befangenheit leicht festzustellen ist, gegen hochempfindliche Tabus der Umwelt Freuds. Für jeden, dem die Lust noch nicht abhanden gekommen ist, sich auszudenken, welche Züge der eigenen Zeit in einem halben Jahrhundert der Lächerlichkeit preisgegeben sein werden, und der sich in der Schärfung seines Blickes dafür einüben möchte, ist in der Tat der zitierte erste Band der Biographie von Jones recht empfehlenswert. Aus den Reaktionen der zeitgenössischen Kapazitäten wird man darüber belehrt, daß deren im Stil superioren Wissens geäußerte Befangenheit keineswegs durch einen hohen erworbenen Bildungsstand ausgeglichen wird.

Wir stoßen hier auf zwei ganz verschiedene Quellen der Bildung: die Sachbildung und die Gefühlsbildung. Soweit der Grad der Sachbildung und die Klassen- oder Statuszugehörigkeit einer Person zusammenfallen, beeinflussen sie sich wechselseitig, denn eine Klasse ist sehr tief durch Gefühlsbildung an ihresgleichen zusammengehalten. Gegen die Überzeugung, es sei undenkbar, daß auch Kinder mit sexuellen Triebbedürfnissen leben, in welchen biologischen Frühformen auch immer sie sich zu erkennen geben mögen – gegen diese Überzeugung kommt dann nicht so sehr der fein Gebildete als vielmehr der Mutige und Neugierige an. Aber er muß sich dessen bewußt bleiben, daß seine Klasse oder Gruppe ihn nur noch sehr bedingt zu ertragen bereit ist – wie Freuds Schicksal zeigt.

Auch die Theorie der kindlichen Sexualität ist kein Affront mehr. Sie ist zu einem Teil unseres Wissens um die Entwicklungspsychologie des Menschen geworden. Die infantilen

Formen der Sexualität werden als erster Abschnitt der gesamten Entwicklungsbiologie gesehen.
Hören wir weiter, wie ihn Freud im »Kurzen Abriß der Psychoanalyse« inhaltlich kennzeichnet. Er hatte dabei die Theorie der Neurosen im Auge, also jener Krankheiten, die aus verletzenden, nicht einfach verblassenden, vielleicht darf man sagen: aus nicht verheilenden Erlebnissen ihren Anfang nehmen. Sie sind das Zeichen einer im Bewußtsein mit Erfolg abgewerten Erinnerung, die einen Menschen nichtsdestoweniger begleiten, nicht loslassen, seine Erwartungen von der Zukunft bestimmen kann. Von dieser Theorie heißt es: »Ich will die Momente, welche den Inhalt dieser Theorie ausmachen, nochmals zusammenstellen. Es sind: die Betonung des Trieblebens (Affektivität), der seelischen Dynamik, der durchgehenden Sinnhaftigkeit und Determinierung auch der anscheinend dunkelsten und willkürlichsten seelischen Phänomene, die Lehre vom psychischen Konflikt und von der pathogenen Natur der Verdrängung, die Auffassung der Krankheitssymptome als Ersatzbefriedigung, die Erkenntnis von der ätiologischen Bedeutung des Sexuallebens, insbesondere der Ansätze zur kindlichen Sexualität. Diese Theorie mußte den Standpunkt einnehmen, daß das Seelische nicht mit dem Bewußten zusammenfalle, daß die seelischen Vorgänge an sich unbewußt seien und nur durch die Leistung besonderer Organe (Instanzen, Systeme) bewußt gemacht würden. Ich füge ergänzend zu dieser Aufzählung hinzu, daß sich unter den affektiven Einstellungen der Kindheit die komplizierte Gefühlsbeziehung zu den Eltern, der sogenannte Ödipuskomplex, hervorhob, in welchem man immer deutlicher den Kern eines jeden Falles von Neurose erkannte, und daß im Benehmen des Analysierten gegen den Arzt gewisse Erscheinungen der Gefühlsübertragung auffielen, welche eine für die Theorie wie für die Technik gleich große Bedeutung gewannen. Dieser Katalog wird dem Leser vor Augen führen, daß es alles andere

als übervereinfachte Denkmodelle sind, mit deren Hilfe die Psychoanalyse menschliches Verhalten – normales und krankhaftes – zu verstehen oder zu verändern versucht. Überblickt man die psychoanalytische Fachliteratur des letzten Jahrzehntes, so wird sehr deutlich wie sich das Hauptinteresse hinsichtlich der Behandlungstechnik gewandelt hat. Die Anfangszeit bediente sich der Traumanalyse, um unverständliche Verhaltensäußerungen (zum Beispiel einen Zwang, sich immer und immer wieder waschen zu müssen oder eine panische Angst bei der Überquerung einer Brücke) in ihrer Motivation aufzuhellen. In den zwanziger und zu Beginn der dreißiger Jahre konzentrierte sich die Anstrengung auf jenen wiederum unverständlich erscheinenden Widerstand des Kranken, krankmachende Erfahrungen und mit ihnen verknüpfte Gefühle wiederzuerinnern, »nachzufühlen«. Die Orientierung wurde dabei immer breiter, es waren jene Jahre, in denen Freud schon hoch im sechsten Lebensjahrzehnt stehend, seine Triebtheorie neu formulierte, in denen einer der eifrigsten Verfechter der Widerstandsanalyse, Willi Reich, sein Buch »Charakteranalyse« schrieb. Die »besonderen Organe« des Seelischen, so entdeckte man jetzt in aller Deutlichkeit, schienen nicht dazu imstande, des Vergessens wieder habhaft zu werden – jedenfalls dann nicht, wenn schmerzhafte Eindrücke die Widerstandsfähigkeit des Kranken überlasteten. Langsam zeichnete sich die Erkenntnis ab, daß andere, dem Bewußtsein nahe Leistungen, Ich-Leistungen – aber unbewußt verlaufende Ich-Leistungen – die Wiedererinnerung aktiv verhinderten.

INGEBORG BACHMANN

Ich habe den sibirischen Judenmantel an

Ich habe den sibirischen Judenmantel an, wie alle anderen. Es ist tiefer Winter, es kommt immer mehr Schnee auf uns nieder, und unter dem Schnee stürzen meine Bücherregale ein, der Schnee begräbt sie langsam, während wir alle auf den Abtransport warten, auch die Fotografien, die auf dem Regal stehen, werden feucht, es sind die Bilder aller Menschen, die ich geliebt habe, und ich wische den Schnee ab, schüttle die Fotografien, aber es fällt weiter Schnee, meine Finger sind schon klamm, ich muß die Fotos vom Schnee begraben lassen. Ich verzweifle nur, weil mein Vater mit ansieht, was ich zuletzt noch versuche, denn er gehört nicht zu uns, ich will nicht, daß er meine Anstrengung sieht und errät, wer auf diesen Fotografien ist. Mein Vater, der auch einen Mantel anziehen möchte, obwohl er zu dick ist dafür, vergißt die Bilder, er bespricht sich mit jemand, zieht den Mantel wieder aus, um nach einem besseren zu suchen, aber dann ist zum Glück kein Mantel mehr da. Er sieht, daß ich abreise mit den anderen, und ich möchte noch einmal mit ihm reden, ihm endlich begreiflich machen, daß er nicht zu uns gehört, daß er kein Recht hat, ich sage: Ich hab keine Zeit mehr, ich habe nicht genug Zeit. Es ist einfach nicht mehr die Zeit dazu. Ringsum beschuldigen mich einige Leute, daß ich mich nicht solidarisch erkläre, ›solidarisch‹, seltsames Wort! es ist mir gleichgültig. Ich soll eine Unterschrift geben, aber mein Vater gibt sie, er ist immer ›solidarisch‹, ich weiß aber nicht einmal, was das heißt. Zu ihm rasch gesagt: Leb wohl, ich habe keine Zeit mehr, ich bin nicht solidarisch. Ich muß jemand suchen! Ich weiß noch nicht genau, wen ich suchen muß, es ist jemand aus Pécs, den ich suche zwischen allen Leuten, in diesem furchtbaren Chaos. Es vergeht auch noch die letzte Zeit, die ich habe, ich fürchte schon, daß er vor mir abtransportiert worden ist, obwohl ich nur mit ihm darüber sprechen kann, mit ihm allein und bis ins siebente Glied, für das ich nicht einstehen kann, weil nach mir nichts mehr kommen wird. In den vielen Baracken, im hintersten Zimmer, finde ich ihn, er wartet dort müde auf mich, es steht ein Strauß Türkenbund in dem leeren Zimmer, neben ihm, der auf dem Boden liegt, in seinem schwärzer als schwarzen siderischen Mantel, in dem ich ihn vor einigen tausend Jahren gesehen habe. Er richtet sich verschlafen auf, er ist ein paar Jahre älter geworden, und groß ist seine Müdigkeit. Er sagt mit seiner ernsten Stimme: Ach endlich, endlich bist du gekommen! Und ich falle nieder und lache und weine und küsse ihn, da bist du ja, wenn du nur da bist, ach endlich, endlich! Ein Kind ist auch da, ich sehe nur eines, obwohl mir ist, als müßten da zwei Kinder sein, und das Kind liegt in einer Ecke. Ich habe es sofort erkannt. In einer anderen Ecke liegt die Frau, sanft und duldsam, von der sein Kind ist, sie hat nichts dagegen, daß wir uns hier miteinander vor dem Abtransport niederlegen. Plötzlich heißt es: Aufstehen! Wir stehen alle auf, brechen auf, der Kleine ist schon auf dem Lastwagen, wir müssen uns beeilen, damit wir auch hinaufkommen, ich muß nur noch die schützenden Regenschirme für uns finden, und ich finde sie auch alle, für ihn, für die sanfte Frau, für das Kind, auch für mich, aber mein Schirm gehört nicht mir, es hat ihn einmal jemand stehengelassen in Wien, und ich bin konsterniert, weil ich ihn immer zurückgeben wollte, nur jetzt bleibt uns keine Zeit mehr dazu. Es ist ein toter Fallschirm. Es ist zu spät, ich muß diesen Schirm nehmen, damit wir durch Ungarn kommen, denn ich habe meine erste Liebe wiedergefunden, es regnet, prasselnd gießt es auf uns alle nieder, vor allem auf das Kind, das so heiter und gefaßt ist. Es fängt wieder an, ich atme zu schnell, wegen des Kindes vielleicht, aber mein Geliebter sagt: Sei ganz ruhig, sei du auch ruhig wie wir! Es wird jetzt gleich der Mond aufgehen. Nur ich habe immer noch Todesangst, weil es wieder anfängt, weil ich wahnsinnig werde, er sagt: Sei ganz ruhig, denk an den Stadtpark, denk an das Blatt, denk an den Garten in Wien, an unseren Baum, die Paulownia blüht. Sofort bin ich ruhig, denn uns beiden ist es gleich ergangen, ich sehe, wie er auf seinen Kopf deutet, ich weiß, was sie mit seinem Kopf gemacht haben. Der Lastwagen muß durch einen Fluß, es ist die Donau, es ist dann doch ein anderer Fluß, ich versuche ganz ruhig zu bleiben, denn hier, an den Donauauen, sind wir einander zum erstenmal begegnet, ich sage, es geht schon, aber dann reißt es mir den Mund auf, ohne einen Schrei, denn es geht eben nicht. Er sagt zu mir, vergiß es mir nicht wieder, es heißt: Facile! Und ich verstehe es falsch, ich schreie, ohne Stimme, es heißt: Facit! Im Fluß, im tiefen Fluß. Kann ich Sie sprechen, einen Augenblick? fragt ein Herr, ich muß Ihnen eine Nachricht überbringen. Ich frage: Wem, wem haben Sie eine Nachricht zu geben? Er sagt: Nur der Prinzessin von Kagran. Ich fahre ihn an: Sprechen Sie diesen Namen nicht aus, niemals. Sagen Sie mir nichts! Aber er zeigt mir ein vertrocknetes Blatt, und da weiß ich, daß er wahr gesprochen hat. Mein Leben ist zu Ende, denn er ist auf dem Transport im Fluß ertrunken, er war mein Leben. Ich habe ihn mehr geliebt als mein Leben.

Malina hält mich, er ist es, der sagt: Bleib ganz ruhig! Ich muß ruhig bleiben. Aber ich gehe auf und ab mit ihm in der Wohnung, er möchte, daß ich mich hinlege, aber ich kann mich nicht mehr auf das zu weiche Bett legen. Ich lege mich auf den Boden, stehe sofort wieder auf, weil ich so auf einem andren Boden gelegen bin, unter dem sibirischen Mantel, der warm war, und ich gehe, sprechend, redend, Worte auslassend, Worte einlassend, mit ihm auf und ab. Ich lege meinen Kopf verzweifelt an seine Schulter, da, in dieser Schulter muß Malina ein gebrochenes Schlüsselbein mit einem Stück Platin haben, seit einem Autounfall, er hat es mir einmal erzählt, und ich merke, daß mir kalt wird, ich fange wieder zu zittern an, es kommt der Mond hervor, er ist von unsrem Fenster aus zu sehen, siehst du den Mond? Ich sehe einen anderen Mond und eine siderische Welt, aber es ist nicht der andere Mond, von dem ich sprechen will, nur reden muß ich, immerzu reden, um mich zu retten, um Malina das nicht anzutun, mein Kopf, mein Kopf, ich werde wahnsinnig, aber Malina soll das nicht wissen. Trotzdem weiß Malina es, und ich bitte ihn, während ich, an ihn gekrampft, auf und ab renne in der Wohnung, mich niederfallen lasse, wieder aufstehe, mir das Hemd aufmache, mich wieder hinfallen lasse, denn ich verliere den Verstand, es kommt über mich, ich verliere den Verstand, ich bin ohne Trost, ich werde wahnsinnig, aber Malina sagt noch einmal: Sei ganz ruhig, laß dich ganz fallen. Ich lasse mich fallen und ich denke an Ivan, ich atme etwas regelmäßiger, Malina massiert meine Hände und meine Füße, die Gegend um das Herz, aber ich werde ja wahnsinnig, nur eines bitte, ich bitte dich nur um eines... Aber Malina sagt: Warum denn bitten, doch nicht bitten. Ich sage aber, wieder mit meiner heutigen Stimme: Bitte, Ivan darf das nie erfahren, nie wissen (und benommen weiß ich doch, daß Malina nichts von Ivan weiß, warum jetzt über Ivan reden?) – Ivan darf nie, versprich es mir, und solange ich noch reden kann, rede ich, es ist wichtig, daß ich rede, weißt du, ich rede nur noch, und bitte, red du doch mit mir, Ivan darf nie, nie etwas wissen, bitte erzähl mir etwas, rede mit mir über das Abendessen, wo warst du essen, mit wem, rede zu mir, über die neue Schallplatte, hast du sie mitgebracht, O alter Duft! rede mit mir, es ist gleichgültig, was wir miteinander reden, nur irgend etwas, reden, reden, reden, dann sind wir nicht mehr in Sibirien, nicht mehr in dem Fluß, nicht mehr in den Auen, den Donauauen, dann sind wir wieder da, in der Ungargasse, du mein gelobtes

Land, mein Ungarland, rede mit mir, mach überall Licht an, denk nicht an unsre Lichtrechnung, es muß überall Licht sein, dreh alle Schalter an, gib mir Wasser, mach Licht, mach das ganze Licht an! Zünd auch den Leuchter an.
Malina macht Licht, Malina bringt das Wasser, die Verstörung läßt nach, die Benommenheit nimmt zu, habe ich etwas zu Malina gesagt, habe ich Ivans Namen genannt? Habe ich ›Leuchter‹ gesagt? Weißt du, sage ich, weniger aufgeregt, du mußt es nicht zu ernst nehmen, Ivan lebt und er hat früher einmal gelebt, seltsam, nicht? Vor allem, mach dir nichts daraus, nur ich mache mir heute alles daraus, ich bin deswegen sehr müde, laß das Licht aber brennen. Ivan lebt noch, er wird mich anrufen. Wenn er anruft, dann sag ihm – Malina geht wieder mit mir auf und ab, weil ich nicht still liegen kann, er weiß nicht, was er Ivan sagen soll, ich höre das Telefon läuten. Sag ihm, sag ihm, bitte sag ihm! Sag ihm nichts. Am besten: Ich bin nicht zu Hause.

Mein Vater muß uns die Füße waschen, wie alle unsere Apostolischen Kaiser ihren Armen, an einem Tag im Jahr. Ivan und ich nehmen schon ein Fußbad, das Wasser läuft schwarz schäumend und schmutzig an, wir haben uns lange die Füße nicht gewaschen. Wir waschen sie uns besser selber, denn mein Vater hält sich nicht mehr an die ehrwürdige Pflicht. Ich bin froh, daß unsere Füße jetzt rein sind, daß sie sauber riechen, ich trockne Ivan die Füße und dann mir, wir sitzen auf meinem Bett und sehen einander voller Freude an. Aber jetzt kommt jemand, zu spät, die Tür fliegt auf, es ist mein Vater. Ich zeige auf Ivan, ich sage: Er ist es! Ich weiß nicht, ob ich deswegen die Todesstrafe zu erwarten habe oder nur in ein Lager komme. Mein Vater sieht das schmutzige Wasser, aus dem ich meine weißen, wohlriechenden Füße hebe, und ich mache ihn stolz auch auf Ivans reine Füße aufmerksam. Mein Vater soll nicht merken, trotz allem, obwohl er seine Pflicht wieder nicht getan hat, daß ich

froh bin, alles abgewaschen zu haben von dem langen Weg. Es war ein zu langer Weg von ihm zu Ivan, und meine Füße sind schmutzig geworden. Nebenan spielt es aus dem Radio: dadim, dadam. Mein Vater brüllt: Das Radio aus! Es ist nicht das Radio, du weißt es genau, sage ich bestimmt, denn ich habe nie eines gehabt. Mein Vater brüllt wieder: Deine Füße sind ja völlig verdreckt, und das habe ich jetzt auch allen Leuten gesagt. Damit du es nur weißt. Verdreckt, verdreckt! Ich sage lächelnd: Meine Füße sind gewaschen, ich hoffe, daß alle so reine Füße haben.
Was ist das für eine Musik, Schluß mit der Musik! Mein Vater tobt wie noch nie. Und sag sofort, am wievielten hat Columbus Amerika erreicht? Wie viele Grundfarben gibt es? Wie viele Farbtöne? Drei Grundfarben. Ostwald gibt sie mit 500 an. Alle meine Antworten kommen rasch und richtig, aber sehr leise, ich kann nichts dafür, wenn mein Vater sie nicht hört. Er schreit schon wieder, und jedesmal wenn er die Stimme erhebt, fällt ein Stück Mörtel von der Wand oder es springt ein Stück Holz aus dem Parkettboden. Wie kann er bloß fragen, wenn er die Antworten doch nicht hören will.

Es ist finster vor dem Fenster, ich kann es nicht öffnen und drücke das Gesicht an die Scheibe, es ist fast nichts zu sehen. Langsam kommt es mir in den Sinn, daß die düstere Lache ein See sein könnte, und ich höre die betrunkenen Männer einen Choral auf dem Eis singen. Ich weiß, daß hinter mir mein Vater eingetreten ist, er hat geschworen, mich zu töten, und ich stelle mich rasch zwischen den langen schweren Vorhang und das Fenster, damit er mich nicht überrascht beim Hinausschauen, aber ich weiß schon, was ich nicht wissen soll: am Seeufer liegt der Friedhof der ermordeten Töchter.

PAUL NIZON

Wenn es Nachmittag

und heiß ist, die Väter an der Arbeit, die Mütter noch tief im Haus drinnen, allein im Haus, wo das Essen abgeräumt, aber das Geschirr erst einmal zusammengestellt, noch nicht gespült ist... Für die Mütter ist jetzt Pause. Sie sind in den noch ungelüfteten, unordentlichen, jedenfalls menschenleeren Räumen der Wohnung, bewegen sich zögernd und gedankenverloren. Vielleicht möchten sie sich jetzt hinlegen, aber sie tun es nicht. Sie entdecken da etwas, dort etwas, öffnen Schränke und Kommoden, möchten, wer weiß, schnell auf den Estrich – jedenfalls ist es still in der Wohnung und uninteressant für das Kind.
und draußen nicht Stoßzeit.
Draußen sind die Schaufenster der Bäckereien und Metzgereien halb verhängt oder hinter Storen verborgen, die Geschäfte leer. Die Straßenbahn fährt in so langen Abständen, daß man sie verloren glaubt. Ein Lastauto brummt einzeln durch die Gegend. In der Straße die Sonne, an den Häuserwänden die Sonne, an den abgeschirmten Schaufenstern die Sonne. Alles besonnt, die Langeweile hell beschienen. Ein Summton in der Luft wie von der Hummel. Oder auch nur ein Hitzeton und Himmelston. Und das Kind drückt sich an den Eingängen vorbei, an den in sich verkrochenen Häuserwänden vorbei, die alle das Wort Pause atmen. Das Kind drückt sich an den eisernen Gittern der Vorgärtchen entlang, langweilt sich am Anblick einzelner Nadeln von Kiefern oder Tannen, die auf Treppenstufen knistern. Das Kind langweilt sich an all dem vorbei und entlang. Es weiß nicht was anfangen mit einer langen Straße, auf der nichts geschieht, die sich nur feilhält.

Es kommt am großen Tor der Papierfabrik vorbei, wo tatsächlich ein Lastwagen vor der Rampe hält, um Papierrollen aufgeladen zu bekommen. Ereignisstill harrt der Wagen der Ladung im Hof, wo Sonne und Schatten ist. Ein Männchen erscheint auf der Rampe, beugt sich über die Ladebrücke des Wagens. Sonst nichts.

Das Kind geht weiter und es nimmt diesen Eindruck mit: Großer Lastwagen vor der Rampe der Fabrik, erspäht durch das schwarze Gitter des Tors; da geschieht etwas, etwas Planvolles geschieht da im Innern des Hofes, wozu Männer und ein Wagen und eine Fabrik gehören; geschieht unauffällig und fahrplanmäßig. Da hängen Dinge zusammen. Da ist eine Verschwörung, da hat es eine Verschwörunge ganz zufällig mitbekommen, denn die Fabrik fabriziert ja nicht für sich, sondern für wer weiß wie entfernt wohnende Abnehmer. In der Fabrik arbeiten Männer wie die Mütter zuhaus, nur daß sie jetzt den Kindern entrückt sind. Sie arbeiten nach einem Plan, sie arbeiten an Gütern mit einer Bestimmung, auf die andere warten, wie das Auto jetzt wartet, das die Güter befördern wird, unter der Plane verborgen durch Straßen befördern wird, den Passanten unsichtbar. Unsichtbar wie die auf die Ware wartenden anderen Geschäfte oder Handelshäuser, deren Männer (in Schürzen vielleicht) jetzt vor Eingängen aufgeregt Ausschau halten. Oder auf die Uhr schauen in ihren Büros oder sich ans Telephon hängen oder andere Angestellte anbrüllen.

Das alles fällt ihm nun ein, fällt ein in den Hof, im Kopf des Kindes, das schon längst weiter und weg ist, aber an diesem Ereignis kaut im Weitergehen. An diesem Ereignis, das jetzt zur Station wird in seiner Vorstellung. Zum Knotenpunkt eines schwindelerregenden Systems.

Jetzt fühlt es sich leicht erregt. Die Lebensgeister gesteigert. So ist das. Die Erwachsenen. Die kommen angefahren, Männer in blauen Überkleidern zum Beispiel, springen vom Wagen, gruppieren sich, indem die einen den Deckel einer

Sandkiste hochklappen, während die anderen schon von der Wagenbrücke Sand abschaufeln. Was nur so nach Sand und Blau aussieht, ist nicht Stillstand, sondern läuft nach Order und Faden.

Also ist kein Stillstand, also sind die besonnten langweiligen Straßen nicht langweilig, bloß vorübergehend nach außen unbewegt.

Jetzt sieht alles unheimlich aus hinter der starren Sonne auf den Häuserwänden. Die Häuser sehen ausgehöhlt aus. Jetzt wird einem angenehm schwarz vor den Augen bei der Vorstellung dessen, was im Innern sich abspielt.

Jetzt hat man lüsterne Augen für jede Bewegung und wähnt unerfindliche Dienstordern und Marschrouten. Auch der Früchteverkäufer, dessen behaarte Arme unterm Sonnendach in die Fruchtkisten greifen, ist jetzt ein Spion, der fahrplanmäßig aus seinem Verschlag schaut. Alle sind nun Übermittlungsagenten, Wachbeauftragte, Botenleute. Jetzt fällt nur bloß eine Flaute über die Straße, jetzt sitzen alle am Draht oder auf Draht. Jetzt ist etwas Schwarzes durch die Sonnenhelle gespannt. Jetzt ist eine Stille wie ein Loch: ein Schalloch, ein Horchloch, ein Aufpaßloch. Jetzt trippelt das Kind, läuft schon unter Schwarzsegeln und an Mauerlöchern entlang, jetzt hat es kaum Lust, den gemausten Rhabarber zu lutschen, wirft ihn weg. Jetzt kommt mit großen breiten Bahnen von Sprühregen das Spritzauto angefahren und spritzt die Bahn frei, jetzt kommen dann die Soldaten in den Straßenschlauch marschiert in eisernen Reihen, und die Tanks und Panzerwagen fahren auf.

Dann belebt sich der Nachmittag, man weiß nicht wie. Plötzlich regnet's von überallher Hausfrauen über die Straße. Die trippeln und strömen immer dichter, die Türen der Läden werden aufgerissen, die Frauen sturzfluten in die Eingänge. Jetzt fährt die Bahn in rascheren Abständen, spuckt Männer aus, die sich wiederum wie unter Alarm in alle Richtungen zerstreuen, die Straße durchschattend. Jetzt läuten Glocken und bellen und platzen und alle Richtungen knurren von Motoren. Und jetzt kommt Regen über die Straße und wirft bemannte Ballone hernieder. Jetzt lecken finstere Flecke über die hellen Mauern, jetzt knallen Schüsse, jetzt ist der Teufel los, jetzt ist's schön, jetzt gehts mit den Erfahrungen ins Haus, in den bekannten Eingang und die Treppe hinauf und rein in die vertrauten Gänge und jetzt wird dann gegessen und dann gehts mit all den neuen Erlebnissen ins Bett. Im Bett kann alles noch einmal aufsteigen und ablaufen, wenn die Lichter der Wagen durch die Vorhänge fahren und der Film läuft, bis du schläfst.

GERTRUDE STEIN

Erzählen

Es ist eine recht seltsame Sache daß es hundert Jahre dauern soll um irgendein Ding zu verändern also etwas zu verändern, es ist die menschliche Gewohnheit in Jahrhunderten zu denken und Jahrhunderte sind mehr oder weniger hundert Jahre und das ergibt einen Großvater eine Großmutter pro Enkel oder Enkelin wenn alles geht wie es soll und es geht oft ungefähr so wie es soll. Ist es die menschliche Gewohnheit in Jahrhunderten zu denken von Großeltern bis Enkelkind weil es eben tatsächlich ungefähr hundert Jahre dauert bis die Dinge aufhören die gleiche Bedeutung zu haben die sie vordem hatten, es ist eine seltsame Sache eine sehr seltsame Sache daß alles eine natürliche Sache ist aber so ist es es ist eine natürliche Sache und daß es eine natürliche Sache ist macht es zu einer seltsamen Sache einer sehr seltsamen Sache für das Gefühl von fast jedem. Man muß es sich immerzu vorsagen daß eine natürliche Sache in Wirklichkeit nicht eine sonderbare und eine eigentümliche und eine seltsame Sache ist. So also steht es hundert Jahre ergibt tatsächlich mehr oder weniger ein Jahrhundert und dieses wird durch die Tatsache bestimmt daß es einen Großelternteil pro Enkelkind einschließt und daß das es ist was es ein ums andre Mal endgültig anders macht und für gewöhnlich gibt es einen Krieg oder eine Katastrophe um das hervorzuheben damit jeder es wissen kann. Es ist eine sehr sonderbare Sache daß eine so natürliche Sache für uns alle zwangsläufig eine so sonderbare Sache ist eine so auffallende Sache eine so bestürzende Sache.

Das achtzehnte Jahrhundert schloß mit der Französischen Revolution und den Napoleonischen Kriegen das neunzehnte Jahrhundert mit dem Weltkrieg, aber in jedem Fall war die Sache natürlich schon getan die Veränderung war vollzogen aber die Kriege machten es allen bewußt und befreiten sie vom nicht Wissen davon dem nicht Wissen daß alles nicht einfach genau das war was es gewesen war. Ich bin ganz überzeugt daß die Geschichte der Welt der Welt die aus Menschen besteht sich in dieser Weise aus ungefähr immer einem Jahrhundert zusammensetzt und sie bestimmt wird das heißt erzeugt durch das natürliche Ausfüllen von Zeit von einem Großelternteil zu einem Enkelkind. Fünfundzwanzig Jahre laufen sehr rasch ab aber viermal fünfundzwanzig Jahre ergibt ein Jahrhundert und dieses läuft in Wirklichkeit überhaupt nicht ab es erzeugt eine totale Veränderung aber es läuft nicht ab wenigstens nicht für das Gefühl von irgendwem.

Darin besteht das Erzählen daß fünfundzwanzig Jahre so rasch ablaufen aber daß hundert Jahre überhaupt nicht ablaufen sondern daß sie enden, das Jahrhundert endet als eine völlig andere Sache und so kommt jedes Jahrhundert an seinen Anfang und kommt an sein Ende. Das stellt eine der großen Schwierigkeiten des Erzählens dar anzufangen und aufzuhören und ich glaube es hat mit der Tatsache zu tun daß ein Jahrhundert beginnt und endet daß aber kein Teil davon beginnt und kein Teil davon endet und dieses ernste Problem am Erzählen will ich sehr viel später aufgreifen aber jetzt zuerst fragen was englische Literatur ist in Verbindung mit englischem Leben und was amerikanische Literatur ist in Verbindung mit deren Leben und deren einzelnen Leben denn natürlich ist die meiste Literatur erzählend das heißt in der einen oder anderen Weise das Erzählen davon wie irgendwer wie jeder etwas tut und alles tut. Um also zu beginnen mit englischer Literatur und was sie ist und amerikanischer Literatur und was sie ist.

Doch bevor ich in dieser Sache fortschreite ist mir eben in den Sinn gekommen daß der Bürgerkrieg in Amerika ein weiterer Fall ungefähr eines Jahrhunderts war, siebzehnsechzig bis achtzehnsechzig ergab wiederum einen Großvater pro Enkelin eine Großmutter pro Enkel und so wie gewöhnlich veärnderte sich alles wie es das immer getan hat sehr wahrscheinlich wieder tun wird, sehr wahrscheinlich wird ein Jahrhundert immer wieder tun was ein Jahrhundert immer schon getan hat.

Um aber wieder davon anzufangen was englische Literatur getan hat indem sie alles erzählte und was amerikanische Literatur getan hat indem sie alles erzählte und wie obwohl sie sich voneinander völlig unterscheiden und sie dieselbe Sprache verwenden um alles zu erzählen das sich zutragen kann es natürlich sehr natürlich keineswegs dieselbe Sache ist.

Ich habe schon eine Menge darüber geschrieben was das englische Volk ist und was seine Literatur ist und wie sie sich in jedem Jahrhundert veränderte nicht wie das englische Volk sich veränderte das englische Volk veränderte sich nicht. Das ist etwas woran wir wieder uns erinnern müssen als einen Widerspruch der aus allem das gleiche macht. Hat eine Nation einmal lang genug irgendwo gelebt um diese Nation zu sein und das setzt sehr bald ein nachdem sie dort zu leben begonnen haben wo sie weiterhin leben werden kann sich der Charakter dieser Nation natürlich nie mehr verändern. Als man mich fragte als ich nach Amerika zurückkam finden Sie Amerika verändert sagte ich nein weder Amerika noch die Amerikaner schließlich wenn Sie sagen verändert wie könnten sie sich verändern zu was schließlich könnten sie sich verändern, und wenn Sie das fragen gibt es freilich keine Antwort. Wie könnte es da auch eine Antwort geben. Wie könnten sie sich schließlich verändern zu was könnten sie sich verändern. Verschiedene Dinge geschehen und am Ende von mehr oder weniger einem Jahrhundert veranlassen die verschiedenen Dinge die geschehen sind alle dazu die verschiedenen Dinge die geschehen sind sehr anders zu tun, aber sie als Nation obwohl sie die Dinge tatsächlich anders tun tun diese verschiedenen Dinge auf die Weise anders auf die sie wie diese Nation sie immer getan hat sie immer tun werden. Und daher ist die Literatur jeder Nation eine homogene Sache obwohl in jedem Jahrhundert alles anders ist.

Ich weiß jedenfalls von der englischen Literatur daß sie bestimmt worden ist durch die Tatsache daß England eine Insel ist und daß das tägliche Leben auf dieser Insel ein vollständig tägliches Leben war, daß sie nicht anders konnten als ein tägliches Leben auf dieser Insel zu führen und daß je mehr sie alles außerhalb dieser Insel besaßen sie um so unvermeidlicher und vollständiger gezwungen waren das tägliche Leben in einer noch täglicheren Weise zu leben, denn wenn sie alles draußen besaßen konnten sie es sich einfach nicht erlauben das Innen mit dem Außen zu vermengen. Alle hundert Jahre etwa veränderte sich alles, daß sie Engländer waren die auf einer Insel lebten änderte sich nicht, aber Dinge ein Ding zum andern in Beziehung veränderten sich und das ist es was ein Jahrhundert macht und in jedem Jahrhundert veränderten sich die Beziehungen von allem zu allem und die Veränderung ist es was Geschichte macht, und das ist wirklich etwas das wir alle uns einprägen und begreifen müssen denn es wird die interessante Sache sehr klar machen daß zumeist Geschichte nicht Literatur ist daß Literatur nicht Geschichte ist.

Literatur können wir sagen ist was die ganze Zeit vor sich geht Geschichte ist was von Zeit zu Zeit vor sich geht und das ist es worüber in Verbindung mit dem Erzählen nachzudenken ungeheuer wichtig ist.

Doch um wieder auf die englische Literatur zurückzukommen.

Wie gesagt das englische Volk tat verschiedene Dinge die Nationen in seiner Nähe oder ringsum taten verschiedene Dinge und ungefähr einmal alle hundert Jahre wurde sich jeder der Sache bewußt daß jeder dahin gelangt war andere

Dinge zu tun das heißt dahin gelangt war die gleichen Dinge auf eine andere Art zu tun auf eine Art die so anders war daß ein jeder dahin gelangen konnte diese Sache zu wissen wissen daß es eine wirklich andere Art war und daher natürlich eine andere Art die gekommen war um zu bleiben. Unvermeidlich gelangt ein jeder einmal alle etwa hundert Jahre wirklich dahin das zu behaupten. Und dies war in England in der gleichen Weise geschehen wie es überall geschieht wo es einen Großvater oder eine Großmutter pro Enkel oder Enkelin gibt. Aber die ganze Zeit lebten die Engländer ihr Leben jeden Tag, das mußte so sein denn ihr Inselleben hatte sie dazu gebracht so zu sein daß sie ihr tägliches Leben jede Minute des Tages lebten. Und die ganze englische Literatur war eine Beschreibung dieses täglichen Lebens das sie jeden Tag lebten. Und nun ist da noch etwas zu sagen. Wenn Sie ein tägliches Leben jede Minute des Tages leben muß die Beschreibung dieses jeden Tag täglichen Lebens bewegend sein, sie muß Sie mit totaler Emotion erfüllen und sie muß zur gleichen Zeit beruhigend sein. Sie muß ausfüllend sein als Emotion und sie muß beruhigend sein. Wenn Sie Ihr tägliches Leben jede Minute des ganzen Tages leben darf es wirklich nur sehr wenig Erregung in der Erzählung geben mit der Sie sich die Zeit vertreiben das ist ganz natürlich wenn Sie es bedenken und ein Großteil der englischen erzählenden Literatur hat mit dieser Sache zu tun, sie wollen sie brauchen erzählende Literatur denn da sie ihr tägliches Leben jede Minute des Tages leben hat erzählende Literatur so viel zu sagen sie hat zu sagen daß das tägliche Leben jede Sekunde dieses Tages gelebt wird. Und das ist es was die Literatur tut sie stellt was jeder einzelne hat als das Leben der Nation dar wozu das Leben jedes einzelnen in dieser Nation es macht. Das ist es was Literatur ist wie jeder sehen kann wenn er das Geschriebene liest wie eine Nation es entstehen läßt.

DJUNA BARNES

Wächter. Was spricht die Nacht?

Es war gegen drei Uhr morgens, als Nora an das kleine Fenster der Portiersloge klopfte und fragte, ob der Doktor zu Hause sei. Wütend über die gestörte Nachtruhe hieß sie die Concierge, sechs Stockwerke zu ersteigen: dort oben, unter dem Dachstuhl links, würde sie den Doktor finden.
Nora nahm die Stufen langsam. Sie hatte nicht gewußt, daß der Doktor so arm sei. Sie tastete, klopfte, suchte die Klinke. Not der Seele mochte ihren Besuch entschuldigen; doch wußte sie auch, daß ihr Freund spät aufblieb. Sie hörte sein ›Herein!‹ öffnete die Tür und stand sekundenlang gebannt: so erschütternd war die Unordnung, der ihr Blick begegnete. Der Raum war so klein, daß es eben noch möglich war, seitwärts zum Bett vorzudringen, als hätte ein zum Grabe Verdammter beschlossen, sich wenigstens hier keinen Zwang aufzuerlegen.
Ein Stapel medizinischer Bücher, neben Wälzern verschiedenster Arten, reichte beinah bis zur Decke, wasserfleckig, staubbedeckt; darüber ein kleines vergittertes Fenster, die einzige Lüftung. Auf einer Kommode aus Ahorn, offenbar nicht europäischer Herkunft, lagen ein paar verrostete Geburtszangen, ein verrostetes Skalpell, ein paar andere seltsame Instrumente, deren Zweck ihr rätselhaft war, ein Katheter, einige zwanzig zumeist leere Parfumflaschen, Pomaden, Cremes, Lippenstifte, Puderdosen, Puderquasten. Die Schubladen dieser *chiffonière* waren halb geöffnet, und über die Ränder quollen Spitzen, Bänder, Damenstrümpfe, Damenwäsche und ein Bruchband, das aussah, als habe es dem gesamten Weibertand Notzucht angetan. Ein Abfalleimer stand am Kopfende des Bettes, bis zum Rand mit wi-

derlichstem Unrat angefüllt. Der Raum hatte etwas erschreckend Entwürdigendes, ähnlich einem Zimmer im Bordell, wo selbst den Unschuldigsten das Gefühl überkommt, Mitschuldiger gewesen zu sein. Dennoch hatte er auch etwas Muskulös-Männliches an sich, war ein Mittelding zwischen einem *chambre à coucher* und dem Trainingsring eines Boxers. Ein Fluidum der Feindseligkeit herrscht in einem Raum, den eine Frau nie betreten hat. Jeder Gegenstand bekämpft die eigene Fessel, und über allem liegt metallisches Aroma, wie von Schmiedeeisen auf dem Amboß.

Auf schmalem, eisernem Bett, zwischen groben, dreckigen Leinentüchern lag der Doktor, in einem Damennachthemd aus Flanell.

Sein Kopf mit den übergroßen, schwarzen Augen, den vollen Wangen, dem unrasierten, gewehrstahlfarbenen Kinn, war vom goldenen Halbrund einer Perücke gerahmt. Lange Hängelocken berührten die Schultern, fielen locker auf das Kissen und zeigten dort die schattige Seite der Spirale; Schminke war dick aufgetragen, die Wimpern waren geschwärzt. Nora durchfuhr der Gedanke: ›Mein Gott, Kinder wissen etwas, was sie nicht sagen können. Sie mögen Rotkäppchen und den Wolf im Bett!‹ Aber dieser Gedanke, nicht mehr als das Gefühl eines Gedankens, dauerte nur die Sekunde, während der sie die Tür öffnete; schon in der nächsten hatte der Doktor sich die Perücke vom Kopf gerissen, er sank im Bett zurück und zog sich die Decken weit über die Brust. Als Nora sich wieder gefaßt hatte, sagte sie: »Doktor, ich bitte Sie, mir alles zu sagen, was Sie von der Nacht wissen.« Während sie es sagte, wunderte sie sich ihrer Bestürzung, den Doktor zu einer Stunde überrascht zu haben, da er Vorgeschriebenes abgelegt und zu der ihm eigenen Kleidung zurückgefunden hatte. Der Doktor sagte: »Wie du siehst, kannst du mich fragen, was du willst«, womit er für sie und für sich die Verlegenheit beiseite legte. Sie fragte sich: ›Drückt sich nicht die allerletzte Verzweiflung am natürlichsten im Kleid aus? Welche Nation, welche Religion, welches Gespenst, welcher Traum hat dieses Gewand nicht schon getragen? Kinder, Engel, Priester, die Toten! – warum sollte nicht auch der Doktor, am schweren Scheideweg seiner Alchimie, sein Kleid anlegen dürfen!‹ Sie dachte: ›Er zieht sich an, um neben sich zu liegen, er, der so beschaffen ist, daß Liebe für ihn nur eine Sonderheit sein kann; in einem Zimmer, das in Verwüstung wie vom Todeskampf die Art seiner Benutzung widerspiegelt.‹

»Hast du jemals über die Nacht nachgedacht?« fragte der Doktor ein wenig ironisch. Er war völlig verstört, denn er hatte jemand anderen erwartet. Dennoch: sein liebstes Thema, über das er immer sprach, wenn die Gelegenheit sich bot, war die Nacht. »Ja«, sagte Nora und setzte sich auf den einzigen Stuhl. »Ich habe wohl darüber nachgedacht, aber über etwas nachzudenken, von dem man nichts weiß, hat keinen Sinn.«

»Hast du«, fragte der Doktor, »jemals an die sonderbare Polarität von Zeit und Zeit gedacht? Und an den Schlaf? Schlaf, den erschlagenen weißen Stier? – Nun gut, ich, der Gewaltige-Doktor-Matthew-Mächtig – cum grano salis Dante-O'Connor, will dir erklären, wie Tag und Nacht eben durch ihre Trennung verwandt sind. Schon die Einrichtung des Zwielichts ist eine mythische Nachbildung der Angst; Angst, bodenlos, auf den Kopf gestellt. Jeder Tag ist vorbedacht und aufgeteilt, die Nacht aber ist nicht eingeplant. Die Bibel liegt in der einen, das Nachthemd aber in der anderen Richtung. – Nacht: ›Hüte dich vor der dunklen Tür!‹«

»Ich dachte immer«, sagte Nora, »daß die Leute einfach schlafen gehn, oder, wenn sie nicht schlafen gingen, ihr Selbst behielten, aber nun –«, sie zündete sich eine Zigarette an, und ihre Hände zitterten, »nun sehe ich, daß die Nacht auf die Identität eines Menschen wirkt, auch wenn er schläft.«

»Ah«, rief der Doktor, »laß einen Menschen sich niederlegen in das große Bett, und seine Identität ist nicht mehr die seine, sein Vertrauen hat ihn verlassen, seine Bereitschaft ist umgewandelt und gehorcht einem anderen Willen. Sein Schmerz ist wild und namenlos. Er schläft in einer Stadt der Finsternis, Mitglied geheimer Bruderschaften. Er erkennt weder sich selbst noch seine Vorreiter, wütet in Dimensionen des Entsetzens und steigt aus dem Sattel – wie durch ein Wunder – ins Bett!

Sein Herz springt in seiner Brust, einem finsteren Ort. Gewiß, einige steigen in die Nacht, wie ein Löffel in leichtes Wasser taucht; andere wieder stoßen, Kopf voran, gegen neuen Hinterhalt. Ihre Hörner geben ein trockenes Knirschen, wie der Flügel einer Heuschrecke, die ihre Haut zu spät im Jahr abwirft.

Hast du an die Nacht gedacht, jetzt, zu anderen Zeiten, in fremden Ländern – in Paris? Als der Straße die Galle hochkam, vor Dingen, die du um keiner Wette willen getan hättest – und wie es damals war? Als Fasanenhälse und Gänseschnäbel gegen die Hechsen der Galane schlugen? – Nirgends Gehsteig oder Pflaster, alles Gosse, meilenweit ein Gestank, der einen schon zwanzig Meilen außerhalb der Stadt an der Nase packte. Die Marktschreier verkündeten Weinpreise zu solch gutem Nutzen, daß die Morgendämmerung auf wackere Schreiberlein voller Pisse und Essig schien. In seitlichen Gassen ließ man zur Ader, dort heulte eine tolle Prinzessin in samtenem Nachtgewand unter dem Blutegel; nicht zu reden von den Schlössern in Nymphenburg; bis nach Wien widerhallten sie vom nächtlichen Wandel verstorbener Könige, die ihr Wasser in Plüschkannen und feinste Holzarbeit abschlugen – nein«, sagte er und sah sie scharf an, »ich sehe dir an, daß du darüber noch nicht nachgedacht hast. Aber tu es! Denn die Nacht gibt es schon lange.«

PAUL CELAN

Ein blatt, baumlos
für Bertolt Brecht:

Was sind das für Zeiten,
wo ein Gespräch
beinah ein Verbrechen ist,
weil es soviel Gesagtes
mit einschließt?

LUDWIG HOHL

Das Blatt

Ein Mann, in seiner Verlassenheit, kam stadtauswärts gegangen, er setzte sich auf eine Bank an einer großen proletarischen Straße, die sie »Gürtel« nennen. Da fiel ein Blatt auf ihn herunter, denn es stehen Bäume am Gürtel. Das Blatt hätte er um alles nicht wegzuwerfen gewagt, es war ein Zeichen von oben, und er behielt das Blatt.
Er sollte nach Hause gehn, wo er etwas zu essen hingelegt hatte; kein Hunger trieb ihn, aber er mußte sich ernähren – oder sollte er vielleicht gleich für ewig hier bleiben und sterben? Nun aber entstand eine ganz besondere Frage. Seltsam ist es, wenn ein Mann mit einem Blatt in der Hand durch die Straßen geht, und doch durfte er vom Blatt sich nicht trennen; denn es war ein Zeichen von oben. Da hielt er es in den Händen am Rücken und drehte es, als ob er gedankenlos sei: dem Lächerlichen entging er so. Er drehte es und drehte es, aber auf einmal fiel das Blatt auf die Erde, in der letzten Gasse vor seinem Hause geschah es. Und er ging weiter, denn die Feigheit war doch zu groß in ihm, und das Blatt lag hinter ihm auf der Erde.
Immer einen Schritt und immer einen Schritt ging er und das Blatt lag immer weiter hinter ihm auf der Erde. Er spürte die Feigheit anwachsen, er dachte an Riesenfelder, die beim Einbrechen der Nacht anwachsen, die Gedanken an das Blatt kamen immer und starben. Aber einmal war er doch zu sehr erschrocken, und es entstand und es geschah doch: er wandte sich mechanisch, das Blatt zu holen.
In der letzten Entscheidung um sein Glück und scin Leben hatte er doch alles getan und drum schritt er freudig, als er

einmal zurückzugehen begonnen hatte, denn er fürchtete keine Menschen und er ging, um das Blatt zu holen.
Es war ein kleines und etwas welkes Blatt und man sah es nicht gut auf den Pflastersteinen.

Er ging sehr weit, und er sah nicht mehr das Blatt. Und er wußte, der Wind hat es weggenommen oder der Schritt eines Menschen. Da sank auf ihn die große Traurigkeit. Und dann sang doch wieder eine ferne Freude: denn an ihm lag es nicht, wenn das Unglück kam. Er ging zurück und mit froherem Schritt nach Hause.
Da sah er das Blatt, wie er den halben Weg gegangen. Er sah es deutlich und einfältig liegen auf den Pflastersteinen. Weil es so klein und deutlich dalag, verstand er auch, wie er es hatte übersehen können. Er hob es auf mit Freudigkeit und achtete nicht der Fenster, aus denen Weiber schauten, die eben ihre Wäsche schüttelten.
Jetzt war der Sieg sein und unverschleiert in klarer Nähe. Mit dem Blatt in der Hand kam er aufgerichtet nach Hause.

MAX FRISCH

Die Säule

Der Große Brockhaus nimmt sich ihrer nicht an. Ab und zu ein Gast, der sie anfaßt, um mit der Hand festzustellen: Granit, ja, Granit. Eine grobe und rührende Säule. Manche fragen auf den ersten Blick: War die schon immer da? Unser Dorf hat keine Chronik, nur Inschriften an der verlassenen Kapelle und an einigen Häusern: 1682, 1664 usw. Wahrscheinlich ein Steinmetz von Beruf, tätig außerhalb seines heimatlichen Tals, das keine Aufgaben hatte für ihn, hat die Säule gehauen für sich selbst. Er hat nichts erfunden, kein Carlo Madermo, der auch aus dieser Gegend stammte. Eigentlich ist nichts zu sagen, nachdem man sie mit der Hand berührt hat und mit Kenntnis: Toskanisch! Am Sockel übrigens ist etwas abgesprengt, nicht schlimm. Sie wird uns überdauern. Ein grauer und spröder Stein aus der Gegend. Der Große Brockhaus meldet zuverlässig: Die dorische Säule, die ionische Säule, die korinthische Säule, wie in der Schule gelernt und später gesehen in Sunion, Korinth, Olympia, Athen, Delphi, Paestum, Selinunt, Baalbek usw.; aber die Säule, die unsere kleine Loggia hält, erinnert mich nie an Reisen. Wenn wir den schwarzen Kaffee trinken, teilt sie für uns das Tal. In ihrer unteren Hälfte ist sie etwas bauchig, überhaupt nicht glücklich in den Proportionen. Man sitzt in Korbsesseln, Nacht mit Wetterleuchten, davor die Säule, von der man nur weiß: Einer hat sie gehauen, denn da steht sie und trägt. In den Sommern, so nehme ich an, hat er bei fremden Herrschaften gehauen oder an Kirchen im Süden, wo er einen Meister hatte; im Winter mußte er nachhause und hatte Zeit, viel Zeit für Granit. Warum er nachhause mußte, weiß ich nicht; wahrscheinlich hatte er hier die Familie. Granit ist nicht Marmor; die Form, die er im Gedächtnis hatte, bleibt schwächer als der körnige Stein. Und dann vorallem: sie steht allein. Alles andere an dem Haus ist gewöhnlich und recht; das bäurische Gebälk, die Fensterbänke aus dem gleichen Granit, der große Kamin usw. sind nicht verwandt mit ihr. Eine Säule wie ein Gast. Sie ist nicht ganz mannshoch, steht aber auf einer Brüstung; man kann, wenn man steht und mit jemand redet, die Hand an ihr Kapitell legen und tut es auch ab und zu, denn sie ist nicht feierlich. Es kommt vor, daß ich die Pfeife dran ausklopfe. Wir kennen natürlich ihre große Familie, inbegriffen die glatten Bastarde an den Banken in aller Welt. Sie aber kennt ihre Herkunft nicht. Manche bemerken sie auch gar nicht, so scheint es, und dann stelle ich die Säule nicht vor. Später dann, wenn unser Gespräch einmal stockt, wieder die Frage: War diese lustige Säule schon immer hier? Immer nicht; einmal hat einer sie gehauen. Ich könnte mir denken, daß er stolz darauf war. Nur der Kranz unter dem Kapitell liegt klassisch, aber auch er ist zufällig-prall wie eine Wurst. Wenn man die Zeitungen vom Tage gelesen hat und zur Seite legt, eine Weile müßig in dem Bewußtsein unsrer Ohnmacht, steht sie unerschüttert, nicht stolz, aber brav. Faßt man sie an: körnig, die steinerne Wärme des vergangenen Tages. Gegen die Blässe des Abendhimmels zeigt sie ihre Entschuldigung: Verwittert durch Jahrhunderte, ihr verwaschenes Profil schwarz gegen die präzis-lichte Dämmerung, die gerade den ersten Stern zuläßt.

PETER HANDKE

Mit meinem letzten Geld fuhr ich im Taxi durch den Staat Oregon

Mit meinem letzten Geld fuhr ich im Taxi durch den Staat Oregon. Es war ein dunkler Tag, wie geschaffen fürs Unterwegssein, nur im Regen hellte es sich ab und zu auf. Ich hatte die Kamera auf den Knien, es gab viel zu sehen, hinauf und hinab, links, rechts, aber ich war zu traurig zum Fotografieren.

Ab und zu schließ ich ein; wenn ich aufwachte, streckte sich eine Flußebene aus, wo ich gerade noch einen kahlen Felskegel gesehen hatte, und beim nächsten Aufwachen fuhren wir schon wieder durch finstere Nadelwälder, und ich mußte mich aus dem Fenster beugen, um etwas vom Himmel zu sehen. »Nicht das Fenster aufmachen, die Klimaanlage funktioniert sonst nicht!« sagte der Taxifahrer. Das Wachsein bei geschlossenen Augen hielt ich nicht aus, weil dabei alles, was ich mit dem letzten Blick noch aufgenommen hatte, sofort näherrückte und mir den Atem nahm; erst wenn ich die Augen öffnete, wich es an seine Stelle zurück. Wieder einmal ging ein Schauer nieder, die Scheiben wurden undurchsichtig, ich mußte geschlafen haben, denn im nächsten Augenblick waren die Scheiben rein und trocken, die Sonne schien schwach, vor dem Fenster ragte eine riesenhafte graue Felswand empor. Ich richtete mich auf, schüttlelte mich, die Felswand breitete sich aus, bis an den Horizont, es war der Stille Ozean. Der Fahrer stellte das Radio an; es rauschte nur. Nach einigen Minuten hielten wir in Twin Rocks, wo die Möwen auf dem Dach der einzigen Tankstelle saßen.

Hinaus! »In dem Ort wohnen nicht viel mehr als hundert

Leute.« Aber auch solche Sätze halfen jetzt nicht mehr. Ich wollte den Koffer abstellen, dann trug ich ihn doch immer weiter. Der Himmel war hier sehr hell; wenn die Sonne durch die Wolken kam, schimmerte der Belag an den Autoschildern. Einmal stand ich da, ohne den Koffer abzusetzen, dann sah ich in einem Fenster ein Kind, das mich beobachtete und traumverloren meine Miene nachahmte. Ich ging weg; viele Schwalben flogen herum, so schnell, daß man sie fast nur als Bewegungen sah, wie Fledermäuse in der Dämmerung.

»Sitzen auf der Hobelbank,
warten bis die Mutter kommt,
kommt der schwarze Widder,
stößt uns alle nieder,
kommt die weiße Fledermaus,
hebt uns alle wieder auf.«

In den letzten Häuserscheiben spiegelte sich schon das Meer. Wirklich: ausgebrannte Abfallkörbe! Vor einem Haus drehte sich ein weißblauer Zylinder: ein Friseurgeschäft. Eine einzige Frau saß darin, bis zu den Augen unter einer Haube, das Friseurmädchen hockte davor auf den Fersen und lackierte ihr die Zehennägel. Sie spreizte die Zehen, die ziemlich krumm und verwachsen waren. Hornhaut an den Gelenken; und daran erkannte ich Judith: sie war als junges Mädchen Verkäuferin gewesen und hatte sich dabei die Füße verdorben. Jetzt sah ich auch an der Garderobe die braune Wildledertasche stehen; halb offen, Judith hatte wohl daraus den Pudermantel genommen, den sie jetzt um die Schultern trug. Er war aus Brokat und leuchtete tief in der untergehenden Sonne. »Sie ist mit dem Pudermantel nach Amerika gereist!« dachte ich laut. Während die Friseuse ihr nun auch noch die Fingernägel lackierte, beobachtete ich, wie Judith mit zwei Zehen des einen Fußes die große Zehe des andren Fußes umklammerte. Träume, am

Morgen aufzuwachen und einen Regenwurm aus dem Mund zu spucken. Ich konnte nicht wegschauen. Judith bewegte sich auf dem Stuhl, mit einem zornigen Ruck, als nähme sie etwas vorweg. In einer unerklärlichen Erinnerung quietschte durchdringend ein Korken, der mit dem Mund aus einer Flasche gezogen wurde. Die Friseuse schaute auf, halbblind von den Fingern, die sie sich so nah vors Gesicht gehalten hatte, ich trat schnell aus ihrem Blickfeld.

Fischskelette zwischen den Kanalgittern; Schwärme in den Ritzen der Blockhütten; Leute, die vor die Häuser traten, zum Himmel schauten und wieder hineingingen; als Pionierdenkmäler diesmal Fässer mit Schmierseife und Schweineschmalz vor dem Supermarkt, mit Inschriften, die von der Gründung des Ortes erzählten. Ein Betrunkener mit offenem Hosenschlitz, die nackte Haut darunter, bog ab und kam steif auf mich zu. Ich machte ihm Platz, und er stolperte über die Stelle, an der ich gerade noch gestanden hatte, fiel mit dem Bauch in eine Regenlache.

Die Neonstraßenbeleuchtung wurde angeschaltet, obwohl es noch hell war; eine der Röhren flackerte. Ich hatte ein Haar im Mund, das ich nicht loswurde. Es war mir auch angenehm, so hatte ich beim Gehen eine Geste, mit der ich mich beschäftigen konnte. Ab und zu lief ich. Ich ging die Küstenstraße entlang, wo schon keine Häuser mehr standen, bis ich im Meer die zwei schwarzen Klippen sah. Hier überquerte ich die Straße und ließ mich an der Ausbuchtung, die auf der Ansichtskarte angekreuzt war, auf dem Koffer nieder. Die Sonne war gerade untergegangen, es war windig geworden. Die Ausbuchtung war Aussichtsplatz und zugleich Bushaltestelle. Selten fuhr ein Auto vorbei. Ich schaute auf den Strand, der ziemlich tief unter mir lag. Er war felsig, in dem schäumenden Wasser schwammen Holzprügel. Der Aussichtsplatz war durch ein Geländer gesi chert. Eine Frau stand noch dort, neben ihr ein idiotisches

Kind, das immer wieder auf das Geländer stieg. Die Frau hielt es fest, es schrie immer wieder das Meer unten an und ließ sich herunterheben. Ein Bus mit der Aufschrift BAY CITY hielt an, sie stiegen ein, und ich blieb allein zurück.
Ich schaute auf den Stillen Ozean hinaus. Obwohl das Wasser von der Sonne noch nachglänzte, war es tief dunkel. Ich wollte den ersten Eindruck von ihm wiederholen, die steif aufragende Felswand: aber es blieb als flaches Meer vor mir liegen, bis sich das Gehirn verkrampfte.
Der erste Eindruck von Judith: warum konnte ich ihn nicht mehr zurückrufen? Ich versuchte es: eine süße Zuneigung, die mich aufhob und federleicht machte. War das nicht das Maß, mit dem wir immer miteinander hätten umgehen müssen? Ich hatte es vergessen, wir konnten einander nur noch mit verzerrten Gesichtern betrachten.
Wieder der Blick auf das Meer: es war so leer, daß ich mir wie davon aufgefressen vorkam. Nebelschwaden zogen über den Strand. Vor Erschöpfung klafften die symmetrischen Teile meines Körpers auseinander, mir wurde übel von den unausgefüllten Zwischenräumen. Verstolpert, verdreckt, verhunzt. In den beliebig verfügbaren Posen der Entfremdung hatte ich mich nun zu lange schon wohlgefühlt; von allen hatte ich mich distanziert, indem ich sie zu »Wesen« werden ließ: *dieses Lebewesen,* hatte ich von Judith gesagt, *dieses Ding: dieser, diese, dieses.* Ich steckte mir beide Hände zwischen die Beine und krümmte mich zusammen. Ein Hubschrauber flog niedrig über die Straße, blinkte den Asphalt an.
Es wurde still. Von ganz weitem hörte man ein Flugzeug; sein Dröhnen war so leise, daß vom Lauschen der Kopf wehtat.
Ich schaute mich um und sah Judith mit der Tasche zwischen den letzten Häusern von Twin Rocks hervorkommen. An der anderen Straßenseite blieb sie stehen, schaute nach links und nach rechts, kam dann herüber. Sie hatte ein

Kopftuch auf, vielleicht waren die Haare noch nicht trokken. Hinter ihr war es schon fast dunkel, sie hatte den Revolver auf mich gerichtet. »Sie nimmt mich ernst!« dachte ich. »Wirklich, sie nimmt mich ernst!« Sie spannte den Hahn. Das Geräusch war so leise, daß man es nur in der Vorstellung hörte und gar nicht daran glauben wollte. Ich war zu Asche verbrannt, aber noch ganz, würde nur bei der kleinsten Berührung auseinanderfallen. Das war es also! Und dafür hatte ich geglaubt, geboren zu sein! Enttäuscht stand ich vom Koffer auf und ging ihr entgegen. Mit götzenhaft starren Gesichtern gingen wir aufeinander zu; auf einmal drehte sie den Kopf weg und schrie, so schrill, daß ihr, wie bei einem brüllenden Kind, die Luft aussetzte. Ich hielt den Atem an, bis sie weiterschreien würde, sie mußte gleich weiterschreien, noch einmal so laut; sie blieb aber still, verschluckte sich nur, es würgte sie, und ich nahm ihr den Revolver aus der Hand.

Wir standen nebeneinander, traten von einem Fuß auf den andern, ratlos und mißmutig. Ich warf den Revolver ins Meer, er fiel auf eine Klippe, ein Schuß löste sich, es zischte im Wasser, Judith drückte sich mit der Faust die Lippen an die Zähne.

Wir gingen auf und ab; wenn der eine sich bewegte, blieb der andere stehen. Es wurde Nacht, und ein hellbeleuchteter Autobus schwenkte herein; es war ein Greyhound-Bus, nur wenige Leute darin, Kissen in den Nacken. Der Fahrer winkte uns. Ich fragte, wohin er fuhr, und er sagte: »Nach Süden.« Wir stiegen ein, und schon am nächsten Morgen waren wir in Kalifornien.

PETER HUCHEL

Die Begrüßung

Am Zaun des Nachbarn vorbei,
argwöhnisch betrachtend
die Doppelreihe hoher Tulpen,
Meßlatte und Schnur verhalfen,
den richtigen Abstand zu nehmen,
gestutzte Taxushecken stehen wuchtig
im Rasen, grüne Marmorblöcke.

Noch halb im Schatten des Tulpenbeets,
sandig und heimlich angesiedelt
der Wegerich,
er hebt die rauhen Rispen
als Widerpart geharkter Ordnung.

Die Begrüßung ist stumm
und brüderlich. Der Grubber liegt am Weg;
mit Eisenzähnen auszureißen
die Wurzeln erdiger Metaphern.

Unkraut

Auch jetzt, wo der Putz sich beult
und von der Mauer des Hauses blättert,
die Metastasen des Mörtels
in breiten Strängen sichtbar werden,
will ich mit bloßem Finger

nicht schreiben in die porige Wand
die Namen meiner Feinde.

Der rieselnde Schutt ernährt das Unkraut,
Brennesseln, kalkig blaß,
wuchern am rissigen Rand der Terrasse.
Die Kohlenträger, die mich abends
heimlich mit Koks versorgen,
die Körbe schleppen zur Kellerschütte,
sind unachtsam, sie treten
die Nachtkerzen nieder.
Ich richte sie wieder auf.

Willkommen sind Gäste,
die Unkraut lieben,
die nicht scheuen den Steinpfad,
vom Gras überwachsen.
Es kommen keine.

Es kommen Kohlenträger,
sie schütten aus schmutzigen Körben
die schwarze kantige Trauer
der Erde in meinen Keller.

Das Gericht

Nicht dafür geboren,
unter den Fittichen der Gewalt zu leben,
nahm ich die Unschuld des Schuldigen an.

Gerechtfertigt
durch das Recht der Stärke,
saß der Richter an seinem Tisch,
unwirsch blätternd in meinen Akten.

Nicht gewillt,
um Milde zu bitten,
stand ich vor den Schranken,
in der Maske des untergehenden Monds.

Wandanstarrend
sah ich den Reiter, ein dunkler Wind
verband ihm die Augen,
die Sporen der Disteln klirrten.
Er hetzte unter Erlen den Fluß hinauf.

Nicht jeder geht aufrecht
durch die Furt der Zeiten.
Vielen reißt das Wasser
die Steine unter den Füßen fort.

Wandanstarrend,
nicht fähig,
den blutigen Dunst
noch Morgenröte zu nennen,
hörte ich den Richter
das Urteil sprechen,
zerbrochene Sätze aus vergilbten Papieren.
Er schlug den Aktendeckel zu.

Unergründlich,
was sein Gesicht bewegte.
Ich blickte ihn an
und sah seine Ohnmacht.
Die Kälte schnitt in meine Zähne.

ADOLF MUSCHG

Ein ungetreuer Prokurist

Er hatte sich manchmal eine Geliebte gewünscht, nicht weil andere im Geschäft auch eine hatten, das Geschäft hatte damit gar nichts zu tun, sondern weil er auch gern einmal ein Mensch gewesen wäre mit allem, was dazugehört. Natürlich nahm er an, daß eine Geliebte in so geregelten Verhältnissen wie den seinen Komplikationen schaffen würde, aber wenn man leben wollte, mußte man auch bereit sein, hier vielleicht etwas zuzulegen, dort etwas abzubuchen. Er erwartete nur, daß es einmal mit ihm persönlich etwas zu tun hatte; so viel darf man vom Leben verlangen.
Es ergab sich dann so. Bei einer Werbeveranstaltung, um die neue automatische Saftpresse der Firma vorzustellen, kam er mit einer Journalistin ins Gespräch, die, wie sie ihm bald erzählt hatte, wieder in ihrem alten Beruf arbeitete, nachdem ihre Kinder halbwüchsig geworden waren und sie nicht mehr täglich nötig hatten. Freilich hatte sie sich früher, als Zwanzigjährige, eher mit kulturellen Ereignissen befaßt.
Als die Saftpresse vorgestellt und nicht mehr allzu viel darüber zu reden war – das Reden besorgte ohnehin eine jüngere Kraft der Firma, ein zuversichtlicher Typ im lila Jakkett, während er, der Prokurist, sich zurückhielt, noch betonter vielleicht, seit er erfahren hatte, daß seine Gesprächspartnerin früher über kulturelle Ereignisse berichtet habe –, um etwa halb zehn Uhr also nahm er zu seinem Erstaunen den Rand ihres Ellbogens und führte sie daran zur Tür hinaus. Ich bin hier nicht nötig, sagte er ihr. Daraus, daß sie ohne weiteres mitkam, folgerte er noch nichts.
Er hatte nicht einmal Lust auf eine Fortsetzung des Gesprächs oder einen Drink; das gab es ja auch hier, im Über-

fluß, er hatte die Bestellung selbst überwacht. Es schien nur plötzlich richtig, er sagte sogar: nötig, hier wegzugehen, fünf Minuten vor dem Auspendeln der Veranstaltung zu zeigen: man war noch sein eigener Herr. Ganz zwischendurch, gar nicht elektrisierend, ging ihm durch den Kopf, daß man auch mit ihr schlafen könnte, ohne daß sie viel dagegen einzuwenden hätte. Sie war ja die Mutter mehrerer Kinder usw., würde es nicht so genau nehmen; damit meinte er gleich zu Beginn nichts Verwegenes, eher eine gewisse Sicherheit: was soll da viel kaputtgehen.

Sie war eigentlich nicht hübsch genug für Gedanken daran, aus der Nähe besehen. Vielleicht war sie sogar etwas älter als er. Das erlaubte ihm, am Ecktisch drüben im »Excellence« unaufdringlich nett zu sein, fast bis zum Eingeständnis seiner Müdigkeit zu gehen; sie nahm ihm nicht übel, daß er in einer Haushaltfabrik arbeitete, wirklich nicht, sie sagte es nicht nur so. Das Leben schien sie bescheiden gemacht zu haben, zur Teilnahme fähig. Öfters blieben ihre braunen, etwas kurzsichtigen Augen in seinen Augen hängen. Er brauchte kaum zu betonen, daß er in seinem Saftladen etwas Gehobenes sei, sie wußte es schon, es machte keinen Unterschied für sie. Hier sitzt ja doch ein Mensch, dachte er.

Er erzählte von sich und Familie, die Familie brachte er in den ersten Sätzen herein. Es sollte alles in Ordnung gehen, er war nicht dafür, etwas zu unterschlagen (unterdrücken, etc.). Was er so äußerte über Haus und Garten, klang heute abend mühelos, unschwierig; so kannte er sich gern. Der Alkohol hatte nichts damit zu tun, sie hatten nur Bier bestellt, allerdings ein dänisches. Zu Whisky etc. wollte sie sich nicht einladen lassen, übrigens aus keinem besonderen Grund; da waren nirgends besondere Gründe, das war einfach so. Er brauchte seine Asche nicht kurzfristig abzuklopfen, durfte ruhig rauchen und sie ansehen, wenn er ihr den Rauch nicht gerade ins Gesicht blies. Ein paar Mal lachten sie; zum Schweigen war es noch zu früh. Sie hatte einen kleinen Kummer im Gesicht, aber der war wohl meistens dort, er brauchte wahrscheinlich nicht zu stören. Manchmal fehlte ihm ein Wort; dann wieder gelang ihm ein lustiger Satz, ohne daß er gelingen mußte. Sie bestrafte ihn für nichts. Das gefiel ihm, und sie schien sich dabei nicht zu langweilen.

Manchmal strich er ihr mit den Augen eine Haarsträhne hinter ihr Ohr zurück, dachte daran, wie es wäre, mit einem Menschen wie diesem zu schlafen; dann vergaß er es wieder. Wenn sie die Schultern zusammenzog, dachte er wieder stärker daran, aber so, wie man an ein Fest im Kalender denkt; es hatte nichts Diebisches.

Als es elf Uhr war, begleitete er sie in ihr Hotel zurück, ein Hotel der mittleren Klasse, wo der Portier auch im Restaurant nebenan aushelfen muß. Sie gingen an der leeren Loge vorbei über ein paar Treppen auf ihr Zimmer; er hatte wieder ihren Ellbogen in der Hand, aber mit einem schwächeren Griff. Das Zimmer, dessen Tür sie rasch zuzog, war eng und eckig und nur mausgrau zu beleuchten; er löschte das Licht wieder, und sie lehnte sich im Dunkel mit einem kleinen stummen Aufschnupfen gegen seine Stirn. Dann zogen sie sich aus, daß es knisterte, ohne zu eilen; erst die letzte Bewegung, mit der sie in das gerade noch erkennbare, dann elend knappe Bett krochen, hatte etwas Linkisches; sie stießen an ein paar falschen Stellen zusammen; er hatte sich die ganze Minute leisten können, teils an etwas anderes, teils an nichts zu denken. Wild wurde es nicht, aber doch so, daß sie heftiger klammerte, als er vorausgesehen hatte, und plötzlich, in den spürbarsten Erfolg hinein, denken mußte, es sei am Ende nicht bloß ein Mensch in seinen Armen, sondern ein bedürftiges Wesen.

Während sie eine Zigarette rauchten und dann zum ersten Mal rundum schwiegen, kam ihm der Verdacht, es sei doch wieder zuviel geredet worden, doch war er entschlossen, das Ganze gelten zu lassen; erst einen Augenblick später, dessen

Vorbeigehen ihm auffiel, meldete sich etwas Unbequemes, das seinen Griff an ihrer Schulter hart werden ließ. Sie lächelte und drückte ihr Haar an seinen Griff; dabei gelang ihm ein Blick auf seine Uhr, die Leuchtziffern fluoreszierten gerade noch: schon nahe zwölf Uhr, und er hatte zu Hause nicht angerufen. Er spürte die Feuchtigkeit auf seinem Rükken stärker. Viel später durfte es nicht werden, und jetzt hatte er keinen Mut, ihr das zu sagen. Er griff wieder fester zu, und sie lächelte wieder.

Es fand dann irgendeine kleine Schauspielerei statt, die den Zweck hatte, sie an seine Müdigkeit zu erinnern, keine erhebliche, die sie beide betraf, nur die allgemeine von vorhin. Er log ein weig, fast nur in Gedanken, aber es genügte schon zu einem Vorwurf gegen sie: warum durfte er nicht müde sein? Sie bemerkte anscheinend nicht, daß er nicht mehr aufrichtig war, sie war zu bedürftig oder zu glücklich dazu, das erfüllte ihn mit Angst, er dachte jetzt schon, in ihr zufrieden geöffnetes schattenhaftes Gesicht hinein, daß diesem Verhältnis, dem ersten neben einer durchaus geordneten Ehe, der rechte Grund fehlte. Sie fuhr ihm mit dem Finger über seine offenbar zusammengezogenen Brauen, wußte nicht, daß dies schon eine kleine Abschiedsbewegung war; plötzlich sah er seinen Gedanken an Trennung wieder von der andern Seite, wo er noch, oder schon wieder, mit der Herzlichkeit dieses neuen schmalen Körpers zusammenhing, der ihm, halb verraten schon, wieder wie sein eigener vorkam, plötzlich fühlte er sein Fleisch wieder im andern Fleisch, und nun fand, wie er mit ihren Krallen in seinem Rücken spürte, hemmungslose Abhängigkeit statt. Offenbar hatte sie lange nicht mehr geliebt, er war zu sicher gewesen, daß an ihm nicht viel zu lieben war, jedenfalls nicht beängstigend viel.

Die Tür war dünn, oft hörte man Schritte vorbeigehen, zögern, zu rasch weitergehen. Sie atmete viel zu laut, er suchte dieses sanfte Jammern, für das er nicht verantwortlich sein

wollte, mit seinem Leib zuzudecken, bedeckte ihr Gesicht mit seiner Brust, der Himmel wußte, was er damit bei ihr anrichtete, sie schien ja sterben zu wollen, verschluckte sich einmal ums andere. Er bekam Angst und blieb höhnisch stark dabei, es war schon halb eins gewesen, er biß auf seine Uhr, vermutlich sah ihn seine Frau, zu Hause wach, in einen unaufhörlichen Zusammensturz verwickelt, es hörte alles überhaupt nicht mehr auf, und er sehnte sich nach einer Toilette mit einem guten Buch.
Nach vielen Augenblicken wütender Pflicht hatte er sie so weit, daß sie ruhig war und er seinen Wunsch, ohne das Buch selbstverständlich, melden durfte. Sie nahm es, bis zu den Schultern strahlend, als einen ungeheuren Scherz, ein untrügliches Zeichen von Vertrautheit, jagte ihn nach einem kurzen Schauer von Kinderküssen, in seine Kleider, munter, munter. Er dachte daran, die Unterhose im Dunkel nicht verkehrt herum anzuziehen, er wollte seiner Frau nicht durch solche Dinge wehtun; da ging das Licht an, eine plötzlich schneidende Helle aus der Biedermeierfunzel, er stand, seine Unterhose wendend, blinzelnd in ihrem Lachen, das leise und getröstet klang. Es blieb ihm nichts übrig, als sie in ihrer Blöße zu betrachten, die sie leuchten ließ, als hätte sie gerade ihren eigenen Körper zur Welt gebracht; er empfand weder Zärtlichkeit noch Abneigung dabei, das beruhigte ihn über sich, und er ließ ein scherzhaftes Schnalzen hören, während er seine Hose endgültig festzog. Er sagte noch, daß er viel zu dick sei für sie; im übrigen eilte es jetzt wirklich, fort mit mir, da gibt man die heftigsten Küsse, und keiner schmeckt nach Wiedersehen.
Auf dem fast verlassenen Parkplatz, im Schatten seines Wagens, wurde er endlich sein Wasser los und hörte dazu mehrere Uhren ein Uhr schlagen.
Man macht sich immer die falschen Sorgen. Sein Eigenheim, das er mit beklommener Rührung ins Auge faßte, war lichtlos, er konnte sich das fremde Salz mit den Duftresten von

der Haut waschen. Alles war in Ordnung und verlockte dazu, weniger streng über ein Wiedersehen zu denken. Seine Frau schlief längst, sie hatte keine Sorgen um ihn, sie kannte ihn ja, bestätigte sein Dazukriechen mit einem halben lieben Laut: da schenkte er sich den Rest seiner Gedanken, und eingekuschelt in die endlich erlaubte und haltbare Müdigkeit, ließ ihn, von einem Atemzug zum folgenden, auch die Erinnerung in Ruhe.

Ein paar Briefe, natürlich; sie zwangen ihn, den Postboten schon bei der Tür abzufangen. Er überflog sie nur flüchtig, tastete die ihm unsympathischen runden Schriftzüge auf Solides ab, Daten, mögliche Rendezvous; diese trug er chiffriert in seine Agenda ein, um die Briefe dann sorgsam in kleinste Fetzchen zerrissen in die Toilette zu werfen und ihr Verschwinden zu überwachen. Er schickte Rosen ins Hotel, wenn er wußte, daß sie da war; aber er kam auch selbst. Es reichte, wenn er das Büro früh genug verließ, wenigstens zu einem kleinen Nachtessen, bevor sie ins Hotel gingen; der Portier sah sie natürlich vorbeigehen, wußte Bescheid und bekam in Abständen ein sehr hohes Trinkgeld; zu einem Augenzwinkern war er nicht zu bewegen. So wurde diese Liebe zur nie recht kompletten Gewohnheit, die man sich gönnte, weil einen die verzettelten Mühen einer Woche immer wieder vergessen ließen, daß man ihr sieben Tage zuvor abgeschworen hatte. Der Grund für diese Zuneigung, die so wenig Gedächtnis besaß, lag wohl etwas flach; dafür konnte er auch leichter überschwemmt werden. Etwas läpperte sich da immer wieder zusammen, wuchs auf ein paar Augenblicke weit ins Land hinein und beschwichtigte einen Reiz, den es selbst erzeugt hatte; sein Element war es nicht. Wenn es sich mit ihren Fingern zurückzog, erleichterte ihn die Nähe des wohlverdienten Abschieds so, daß er seine Trokkenheit kaum mehr beherrschen konnte, sie schlug einfach durch, stellte sich ungeduldig, ja gewaltsam wieder her und verzehrte die Erinnerung an die Liebe oft noch vor deren

Augen. Das genierte ihn; es hatte ihm ja wohlgetan, daß sich ihre Finger wie Wasser angefühlt hatten. Aber es kam ihm doch sehr seltsam vor, daß er offenbar gebraucht wurde; selbst wenn sie an seinem Haar und an seiner Haut zerrte, glaubte er zu wissen, es handle sich um ein Mißverständnis; er kannte sich einfach nicht so. Was half es, wenn sie beteuerte, er solle immer der bleiben, der er sei; zu viel Ehre, dachte er, so viel, wie du denkst, hat deine Liebe nicht aus mir gemacht. Leider.

Gar nichts war es aber auch nicht.

Oft unterhielt er sich, wenn sie zusammen waren, damit, daß er sich beobachtete. Das war schon etwas Neues. Neu war die Distanz, die er nicht nur zu ihrem, auch zu seinem eigenen Körper aufbrachte und die ihn offenbar männlich machte, oder männlich wirken ließ; dagegen waren alle Geschichten aus viel früherer Zeit wirklich nichts – an seine Ehe weigerte er sich in diesem Zusammenhang zu denken. Was hätte er nicht vor zwanzig Jahren für solche halben Nächte gegeben! Damals gab es nur den Gedanken daran, der noch in der Erinnerung so rasend sein konnte, daß er sich, diese Frau umarmend, vergegenwärtigte: das wäre es also gewesen, wenn man als Kind eine Geliebte gehabt hätte. Und die Wut über alles Versäumte befähigte ihn zu solcher Zärtlichkeit, daß sie denken konnte – jedenfalls stand es, wenn er nicht irrte, in einem ihrer Briefe –: sie habe ihm neues Leben gegeben.

Wohin damit.

Wenn sie, ein paar Städte weiter, mit ihren Söhnen spazierengehe, habe sie wieder Wind im Gesicht, zum ersten Mal seit Jahren Wind, er hatte es nicht mehr ganz genau im Kopf. Aber er nahm bei Gelegenheit Bezug darauf; er war ja kein unartiger Mensch.

Sie sorgte sich, weil seine Klagen über sich selbst häufiger und rücksichtsloser wurden; so lasse ich nicht über meinen Liebsten reden, sagte sie ihm. Sie nahm es als Spiel, Ausdruck seiner schon bekannten Müdigkeit etc., aber es war ihm ernst. Wenn er sich gering machte, sollte das heißen: was hast du auch immer mit mir. Er machte sich klein, um zu entschlüpfen. Das merkte sie nicht.

Wenn sie von ihrem Mann redete, nicht wegwerfend, nur nachdenklich, nickte er vielleicht, aber redete nie von seiner Frau. Das gehörte nicht hierher.

Einmal sagte er, während er auf der Bettkante saß: schau einmal, was ich für häßliche dicke Beine habe. Sie warf sich sogleich mit ihren Lippen darauf, und niemals war ihm eine Berührung unangenehmer gewesen. Aus Schuldgefühl streichelte er die Spitzen ihres Haars.

Immer deine Sorgenfalten, sagte er. Um was sorgst du dich eigentlich. Und zeichnete übertriebene Wellen auf ihre Stirn. Da lachten sie, und er wollte die müde Stelle bei ihrem Auge nicht sehen. Man altert auch, wenn man sich höchstens jede Woche einmal sieht.

Sie glaubte, es ihm leicht zu machen (was eigentlich?), wenn sie beteuerte, daß sie nur seinen Körper nötig habe. Darauf war er aber nicht mehr stolz. Er entnahm ihren Bewegungen nur, daß das viel war, schon zu viel, Wasser in irgendeine Wüste. Er konnte nicht Wasser spielen. Er wollte auch keine Lebensarbeit mehr, er hatte seine Prokura und eine nette Familie, seine Frau stellte etwas vor, auch wenn die Leidenschaft nachgelassen hatte, so ist das, er lebte ja zufriedenstellend. Er schämte sich über die Erschütterung des kleinen fremden Körpers, den er mit ein paar Atemzügen seines eigenen reicher machte, als ihm bequem war. Das haben die Kollegen mit ihren Freundinnen nicht, dachte er, so viel Niveau.

Sorg dich nicht um mich, zum Teufel sorg dich nicht immer, sagte er bei ihren Rendezvous, weil man diesen Satz auch lieblos sagen kann; er fällt nicht auf.

Er träumte auch von ihr, nämlich: daß sie unter ein Auto gekommen war und er ihren Körper, der nicht zerstört war, mit ehrlichem Gefühl streicheln durfte; jetzt wußte sie endlich keine Antwort mehr darauf. Er erschrak nicht einmal über diesen Traum.

Bald war er Mitte Vierzig, die Saftpresse war ein großer Verkaufserfolg, und ab und zu gingen sie jetzt in einen guten Film statt immer ins Bett. Wenn sie auf ihn zukam, als wäre es Sommer, spürte er: die andere Stadt war die Ausnahme für sie. Er aber mußte hier leben, die Nachbarn, die forschend geblickt hatten, wiedersehen. – Dafür ließ er sie büßen, wenn sie wieder im Hotelzimmer waren, aber das hielt sie für Leidenschaft, die gewohnte Leidenschaft, und gab ihm immer neue Namen, sogar solche aus dem Alten Testament. Wenigstens schickte sie ihre Briefe nicht mehr mit der Post, sondern steckte sie ihm bei ihren Abschieden zu, dicke Umschläge, er las sie, um das hinter sich zu haben, beim Innenlicht seines Wagens und warf sie dann ins immer gleiche Gully. Aber so etwas wird keine Gewohnheit, die Fetzchen wirbelten ihm in den Schlaf nach, und am Morgen erschrak er zuerst, als er den Vorplatz mit Kirschblütenblättern bedeckt sah.

Sie respektierte, als müßte sie für andere Zeiten vorsorgen, jetzt sogar seine Fluchtbedürfnisse und Kleinherzigkeiten, begannen auch das Gewöhnliche an ihm zu pflegen oder zu verzehren, weil sie, wie es schien, auch das brauchte; und er hatte ja selbst einmal mit einem Menschen ein Verhältnis haben wollen. Allmählich kam sie ihm wie eine Mutter vor, besonders im Schlaf; in ihren zwei, höchstens zweieinhalb Stunden kam es ja doch einmal vor, daß sie an seiner Schulter oder auf seiner Brust einnickte. Dann hörte ihr Gesicht zu glänzen auf und wurde kummervoll wie das einer Mutter, aber nicht derjenigen, die er gehabt hatte. So etwas konnte ihn nochmals erregen. Er war froh, wenn ihn sein Fleisch gelegentlich überlistete; ganz ehrlich sein mochte er ja nicht, weil er es nicht konnte, sonst wäre von seiner Liebe nichts übriggeblieben, das verdiente sie nicht.

Seine Sekretärin instruierte er: wenn sich Frau Soundso meldet, bin ich in einer Sitzung, von jetzt an. Einmal fügte er sogar hinzu: es ist immer dieselbe Person, und machte eine Bewegung gegen die Stirn. Niemand hatte ihn dazu gezwungen. Die Sekretärin, Doris hieß sie, kicherte und sagte: Sie sind mir einer. – Doris kam nicht in Frage. – Plötzlich war er wieder ein wenig stolz auf sich. So eine Liebe.

Du hast viele Sitzungen, sagte sie.

Quartalsabschluß, es geht nicht alles glatt, sagte er, du verstehst, wir exportieren, und das ganze Währungssystem ist aus den Fugen. Irgend etwas begleitete ihn heute aus dem Büro, das nicht zu ihnen gehörte; er strich ihr mit dem Finger über die Lippen.

Du, ich habe heute so Kopfweh, sagte sie, schon die dritte Tablette, es hilft alles nicht. Das werden wir gleich haben, sagte er und legte ihr die Hand aufs Knie. Bitte nicht, sagte sie, ich muß mich einfach hinlegen. Dabei hatten sie sich vier Wochen nicht mehr gesehen. Aber es war ja Liebe, sollte Liebe bleiben.

Er blieb sitzen, fühlte sich betrogen, so oft machte er ja keine Sprünge mehr, und heute wäre ein guter Abend gewesen, so etwas spürt man in den Kniekehlen. Aber bitte, dachte er. Bitte sehr.

Er hatte einen Menschen gefunden.

Gegen Ende sagte sie einmal: ich habe gerade in einem Buch etwas Schreckliches gelesen, von Goethe. Da wird von einer Frau gesagt, wenn sie liebte, war sie nicht liebenswürdig. Das muß schrecklich sein.

Nimms dir nicht zu Herzen, sagte er, der Goethe ist auch nicht alles.

Sie sah ihn bestürzt an, aber kaum wegen Goethe, soviel merkte er auch. In Gottes Namen, sie mußte doch wissen, wie er es meinte. Wenn man einander jedes Wort vorrechnen wollte.

Später träumte er wieder, nämlich von einer Versetzung. Die Direktion für München wurde frei. Er erwachte mit nasser Stirn. Um Himmels willen, dachte er, ich habe hier mein Haus, ich kann doch die Kinder nicht verpflanzen, sie haben ihre kleinen Freunde, und meine Frau würde sich in München nie wohl fühlen. Dann erwachte er ganz und wußte: jetzt muß etwas geschehen.

Und es geschah, daß er krank wurde; nichts Gravierendes, nur ein zunehmend empfindlicher Blinddarm mit etwas Fieber. Also Operation. Er schrieb ihr nichts davon, hatte trotzdem immer Angst vor einem Besuch, oder noch schlimmer, einem Brief an die falsche Adresse; also schrieb er, sobald ihm die Wunde erlaubte, etwas aufzusitzen, selbst einen Brief. Es ging ihm gut, nur sein Bleistift zitterte. Er schrieb, er sei gesundheitlich am Rande, habe Raubbau getrieben, auch seelisch. Er habe es sich und ihr lange zu verbergen gesucht, aber jetzt sei es am Tage, daß ihr Verhältnis alle Sicherungen durchzuschlagen drohe, er müsse die Notbremse ziehen, auch um ihretwillen, und sie bitten, ihn nicht wiederzusehen. Gedanken blieben ja frei, das sei sein Trost, jeden weiteren müsse er sich versagen.

Die Schwestern in diesem Spital waren lustig, ließen ihn den Schwesternmangel nie fühlen, brachten ihm auf einen Klingeldruck alles, was er begehrte, Tee und Blutverdünner. Schwester Monika, die lustigste, versprach ihm, den Brief von der Nachtwache mitzunehmen, dann komme er heute noch an. Aber sicher? fragte er. Ganz sicher, sagte sie, Monsieur. Sie war besser als Doris.

Seine Frau besuchte ihn fast täglich, auch abends, dafür lag er schließlich privat. Er genas jeden Tag deutlicher, das Reißen in der rechten Bauchhälfte ging allmählich in ein Kribbeln über, das ihn kratzlustig machte, aber gerade das durfte man nicht, es war streng verboten. Er hatte Angst vor ihrer Antwort, aber eigentlich nur davor, daß er den Brief zu ungelegener Zeit erhielt, er hatte ja immer Besuchszeit.

Er durfte die ersten kleinen Schritte im Korridor tun, erst auf eine Schwester gestützt, dann auf seine Frau.

Am zehnten Tag konnten die Fäden herausgenommen werden.

Es kam kein Brief mehr, auch nach Hause nicht, und er dachte mit so viel Erleichterung an sie, daß es sich manchmal wie Wärme anfühlte. Ein Mensch war sie schon gewesen, er war stolz, nicht auf sich, sondern auf sie, das war ihm geblieben und konnte ihm keiner nehmen.

FRANZ XAVER KROETZ

Kirchgang bei schlechtem Wetter

Kirchgang bei schlechtem Wetter. Staller und Stallerin. Beppi etwas voraus.

STALLER Ob man schon was sieht?

Pause.

STALLERIN Noch sieht man nix.

Große Pause.

STALLER Ich seh was.

STALLERIN Das bildst dir ein. Nix is zum sehn.

Pause.

STALLER Da darf auch nie was zum sehn sein.

STALLERIN Bestimmt ned.

Große Pause.

STALLERIN Es wird gsagt, daß etwa Narrische den Tod ned spürn wie mir.

STALLER Freilich, eine Fliegn merkt auch nix.

Pause.

STALLERIN Fünftens du sollst nicht töten.

STALLER Sechstens du sollst nicht Unkeuschheit treiben. *Pause* Das mach ich mit meim Herrgott allein aus.

Pause.

STALLERIN Es wird gsagt, ein Kind lebt im Bauch von der Mutter noch stundlang weiter.

STALLER Des ned.

Große Pause.

STALLERIN Das tät ich jedenfalls mein Lebn lang nicht mehr vergessn. Das weiß ich.

STALLER Wenn man sich nimmer zum helfn weiß, weils alles nix is, muß man ein Ausweg findn.

STALLERIN Ja.

Pause.

STALLERIN Seelig die im Geiste Armen, denn ihrer ist das Himmelreich.

STALLER Das glaub ich ned.

STALLERIN Auf was man für Gedankn kommt, ned zum Ausdenkn.

STALLER Man redt ja bloß.

STALLERIN Aber mit offene Augn ins Verderbn rennen, das geht auch ned.

STALLER Na.

STALLERIN Wenn man das überlegn tut.

STALLER Das weiß ich, meine Tochter, wo noch ein Kind is, das zruckbliebn is, hat ned schwanger zum sein, von einem altn Taugenichts. Wie man da dastehn tät, vor die andern. Nein.

STALLERIN Warum ein Tunichtgut?

STALLER So sagt man ebn.

2. Szene

Tag in der Küche. An der Bank ist die Zentrifuge befestigt. Beppi dreht. Stallerin wischt naß den Boden.

STALLERIN Das wird kein Butter, sondern eine Soß!

BEPPI *dreht.*

Große Pause.

STALLERIN Zumachn sollst.

BEPPI Schwer is.

STALLERIN Das is früher auch ned schwer gangen. – Was man sich einbrockt hat, muß man auslöffeln.

3. Szene

Abend in der Stube. Staller am Tisch mit einer Zeitung. Stallerin. Beppi schreibt in ein Heft.

STALLER Was tust. *Zu Stallerin.*

Pause.

STALLER *zu Beppi:* Was is? *Zur Stallerin:* Ghört ins Bett.

STALLERIN Laß, Aufgabn machts.

STALLER Aufd Nacht.

BEPPI Schönschrift.

STALLERIN Brav is.

Pause.

STALLER *zu Stallerin:* Was tust?

STALLERIN Eine Laugn mach ich.

STALLER Wegn was?

Pause.

STALLERIN Werst es schon sehn.

Pause.

STALLER Willst es tun?

STALLERIN A Red hat er. Sonst nix.

Pause.

STALLER Und wenn sies ned tut?

STALLERIN Folgn muß.

STALLER Des nutzt nix.

STALLERIN Weißt was Besseres?

BEPPI *hört zu.*

STALLERIN Mach deine Aufgabn und kümmer dich um nix, was dich nix angeht.

Pause.

STALLER Das tätn alle, wenn das etwas wär.

STALLERIN Weil es ned üblich is.

Pause.

Staller liest weiter Zeitung.

STALLERIN So. *Pause. Zu Staller:* Geh außi jetzt, das machn mir unter sich aus, brauchn keine Fenstergucker.

STALLER *steht auf.* Geh eh, wo es deine Sach is. *Geht ab.*

STALLERIN So, jetzt werdn mir es gleich habn.

BEPPI *schaut.*

STALLERIN Geh her jetzt. Zieh die Unterhosn aus, leg dich da hin.

BEPPI Ned.

STALLERIN Waschn müssn mir dich, damit der Dreck weggeht. Zieh die Unterhosn aus.

BEPPI *tut es.*

STALLERIN Weilst soviel Sauerei gmacht hast, daß der Dreck außer geht, wo hineinkommen is dadurch. – Das zwickt ein bißl, aber das macht nis, das is die Seifn, wo alles wegwascht. Zieh den Rock nauf, und die Füß ausnander.

BEPPI *hat sich ganz nackt ausgezogen, steht da.*

Große Pause.

STALLERIN Frierst ja, Dummkopf.

Pause.

STALLERIN *nimmt vom Ofen den Putzlumpen, den Schrubber, macht sie in der Lauge naß, fängt an, die Dielen zu schrubben.*

Pause.

STALLERIN Ja, kannst denn ned hörn, was ich gsagt hab. Waschn sollst dich gehn, naus zur Wanne, und dann marsch ins Bett, morgn mußt wieder aufstehn. – Ich hab meine Arbeit.

4. Szene

Nacht, Staller und Stallerin im Ehebett.

STALLERIN Ich hab mein Bestes versucht, das is sicher. Ich kann mir kein Vorwurf mehr machn, das is auch sicher.

STALLER Hab ich was gsagt.

Große Pause.

STALLERIN Es is ebn so, da kann man nix machn.

STALLER Na, mir nicht. Da ghörn andere Leut her, die verstehn das. Die können sich helfn.

STALLERIN Wenns nix nutzt, dann nutzt es nix.

STALLER Das hab ich mir gleich gedacht, daß das kein Sinn hat.

STALLERIN Ebn.

Pause.

STALLER Wenn man wenigstens noch ein Kind hätt, einen Bubn, das wär ein Lichtblick.

STALLERIN Warum?

STALLER Das is doch klar.

STALLERIN Wenn ich schon als Junger kein zweites Kind hab kriegn können, krieg ich jetzt erst recht keins mehr, das weiß ein jeder.

Pause.

STALLER Redn wird man dürfn und sich was ausdenkn, was einem gfallt.

STALLERIN Ja.

5. Szene

Hang mit Preiselbeerkraut. Stallerin und Beppi brocken Beeren mit Gittern. Beppi hochschwanger.

Große Pause.

BEPPI *hat einen sehr fündigen Platz.* Mei, viele!

STALLERIN *lächelt, ziemlich leise:* Dann brock – und red ned.

Pause.

6. Szene

Abend in der Stube. Staller, Stallerin und Beppi beim Essen.

Große Pause.

BEPPI *hört auf zu essen, schaut Staller und Stallerin an, Wehen beginnen.*

Pause.

BEPPI Papamama.

HANS ERICH NOSSACK

Man könnte sich die Sache natürlich sehr viel einfacher machen

Man könnte sich die Sache natürlich sehr viel einfacher machen, und die Dinge, von denen hier die Rede sein soll, nach den uralten Regeln der Erzählkunst berichten. Das sollte einem, der zwar selber kein Autor ist, aber als Redakteur und Lektor tagtäglich an literarischen Manuskripten herumzukorrigieren hat, nicht weiter schwerfallen. Es hätte den unschätzbaren Vorteil, daß die Glaubwürdigkeit des Erzählten gar nicht erst angezweifelt würde, während die sogenannte Wirklichkeit, das weiß jeder Zeitungsleser, trotz aller beigefügten Fotos höchst unwahrscheinlich anmutet und man sich immer fragt: Was will man uns da verheimlichen? Was steckt dahinter?
In unserm Fall ließe sich zum Beispiel als Ausgangspunkt denken, daß jemand von seinem Zimmer aus die gegenüberliegende Häuserreihe beobachtet, während er über seine eigenen Angelegenheiten nachdenkt. Nicht daß es drüben etwas Interessantes zu sehen gäbe, das würde ja nur beim Nachdenken stören, sondern weil eben nichts andres da ist als die Häuserreihe mit den vielen Fenstern; mit Neugier hat das nichts zu tun. Man weiß, wie die Leute ihr Dasein eingerichtet haben, man weiß, wann der und der nach Haus kommt und wann der und der den Fernsehapparat anstellt. Ein wenig rechts im oberen Stockwerk hilft ein Mann seiner Frau beim Abtrocknen des Geschirrs, die Küche ist oberhalb der Kacheln hellblau gestrichen. In dem Zimmer darunter schaukelt ein andrer Mann sein Baby voller Begeisterung, manchmal fotografiert er es auch mit grellem Blitzlicht, damit auch die Verwandten sich an dem Baby freuen

können. Und daß die Frauen montags die Wäsche auf den Balkon hängen, ist auch nicht weiter interessant, man registriert nur, daß wieder einmal Montag ist. Wenn man jedoch so beginnt, obwohl die Frauen der ganzen Welt montags die Wäsche auf den Balkon hängen, ohne daß es heutzutage einen stichhaltigen Grund dafür gäbe, und obwohl sich nicht einmal aus der Art der Wäsche wichtige Schlüsse ziehen ließen, sollte man besser den Namen der Stadt nennen und sogar den Straßennamen, diesen uralten Trick der Erzählkunst darf man nicht außer acht lassen. Aber man hüte sich davor zu fragen: Wie halten die Leute das aus? So eine Frage ist ganz unerlaubt, sie würde jede Ordnung stören und nur traurig machen. Im Gegenteil, es ist ein wahrer Segen, daß es Fernsehen gibt, weil es die Leute davor behütet, auf Gedanken zu kommen, denen sie nicht gewachsen sind. Sollen die Frauen doch bitte noch ein weiteres Jahrhundert die Wäsche montags auf den Balkon hängen, das schiebt die Katastrophe hinaus.

Nur in einem der Fenster wohnt einer, der sich nicht nach dem vorgeschriebenen Kalender richtet, das fällt sofort auf und ist sogar verdächtig. Was fällt dem Mann ein, sich nicht nach den allgemeinen Gewohnheiten zu richten? Und so unauffällig zu leben, daß er gerade dadurch auffällt? Denn das ist natürlich weit aufschlußreicher, als an der Wäsche festzustellen, daß Montag, und am blauen Licht, daß Freitag ist und ein Krimi im Fernsehen gegeben wird. Der dort drüben hat kein Fernsehen, und einen Balkon für die Wäsche hat er auch nicht. Wie kommt er nur ohne das aus, was sowieso alles wissen, da es in der Zeitung steht, möchte man ihn fragen. Ein alter Mann ohne Zweifel, das sieht man an der Art, wie er sich in seinem Zimmer bewegt. Insofern muß man sich an das Gegebene halten, obwohl ein alter Mann gar nicht mehr zählt; mag er nur durch sein Verhalten Kritik an uns üben, das geht uns nichts an. Außerdem ist dies alles ja nur ein Vorschlag, wie man die Dinge, von denen die Rede sein soll, erzählen könnte. Er ist übrigens gar nicht so leicht zu beobachten, besonders im Sommer läßt sich nicht feststellen, was in der andern Hälfte seines Zimmers vor sich geht, falls da überhaupt etwas vor sich geht. Sein Fenster ist durch einen riesigen alten Birnbaum halb verdeckt, der eine Unmenge verholzter brauner Birnen produziert, für die niemand Gebrauch hat und die im Herbst auf den Rasen fallen und die Amseln des ganzen Stadtviertels herbeilocken. Und obwohl jede Amsel zwanzig oder dreißig Birnen für sich vertilgen könnte, ohne daß deswegen eine andre zu kurz käme, ist es ihr wichtiger, die andern von ihren Birnen zu verjagen, als sich in aller Ruhe satt zu essen. So zänkisch ist dies Volk.

Möglich, daß man dem Alten auch schon auf der Einkaufsstraße begegnet ist, wie er mit einer Plastiktüte vom Kaufhaus da entlangging, aber wer achtet schon auf so einen. Oder auch im Kaufhaus selbst unten in der Lebensmittelabteilung, wie er mit dem Drahtkorb durch die Gänge mit den ausgestellten Waren geht und hier ein Paket Brot und dort ein Pfund Butter vom Bord nimmt. Oder noch besser in der Abteilung, wo die Waschmittel verkauft werden und wie drei dicke Verkäuferinnen in ihren weißen Kitteln um ihn herumstehen, die miteinander debattieren, welches Waschmittel für den Alten das praktischere ist, denn davon verstehen sie mehr als er, zumal er die Phantasienamen der Waschmittel immer wieder durcheinanderbringt. Wegen der drei handfesten Frauen bemerkt man natürlich einen so kümmerlichen Alten nicht. Aber daß er seine kleine Wohnung da drüben selber sauber hält, hat man längst festgestellt. Einmal hat man ihn ein Staubtuch aus dem Fenster ausschlagen sehen, und dann und wann fährt er offenbar mit einem Staubsauger in seinem Zimmer umher. Nur einmal im Monat kommt die Hauswartsfrau aus dem Keller zu ihm und putzt das Fenster und seift den Fensterrahmen und das Sims aus, auf das die Vögel geschissen haben. Was sie sonst noch in der Wohnung macht, in der Küche, im Badezimmer oder wo der Alte schläft, läßt sich von dieser Seite nicht sehen, weil die Räume nach der andern Straße hin liegen. Nur daß die Hauswartsfrau eine rote Strickjacke trägt und ein zorniges Gesicht hat, das sieht man. Wie soll sie auch nicht zornig sein über einen so überflüssigen Alten? Die rote Strickjacke ist der einzige Farbfleck da drüben, darum wird man sie im Gedächtnis behalten.

Nicht etwa, daß der Alte nicht auch nach irgendwelchen Regeln lebte, im Gegenteil, er ist sogar regelmäßiger als all die Frauen mit ihrer Wäsche, die sie auf den Balkon hängen. Man könnte seine Uhr nach ihm stellen. Mittags geht er irgendwohin zum Essen, das ist klar, es gibt ja genug Mittagstische in der Gegend, wo man verhältnismäßig billig essen kann. Vielleicht ist man ihm auch dort einmal begegnet, aber man hat es nicht für nötig gehalten, die Kellnerin zu fragen: Wer ist der alte Herr eigentlich? Er fällt eben nicht auf, wenn nicht zufällig sein Fenster gerade gegenüber wäre, würde man überhaupt nichts von ihm wissen. Wer käme auf die Idee, sich nach ihm zu erkundigen oder gar ihm mittags aufzulauern, um herauszufinden, wohin er mittags zum Essen geht? Nur seine Regelmäßigkeit fällt auf, weil sie eine andre Regelmäßigkeit ist als die all der ordentlichen Leute, die sonst da drüben wohnen. Wozu überhaupt diese seine pedantische Regelmäßigkeit? Der Alte könnte sich doch sein Leben einrichten, wie es ihm paßt, er braucht morgens nicht ins Büro zu hetzen und abends das Fernsehen rechtzeitig anzustellen, da er, wie gesagt, ja keinen Apparat hat. Doch nein, pünktlich morgens um sieben sieht man schon Licht bei ihm, obwohl er so lange im Bett bleiben könnte, wie es ihm behagt. Oder braucht so ein alter Mann nicht mehr viel Schlaf? Pünktlich um sieben Uhr sieht man Licht bei ihm, im Winter bemerkt man das natürlich sofort, Tag für Tag um sieben, auch sonntags, als ob es für den Alten keinen Sonntag gäbe. Zuerst nur indirektes Licht, das wohl aus der Küche oder vom Flur her scheint, aber schon sehr bald kommt er mit einem Tablett oder etwas ähnlichem ins Zimmer, setzt sich an seinen Tisch am Fenster und trinkt dort Kaffee. Es wird bestimmt Kaffee sein und nicht Tee. Und an diesem Tisch sitzt er auch sonst, wenn er nicht gerade zum Essen oder zum Einholen geht oder die zornige Hauswartsfrau ihn vertreibt, da sie den Tisch blank scheuern will. Tag für Tag sitzt er dort all die Jahre und Nacht für Nacht, bis elfeinhalb Uhr nachts wenigstens, denn pünktlich um elfeinhalb geht das Licht bei ihm aus. Was soll diese Pünktlichkeit? Das ist doch geradezu verdächtig. Und was macht er da an seinem Tisch? Liest er oder schreibt er? Man kann doch nicht immer lesen. Und was soll ein alter Mann schon schreiben? Seine paar Erlebnisse von früher interessieren doch keinen Menschen. Langweilt es ihn denn nicht selber, immer nur da an seinem Tisch zu sitzen und zu rauchen? Daß er raucht, kann man unschwer sehen, er hat ein Feuerzeug auf seinem Tisch stehen und die Flamme blitzt oft genug auf. Wozu muß ein alter Mann noch so viel rauchen? Wartet er auf etwas? Worauf wartet er denn und das schon jahrelang?

Was aber mehr als alles auffällt, ist, daß er all die Jahre, zwei oder drei mögen es schon sein, nicht ein einziges Mal Besuch gehabt hat, denn das wäre einem natürlich sofort aufgefallen. Nicht ein einziges Mal, man stelle sich das vor. Immer nur allein an seinem Tisch mit seinen Zigaretten und seiner Tasse Kaffee. Und trotzdem diese unverständliche Pünktlichkeit. Wie hält er das nur aus?

Und wozu lebt er eigentlich? fragt man sich. Hat er Vermögen oder eine Rente oder eine Pension? Denn die Wohnungen da drüben sind nicht billig, das weiß man. Sicher hat der Alte, bevor er dahin zog, einen hohen Baukostenzuschuß zahlen müssen, und noch dazu à fond perdu, wie es genannt wird. Und warum ist er nicht verheiratet, wie es sich gehört? Ist seine Frau gestorben? Oder ist sie ihm weggelaufen, weil es ihr zu langweilig mit ihm war? So etwas kommt vor, und es wäre sogar verständlich. Aber er müßte doch zum mindesten Freunde oder Bekannte von früher her haben, die ihn besuchen oder die er abends besucht, sie können doch unmöglich alle im letzten Krieg gefallen sein. Oder ist er vielleicht nicht aus dieser Stadt? Doch ob er überhaupt Post bekommt außer der üblichen Reklame, läßt sich nicht sagen, man hat ihn nie mit einem Brief in der Hand gesehen, aber das will nichts heißen, denn er kann ja die Gewohnheit haben, die Briefe in der Küche zu lesen, um sie dann gleich zu zerreißen und in den Mülleimer zu werfen, bei ihm muß man mit so etwas rechnen, so einer will nicht, daß etwas übrig bleibt, und selbstverständlich würde die Hauswartsfrau schnüffeln, wenn ein Brief herumliegen bleibt, sie möchte doch gern diesem Heimlichtuer auf die Sprünge kommen, die andern Hausbewohner fragen schon immer, weil ihnen der Alte unheimlich ist. Warum bemüht er sich immer, auf der Treppe leise zu sein, wenn er doch niemals jemand mit nach Hause bringt? Das geht doch nicht mit rechten Dingen zu, und man merkt es ja doch, wenn er die Treppe rauf oder runter geht, da die eine Stufe laut ächzt, das läßt sich gar nicht vermeiden.

Und dann eines Abends nach all den Jahren des Alleinseins hat er doch Besuch, man traut seinen Augen nicht. Ein junger Mann ist bei ihm zu Besuch. Er sitzt ihm gegenüber am Tisch, eine Tasse Kaffee hat der Alte ihm hingestellt, und auch die Zigaretten schiebt er ihm über den Tisch hin. Ein junger Mann? Hat der Alte doch einen Sohn, der aus dem Ausland zurückgekehrt ist? Oder nicht eher einen Enkel? Oder ist es der Sohn oder Enkel eines Freundes? Oder hat er den jungen Mann zufällig im Kaufhaus oder am Mittagstisch getroffen? Oft genügt ja ein Wort oder eine Handbewegung, man erkennt sich daran, und der Alte hat zu ihm gesagt: Komm doch abends zu mir, wenn du Zeit hast, da können wir über alles sprechen. Und nun sprechen sie miteinander, sie sprechen die halbe Nacht durch. Auch der Alte spricht, er hat das Sprechen nicht vergessen, obwohl er all die Jahre die Verkäuferinnen nur nach Waschmitteln gefragt hat und zur Kellnerin, wenn er das Trinkgeld auf den Tisch legte, nur gesagt hat: Es ist gut so. Dabei kann man das Sprechen leicht vergessen. Oder ist der Alte vielleicht selber ein Ausländer, man hat es nur nicht gewußt, und nun freut er sich, mit einem Landsmann endlich einmal wieder in der eigenen Sprache reden zu dürfen?

So jedenfalls könnte man die Dinge, von denen hier die Rede sein soll, erzählen, das wäre unbedingt glaubhaft. Kein Mensch würde auf den Gedanken kommen zu fragen: Wie konnten Sie denn über die Gärten hinweg hören, worüber die beiden sich unterhielten? Sie hatten doch kein Mikrofon bei denen da drüben eingebaut. Die Frage wäre schon gar zu dumm.

MARIELUISE FLEISSER

Moritat vom Institutsfräulein

Als Kind habe ich mir fest vorgenommen, ich muß es einmal ganz recht machen. Wie mein Ludwig mich dann genommen hat, das ist nicht leicht gewesen für ihn. Wenn einer mich um was anging, sagte ich bloß: »Nein, das ist meiner Mama im Himmel nicht recht.« Da konnte keiner mich haben. Das ging so dahin. Nur war ich dann so allein in der fremden Stadt.
Einmal im Kolleg habe ich einen Mann kennengelernt, das war eigentlich kein Student. Er stellte was vor, ich wußte nur nicht recht was. Ich habe nur so geschaut und es war dann mein Ludwig. Der Mann hat alles mit Gewalt gemacht. Da mußte ich neben ihm denken, wenn ich nur auch was mit Gewalt machen könnte, deswegen hat er soviel bei mir gegolten.
Als die anderen sahen, wie er auf mich aus war, wußten sie was über sein Gesicht, damit ich mir nicht zuviel einbilde. Seine Nase war wie gebrochen. Da mußte ich ihn gleich verteidigen, und ich habe mir doch was eingebildet auf meinen Ludwig. Ich sagte, er war auf eine Weise häßlich, daß es schon wieder schön war. Die Weiber liefen ihm nach.
Bei meinem Ludwig war ich gern, er hat sich nie was dabei gedacht. Im Anfang war ich auf seiner Bude ein wenig befangen und gab auf mich Obacht. Aber er hat es selbst gesagt, daß er mich nicht ausnützt, da wußte ich es gewiß. Für mich war er der einzige Mensch, an den wollte ich fest glauben und immer fester.
Ich wollte es nicht wissen vom Ludwig, er fing selber an und erzählte von anderen Mädchen, mit denen er früher zusammen war, denen hat er auch nichts getan. Ich habe dann mei-

nen Ludwig immer besser gekannt und gab nicht mehr soviel auf mich Obacht.
Da war aber der Abend dazwischen, an dem hat es mein Ludwig mit Gewalt gemacht. Zuvor brachte er mich in eine große Verwirrung. Er ging einfach nicht zu mir her, er redete nicht und deutete nicht, ich durfte sagen, was ich nur wollte. Und so lang ging er nicht her, bis es mir von Herzen leid war. Ich dachte, so, jetzt ist mir mein Ludwig auf einmal böse.
Ich fragte ihn, warum er so ist. Er sagte, ich kann mir schon denken warum. Da wußte ich nicht, wie ich mit ihm daran bin und ob es nicht zwischen uns bereits wieder aus ist. Das gab mir einen Stich durch und durch. Ich ging direkt zu meinem Ludwig hin und fragte ihn, wie ich mit ihm daran bin. »Wegbleiben!« fuhr er mich an, aber ich wollte mich auch nicht auf diese Weise simpel entfernen, und vielleicht war für mich der Moment wichtiger wie für ihn. Ich stellte mich doch zu ihm hin und so bei ihm dort hätte ich alles auf der Welt fragen können, er war so gescheit.
An dem Tag hat er mich überrumpelt, und mir fiel kein Satz ein, den einem die Leute bei der Gelegenheit glauben. Ich hätte auf und davon mögen, aber noch mehr zog es mich hin. An einer blinden Kraft kamen wir zu Fall. »Du hast es nicht anders gewollt«, sagte er.
Mein Ludwig sagte: »Du mußt klug sein, dann weiß es kein Mensch.« Ich wußte nicht, wie man klug ist. Ich wußte bloß, daß ich aufgewachsen bin in einem Kloster und daß alles, was ich dort gelernt habe, für mein Leben falsch ist. Ich war erzogen, daß ich gehorchte. Ich war gewöhnt, daß ich mich nicht verriet. Ich war nicht erzogen, daß ich mich wehrte.
Ich glaubte ihm alles, ich konnte das ja nicht vergleichen. Der Anfang war immer schön. Wenn es spät war, ging mein Ludwig weit draußen vom Weg ab und blieb mitten in einer verlassenen Wiese stehn. Er rief mich nicht, ich mußte ihm

von selber nachgehn. Wir stiegen immer auf demselben Fleck herum und dachten nach, ob das Gras ist. Mein Ludwig stand dicht vor mir und glühte wie ein Radfahrer, der keine Laterne hat, mit den Augen. Ein Kerl war er wie ein Baum, wir haben nicht wenig gescherzt. Mein Ludwig hat alles mit sich machen lassen und gelacht auf breiten Zähnen.

Aber wenn ich mich genug gerollt und ihn eingefangen hatte, hat mein Ludwig auf einmal nicht mehr gelacht. Er hat mich ganz schön geschunden. Und die Luft nahm er mir weg. So lang nahm er sie weg, daß es mir tobte im Kopf, ich meinte, ich müsse zerspringen. Mein Herz tat einen Satz und ich fürchtete mich. Er hätte es haben können, nur nicht so lang. Ich konnte nicht verstehen, warum andere so danach tun, und einmal nahm ich mir einen Mut und fragte: »Ludwig, muß das sein?« Da hat mein Ludwig mich angeschaut und ist eine Zeitlang auf der Uni nicht mehr zu mir hergegangen.

Ich konnte mir oft nicht mehr helfen. Ach Gott, habe ich zu mir selber gesagt, ich glaube, mir fehlt was. Das wollte ich wegbringen, dafür wollte ich alles tun und ich wollte doch auch wie die Hui-Kerle sein, ich wollte nicht zimperlich sein. Da durfte mir das doch nichts machen. Ich hätte es nie über die Lippen gebracht, da tat er sich leicht. Ich hätte es nie zugegeben vor einem anderen. Die Erfahrung hat mich nicht anders belehrt. Der Liebe war ich es schuldig.

Ich bin aufgewacht in der Nacht, da hat es auf der Straße unten was gegeben. Nachher war es mein Ludwig, der hat einen schweren Stein gehabt und ihn aufs Pflaster hinfallen lassen. Er hat ihn aufgehoben und ihn hinfallen lassen, die ganze Zeit hat er so gemacht. Ich ging zu ihm hinunter. Mein Ludwig mußte sich furchtbar besinnen, was er mit dem Stein eigentlich will. »Den habe ich dir mitgebracht«, sagte er. Dann war er über sich selber ganz starr, weil er so an mich denkt.

Ich habe es gleich gerochen. Mein Ludwig sagte, er muß bloß sein Gesicht an den Stein hinbringen. Mein Ludwig hat sich gebückt und sein Gesicht an den Stein hingebracht, ich hielt ihn fest um seinen Leib, und mein Ludwig war mit dem Kopf ganz am Boden und hat furchtbar gelacht. Auf einmal war er nüchtern. Er lehnte sich mit dem nackten Gesicht an ein Haus und sagte, er kann es nicht mehr machen.
Immer wenn er den Mund auftat, ist neben dem Stein eine ganze Wolke zu mir hergegangen, er drückte sich die Backe an der kalten Wand breit, und ich habe mich so geschämt. Denn das Haus war naß und auf der Backe war ein Flecken und mit dem Flecken hat er gelacht. Weil er mir alles zeigen mußte, habe ich mich geschämt.
»Wenn du es nicht haben kannst«, sagte er, »dann mußt du nicht mir mir gehn.« Ich sagte: »Ludwig, ich kann es haben. Aber wenn wir nicht gleich gehn, bringe ich dich nicht mehr weiter.« Mein Ludwig langte nach meinem Arm und zog sich daran ins Trottoir hinein. Dann ging er nicht mehr von mir weg, so hat es ihm in der Nähe und in der Wärme gefallen. »Bring mich weiter!« verlangte er und hielt den Kopf vor wie gegen eine Kraft.
Wie das Trumm Mannsbild sich von mir ziehn ließ, war schon nicht mehr schön. Auf einmal war ihm damit ernst. Den leibhaften Kerl habe ich von Haus zu Haus weiter gestemmt. Er hing so schwer auf mir und war so bleich und glasig im Gesicht. Wenn ich einmal aussetzen mußte, fuhr er mit dem Kopf auf wie aus einem wüsten Schlaf.
Ich mochte nicht, daß Menschen vorbeikamen und ihn und mich so sehen. Auf einmal gab es mir einen Stich, denn an dem einen Eck, wo wir hinmußten, ist eine Frau gestanden. Sie drehte sich um, daß sie mir nicht helfen muß. Wenn es gerade die nicht wäre, dachte ich. Denn einmal hat sie als Magd bei uns gedient und ist dann im Streit von uns weg, weil sie gern was gehabt hätte mit meinem Vater. Aber meinem Vater war sie nicht zum Anschauen recht, sie war so

ordinär. Nachher lief sie mit einem Spazierstock auf der Straße herum und machte sich freie Zeit. Ich wußte gleich, mit der kann ich noch was erleben. Denn daheim hat doch niemand was von meinem Ludwig gespannt.

Fast hätte ich ihn nicht mehr weitergebracht, mein Herz ist gegangen, und ich hatte fast keine Kraft. Mein Ludwig schaute auf und murrte, warum so lang Aufenthalt ist. Das hat mein Ludwig nicht gern, wenn man selber mit was zu tun hat. Er spürte, daß mich was von ihm abhielt, das machte ihn böse. Das gab ihm Kraft, so böse hat es ihn gemacht. Und weil mein Ludwig eine solche Kraft hatte, darum hat er sich mit aller Kraft auf mich hinfallen lassen. Und wenn ich nach der Seite auswich, wäre mein Ludwig doch so arg in den Zaun gefallen, dazu hat er mich nicht gebracht. Ich mußte ihn jetzt schon gehen lassen und warten, was daraus wird und in mir bitten und beten. Ich war ja blöd, daß ich ihn nicht noch stieß!

Ich soll ihn nicht immer so lieben, schrie er mich an, ihn macht das noch rasend. Da standen die Latten von dem Zaun so schwarz in den Himmel hinauf. Ich konnte mir gar nicht denken, daß mich mein Ludwig noch mag. Ich trat immer ein wenig von ihm weg und er mir nach in einen dunklen Winkel, wo es weich war von Gartenerde und Gras. Da ging ich nieder, ich konnte mir nicht mehr helfen.

Der Himmel wurde weiß. Wenn ich an meinem Gesicht herunterschaute, kam Helligkeit von der Haut. So weh tat mir mein Ludwig, damit er sieht, ob ich mehr werde durch den Schmerz, und meine Hand ist mir so blaß und versagend im Schoß gelegen. Ganz entsetzt habe ich mich, daß ich immer noch mehr werden muß.

Am Zaun stand eine Latte schief. Besonders weil die Latte schief war und ich konnte sie nicht richten, weinte ich gerade heraus. Denn gar nichts konnte ich richten. Eine Verzweiflung war darin, wie wenn uns dieser Leib einmal aufgezwungen wurde durch eine fremde Gewalt.

Mein Ludwig ist auch bloß immer eigensinniger geworden. Da waren wir miteinander ein Wesen aus Leiden und Tun, und Tun war seines und Leiden war meines. Ich dachte, dem darf einfallen, was er will, ich kann gar nichts machen. Aber wenn ich mir helfen könnte, indem ich aufstünde und von ihm ginge, ich würde nicht aufstehn und von ihm gehn, ich war ja blöd, daß ich nicht konnte. So hart war mir, ich griff hinter mich an den Zaun, damit ich es besser aushalten kann.

Ich wachte auf und hatte den ganzen Himmel in meinem Gesicht. Das tat mir in die Haut hinein weh, daß es hell war. Ich hielt mir alle Finger ins Gesicht mit den Spitzen, und mein Gesicht war nackt und wurde nicht warm. Die Vögel sangen über mich weg in den frühen Morgen hinein, mir hätte nicht ärger sein können. Immer sangen die Vögel, wenn ich nicht gegangen wäre mit meinem Ludwig, müßte ich nicht so sein.

Nicht lang danach hat in meinem Zimmer mein Vater auf mich gewartet. Das ist mir vorgegangen, dachte ich. Mein Vater ließ sich nichts ankennen. Es wird Zeit, sagte er, daß er mich heimnimmt. Auf einmal hat er nach mir gestoßen. »So muß man sich über dich schreiben lassen,« warf er mir vor.

Ich wußte gleich, die Karte war von der Frau, auch wenn der Name nicht dastand, dafür war sie zu feig. Da habe ich schön erfahren, wer ich bin und um die nachtschlafende Zeit bin ich mit einem Kerl für betrunken herumgezogen. »Lustig geht die Welt zugrunde,« war unten hingeschrieben. Ich sagte: »Wenn die Person gemein sein will, kann ich nichts machen.«

Im Zimmer war es still. Mein Vater sagte, zu mir kann man nicht wie zu einem Menschen reden, aber daß ich heroben bin, damit ich herumziehe mit einem Kerl, dafür kommt er nicht auf. Ich sagte, ich kann ihn nicht zwingen. Ich wußte nicht, wer mir die Worte eingibt, eine solche Gewißheit kam

in mich, ich kann daran nicht vergehn. Und daß ich mich nicht wegbringen lasse von meinem Geliebten, das ist mir geblieben.
Wenn ich mich auf den Mann verlasse, dann werde ich ihn ja kennen lernen in der nächsten Zeit. Für das eine sind die Herren zu haben, für das andere nicht. Er soll den Ludwig nicht schlecht machen, sagte ich, wenn er ihn nicht einmal kennt. Mein Vater sagte, er will ihn auch gar nicht kennen. Das sind nämlich die Männer, von denen man daheim nichts wissen darf und darauf kann man gehn. Nichts drang in mich ein. Ich konnte gar nicht weinen, es war alles so weit weg.
Ich weiß nicht, ob mein Ludwig was gemerkt hat. Er fing sein Dasein zu bereden an und wie schlecht es ihm selber geht. Da wußte ich, mit mir kann ich ihm nicht auch noch kommen. Ich wollte weniger essen. Ich schrieb heim, ich werde niemand am Hals liegen, ich gehe in Stellung. Aber da waren andere ganz anders ausgebildet und haben auch schon gewartet, die Arbeitslosen waren zuviel. Wo ich es versuchte, war die erste Frage: »Fräulein, haben Sie in der Branche gelernt?«
In einer Versorgungskasse hätte ich zur Not was bekommen da wollte ich wieder nicht, mit rechnen kann man mich jagen. Außerdem fielen die mit der Tür gleich ins Haus: »Bei uns werden Überstunden gemacht, bei uns geht es jede Nacht bis um zehn. Nicht daß Sie sich dann beklagen!« Schon im Anfang stand die Erpressung. Eine Person wie ein Faden folgte mir die Stiege hinunter, sie sprach mich freiwillig an: »Ich kann Sie nur warnen, bei denen bricht eine jede zusammen. Sehen Sie mich an, ich gehe von selber.« Ich erkundigte mich, das Haus war berüchtigt. Eigentlich konnte ich es mir gar nicht leisten, gerade stieß ich mich noch ab von der Schraube.
Das alles war mir so leid, jeden Tag mußte ich wieder losgehn. Ich hätte nie gedacht, wie müd man davon wird. Dann

waren die Schuhe durchgelaufen, dann war das Gewand verregnet, dann konnte ich nicht mehr viel in die Wäsche geben. Auf der Bude waschen war mir verboten. Tat ich es heimlich, lag die Wirtin schon auf der Lauer. Ich muß hinaus, wenn sich das wiederholt, sie läßt sich nicht ihre Zimmer verdampfen. Ich schaute abgerissen aus, da ließen sie mich gleich nirgends mehr ein. Mein Ludwig sagte: »Kind, so wirst du nie was finden.« Mir war selber ganz angst, daß ich mich wo in einer Auslage sehe.

Da ist mein Ludwig immer noch in den Lokalen herumgezogen und hat den ganzen Tisch freigehalten, da hat er andere mit dem Taxi herumfahren lassen und vorgetäuscht, was er nicht einmal hatte. Bei mir schimpfte er dann über die Leute, die ihm das Geld wegtragen und sagte, lieber müßte er doch mir was geben statt diesen Fremden. Darin ist mein Ludwig wie vor einer Mauer gestanden. Und bei mir hat ihm das Großtun doch nicht geholfen. Ich mußte mich zusammennehmen, daß ich ihn noch begreife. Wenn ich ihn gar nicht hätte, dachte ich, was wäre ärger? Schon die ganze Zeit war so was Leeres hinter seinen Worten. Wenn ich genau wüßte, wie er ist, meinte er, ich würde vielleicht nicht mehr mit ihm gehn. Allein fragte ich mich, ob ich was von meinem Ludwig nicht weiß und alles war so traurig.

Weil ich so lang keine Stellung fand, hat mir mein Vater ein letztes Mal was geschickt. Mehr, schrieb er, wird nicht herausschaun, er muß an seine anderen Kinder denken. Das Geld wäre mir eine Hilfe gewesen, hätte mich mein Ludwig nicht am gleichen Tag geholt und mir auf dem Weg was gesagt. Ob ich auf ihn warte, wenn er ins Ausland muß? Er kann im Land nicht mehr bleiben. Wie wenn mein Ludwig wem auskommen müßte, so ist er mit starrem Gesicht und immer schneller dahingegangen.

In seinem Zimmer hat eine Kellnerin auf ihn gewartet und ihr Geld verlangt, wofür mein Ludwig das ganze Jahr auf

Rechnung gegessen hat. Sie hat gehört, der Herr wäre in ein paar Tagen sowieso weggezogen und sie wird nie wieder auf einen Herrn vertraun. »Sind Sie still«, sagte er, »Sie bekommen Ihr Geld.«
Eine schöne Summe hat sie ihm weggetragen. Mein Ludwig fluchte, das war jetzt das Geld für seine Reise, er muß aber weg. Er wollte nichts wie heraus, da habe ich ihn mitgenommen und ihm das Geld für seine Reise gegeben. Ich trug es ihm auf der Hand hin und sagte, ich habe soviel, mehr nicht. Davon muß er mir dalassen, was er nicht unbedingt braucht, das andere mag er nehmen. Mein Ludwig muß nicht geglaubt haben, daß ich ihm alles bringe, er hat mir das Meiste genommen.
Mein Ludwig ist gerade noch rechtzeitig weg, schon am anderen Tag ist die Frau gekommen. Sie hat gehört, daß der Herr mit mir geht. Wo mein Ludwig hin ist? Sie hat ihm eine große Summe gegeben, die braucht sie wieder, damit sie ihre Mutter ins Irrenhaus einkaufen kann. Wenn sie das Geld wo anders aufbrächte, würde sie es ja nicht verlangen. Mein Ludwig hat es ihr so bestimmt in diesen Tagen versprochen.
Die Frau war die Ärgste nicht, denn jetzt kamen sie nacheinander daher. Alle sagten: »Fräulein, Sie müssen die Adresse doch wissen.« Die Polizei hat sie nicht gewußt und niemand. Da kam es richtig auf, wie mein Ludwig bloß von anderen gelebt hat und ich habe das nicht geahnt. Ich sagte: »Er ist in seine Heimat, er wird das Geld dann schon schikken.« Aber das haben sie mir nicht geglaubt. Einer fragte: »Fräulein, haben Sie sich denn ganz dumm machen lassen?« Ein paar wurden gleich recht frech auch. »Fräulein«, sagten sie, »dann wird er Ihnen schon was gegeben haben von meinem Geld. Man weiß, wie die Fräuleins es machen. Daß sie hernach dann nicht herhalten wollen, daß weiß man wieder.« Ich konnte mich kaum mehr halten. Da war noch ein Frauenzimmer, die tat vor mir groß, daß sie seine Geliebte

war, sie hat ihm das Geld für eine Reise gegeben. Ich wußte nicht, was daran gelogen waren, ich wußte überhaupt nichts mehr von meinem Ludwig.
Ich wäre heimgegangen, sie haben mich nicht gelassen. Wo das Geld geblieben ist, wenn ich schon nichts mehr habe? Warum ich keine Stelle fand? Die haben gewiß gemeint, ich tue nichts dazu.
Ich habe gewußt, daß andere Mädchen es von den Herren haben und ganz schön leben. Wer bist du denn noch, fragte ich mich, wenn so schon alle auf dich herabsehn? Wenn er dich so hineinreiten mag, bist du für deinen Ludwig auch nichts weiter gewesen. Du hast ihm geglaubt, dumme Geiß, ein Luder wird er aus dir machen, wenn du noch lang an ihn denkst. Das war für mich wie eine Faust, die mich dazu preßt. Der Magen tat mir schon weh, ich wußte nicht, wer gibt mir zu essen? Es gab keinen tieferen Punkt, was sollte ich machen? Ich habe nicht aus und nicht ein gewußt, wirklich. Daß ich keine Mutter hatte, wen ging das was an?
Ich habe mich noch immer gewehrt. Ich legte mich auf mein Bett und nahm mir vor, ich stehe nicht wieder auf. Drei Tage und zwei Nächte bin ich da gelegen ohne die Nahrung, ich hörte die Stunden und konnte nicht schlafen. Am dritten Abend habe ich Wasser getrunken, als es schon dunkel wurde, dann ging ich hinunter.
Ich mußte mich doch immer an der Hausmauer einhalten, das habe ich von der Seite her mit dem Körper verdeckt. Ein Herr hat es doch gemerkt, weil er mir länger nach ist. War ein feiner Mann und hat mir so zugeredet, daß ich das nicht wieder tue. Ich ließ mir den Hunger ankennen, da hatte ich gleich mein Essen. Ich konnte sehn, was alles geht. Der Mann war auf Durchreise hier und nahm mich in sein Hotel mit.
Ich hielt den Kopf auf die Seite, er drehte das Licht aus. Das war das erste fremde Bett für mich, ich merkte, daß ich nicht dafür passe. Ich habe in die Laterne geblickt und gehorcht

auf jedes Geräusch, und der Mann war so still und hat gehorcht auf jedes Geräusch. Durch einen Blick war ich von dem Mann entfernt, durch das Horchen und die Stille war ich ihm wieder nah. »Mir ist nicht gut«, sagte ich. Der Mann sagte, er hat gleich gemerkt, daß was mit mir ist. Ich soll mich hinlegen und schlafen und er hat ein soziales Interesse.

Ich zog das Bett leise über mich, ich lag lange da mit stillen Augen. Ich paßte auf, daß ich nicht an ihn stoße. Die ganze Zeit mußte ich denken, wie das hier wenig ist, was einmal viel war. Der Mann machte eine Bewegung. Ich merkte, daß er nicht schläft und auch bloß daliegt mit offenen Augen. Dann kam er zu mir herüber und nahm mich unter den Kopf, daß ich nicht wegschauen konnte. Er fragte, warum ich das nicht mache und warum nicht das, seine Stimme war so behutsam und immer Kind hat er mich genannt. Ich wußte nicht einmal, was das ist, wovon er redet. Da hielt ich ihn für eine große Ausnahme unter den Menschen. Verstockt lag ich da. Ich wollte ihm nicht ins Gesicht sagen, ich kann mir nicht denken, wie es bei ihm zugeht. Der Mann merkte was und legte sich weg. In dem Zimmer ist eine Uhr gegangen.

Da war ich an seiner Seite bleich von dem Schrecken und mit nichts zugedeckt als mit einem verlegenen Lächeln. Der Mann redete herüber, die ganze Zeit denkt er über was nach. Aber wenn mein Freund es mir nicht gesagt hat, dann will er mir auch nichts sagen. Ich soll nicht mehr daran denken.

Der Satz fiel in mich wie ein Stein. Denn wenn er nicht die Ausnahme war, dann mußte ich selber die Ausnahme sein und vom Leben der Erwachsenen nichts wissen. Das ist mir von tief innen bis in die Augen gegangen, ich konnte mich nicht rühren. Und was mir da geschah am Leib, daß ich nicht rein bin und doch von nichts was weiß und wie in eine Gasse geführt bin, wo andere nicht hingehn, das hätte mir doch mein Ludwig nicht antun dürfen. Denn er hat mich im

Glauben gelassen und nie was gesagt, so daß ich es erfahren mußte durch einen Fremden. Das ist mir wie die größte Beleidigung gewesen.

Wie ich so lag, stand die Zeit in mir still wie an einer Mauer und immer die gleiche Verstocktheit wie ein tiefes Wasser an einer Mauer. Die ganze Nacht habe ich nicht geschlafen und mich immer aufgesetzt und geschaut. Dem fremden Herrn ist auch ganz eigen gewesen.

E.Y. MEYER

Dünnerwerdende Äste

Gegen Viertel vor elf hatte er bemerkt, daß sich nicht mehr nur der Italiener, sondern auch der Wirt selber hinter dem Ausschanktisch befunden und die Getränke bereitzustellen geholfen hatte, jedoch nicht wie sonst bereits angeheitert gewesen war, sondern auffallend frisch und gelöst gewirkt hatte. Kurz darauf hatte der Gast, der zwischen seinem Freund und dem Ausschanktisch gesessen war, versehentlich sein noch fast volles Glas Wein umgeworfen, sich jedoch weder um den Wein auf der Tischplatte noch um jenen auf seinem Anzug besonders gekümmert, sondern sich an den Wirt dieses, wie er gesagt hatte, *Teesalons* gewandt und ihn gefragt, was es bei ihnen (was entweder als die übliche Höflichkeitsform oder als die Anrede für den Wirt und dessen in der Bedienung aushelfenden Frau hätte ausgelegt werden können) gebe, wenn Gäste ihren Wein ausleerten, ob ihnen dieser nicht ersetzt werde, worauf der Wirt geantwortet hatte, daß dies nicht der Fall sei, dann gebe es im Gegenteil *Schläge*, sie (womit er in der gleich zweideutigen Art wie der Gast entweder seine Frau und sich oder die Wirtsleute überhaupt hätte gemeint haben können) wüßten, was sie ihren Gästen schuldig seien. Da der Gast diese Antwort unerwidert gelassen und bei der Serviertochter, die inzwischen mit einem Lappen an den Tisch getreten war, um den ausgeleerten Wein aufzuputzen, ein weiteres Glas bestellt hatte, hatte sein in dem Lokal gut bekannt scheinender Freund dem Wirt einen *guten Abend* gewünscht und ihn gefragt, wo er denn bis jetzt gewesen sei, daß er sich in einer so guten Laune befinde, worauf dieser erwidert hatte, er sei *oben* gewesen und habe sich ans Piano gesetzt gehabt, um etwas zu üben, was das gewesen war, hatte er allerdings nicht verraten wollen, er habe eben *nur ein bißchen geübt*, aber als sein Freund nicht aufgehört hatte, ihn immer wieder auf verschiedene Weise danach zu fragen, hatte er gesagt, daß er die *Zweite Ungarische* von Liszt geübt habe, *wenn sie* (seinen Freund und ihn, der ebenfalls den Wirt angeschaut hatte, damit meinend) *es wissen wollten*, daneben aber auch noch andere, leichtere Sachen (was seinen Freund anscheinend nicht so sehr, ihn jedoch ziemlich stark überrascht hatte). Damit es nicht so auffalle, wenn er jetzt dann Polizeistunde bieten müsse, habe er aber gedacht, daß es gescheiter sei, wenn er etwas vor diesem Zeitpunkt herunterkomme, überhaupt sei die Polizeistunde ja eigentlich nicht, wie sie wahrscheinlich alle meinten, um halb zwölf, sondern bereits um elf Uhr, aber die Polizei gewähre von sich aus großzügigerweise zusätzlich noch eine halbe Stunde Toleranz, damit man in aller Regel noch etwas *bestellen*, es *austrinken* und *bezahlen* könne, das sei lange nicht überall so, in *Basel* zum Beispiel betrage die Toleranz nur eine Viertelstunde, und wer sich dann noch in einem Lokal befinde, tue dies auf seine eigene Verantwortung hin, sofern der Wirt des betreffenden Lokales seine Pflicht getan und für jeden Gast hörbar mitgeteilt habe, wann Polizeistunde sei, aber es sei jedem Wirt trotzdem lieber, wenn er nachher und überhaupt keinen Besuch von Polizeibeamten habe, jedenfalls nicht, wenn sie sich im Dienst befänden.

Fast die Hälfte der Leute, die sich in dem Lokal aufgehalten gehabt hatten, waren jedoch nach halb zwölf noch auf dem Platz davor stehengeblieben, wahrscheinlich in der Erwartung, daß *noch irgend etwas* geschehen würde, daß jemand vielleicht noch alle zusammen zu einem spontan organisierten Fest bei sich zu Hause einladen würde, wo es dann noch zu den *irrsten* Sachen würde kommen können, später, als das alles aber immer aussichtsloser wurde, zerstreuten sie sich nach und nach, bis nur noch sein Freund und er dastanden und von den Bierflaschen, die sein Freund noch vor der Polizeistunde vom Wirt persönlich zum Mitnehmen gekauft hatte, sogar nur noch eine übriggeblieben war. Als dann auch sie, nachdem sie diese Flasche zusammen leergetrunken und auf den Sims vor eines der Fenster des Lokals gestellt hatten, sich auf den Heimweg machen wollten, indem sie langsam die Durchgangsstraße durch die Stadt, an der das Lokal lag, entlanggingen, sahen sie, kaum waren sie einige Häuser weit gegangen, vielleicht hundert Meter vor sich mitten auf der Straße einen außergewöhnlich großen Mann (er erinnerte sich nicht, je einen *größeren* Mann gesehen zu haben) in einem ebenso auffallenden komischen Gang auf sich zukommen, so daß sie, obwohl er zuerst geglaubt hatte, der Mann trage die Uniform eines Polizisten, beide zu lachen begannen (sein Freund schien sich von dem Lachen gar nicht mehr erholen zu können), was den großen Mann, der inzwischen näher gekommen und auf ihrer Höhe stehengeblieben war, jedoch nicht zu stören schien, denn er fing nun, es hätte sein können, weil er sich in Hörweite zu ihnen befand, an, immer wieder ziemlich mühsam, jedoch ohne deswegen nervös zu werden, ein ganz bestimmtes, ihnen aber, obwohl auch sein Freund aufgehört hatte zu lachen, unverständliches Wort zu wiederholen. Erst nach einer Weile merkte er, daß der Mann wahrscheinlich den Namen eines Ortes aus der nächsten Umgebung der Stadt zu sagen versuchte, und teilte dies seinem Freund, der darauf erneut in ein Lachen ausbrach, mit, da der Mann, wenn er wirklich den Namen dieses Ortes aussprach und sich auf diese Weise nach dem Weg dorthin erkundigen wollte, genau in der entgegengesetzten Richtung hätte gehen sollen, was er ihm nun auch durch Handzeichen zu verstehen zu geben versuchte, ohne daß er sicher gewesen wäre, ob der Mann diese verstand, als aus der Richtung, in die der Mann gegangen war, entfernte, aber sich rasch nähernde Motorengeräusche zu hören waren, die wie sie bald alle drei sehen konnten, von einem der alten rotgefärbten Autobusse der Städtischen Verkehrsbetriebe stammten, dem der große Mann dann einige Schritte entgegenging, bevor er wieder, wenn auch stark schwankend, mitten auf der Straße stehenblieb, jetzt allerdings mit zu einem Haltezeichen erhobenem rechtem und schräg nach unten vom Körper weggestrecktem linken Arm.

Obwohl sich keine Haltestelle in der Nähe befand, hielt der Bus am Straßenrand vor dem Mann, bevor sich die automatisch gesteuerten Türen öffneten, damit dieser einsteigen konnte, sich dann jedoch wieder, bevor der Mann, der beim Besteigen des Busses einige Schwierigkeiten hatte, ganz drinnen war, schlossen, so daß er seinen von neuem in einen Lachanfall ausbrechenden Freund stehenließ und auf den bereits wieder anfahrenden Bus zulief, um ihn aufzuhalten, auf den eingeklemmten Mann aufmerksam zu machen und diesem in den Bus hineinzuhelfen, aber als er beim Aussteigen dem Chauffeur noch mitteilen wollte, wohin der eben zugestiegene große Mann zu fahren beabsichtigte, schlossen sich die Türen des Busses erneut, diesmal jedoch so vor ihm, daß er nicht mehr aussteigen konnte und der Bus nun trotz seiner Proteste endgültig weiterfuhr. Ohne sich besonders beunruhigen zu lassen (es belustigte ihn eher, als er daran dachte, daß sich sein Freund jetzt wahrscheinlich vor Lachen *nicht mehr halten* konnte), drückte er auf einen der Knöpfe, um dem Chauffeur das Zeichen zu geben, an der nächsten Haltestelle anzuhalten, sah dann jedoch mit Erstaunen, daß anstelle des sonst üblicherweise grünaufleuchtenden Wortes HALT, das an diesem Ort unverständliche und zudem noch orthographisch falsch geschriebene Wort LEBERPASTHETE erschien, so daß er sich, den großen Mann (der in dem überfüllten Bus keinen Platz mehr gefunden hatte und in dem noch freien Gang zwischen den Bänken am Boden saß) nicht mehr beachtend, für den Chauffeur im Rückspiegel erkennbar schon jetzt vor dem Ausgang bereitstellte, als ihn beim flüchtigen Betrachten der Fahrgäste plötzlich das Gefühl überkam, daß die meist älteren Leute, von denen der größte Teil Frauen mit alten Taschen und Mappen (einige auch mit Milchkesseln und Eßgeschirren) waren, zur Arbeit in irgendeine oder mehrere Fabriken fuhren, was jedoch zeitlich nicht gut möglich war. Daß normalerweise zu dieser Zeit auch gar keine Busse mehr fuhren und daß er (wie ihm nun ebenfalls einfiel) noch nie gehört hatte, daß ein Bus zu dem Ort fuhr, den der große Mann genannt hatte, erschreckte ihn jedoch ebensowenig, denn die nächste Haltestelle war bereits in Sicht, und der Bus begann schon langsamer zu fahren, und er war froh, daß er rechtzeitig daran dachte, noch vor dem Aussteigen zu bezahlen, da er im ganzen Wagen keinen Kondukteur finden konnte, deshalb nach vorne zu dem Chauffeur ging, sich nach dem Fahrpreis bis hierher erkundigte und als Antwort *fünfzig Rappen*, gleichzeitig aber auch eine ganze Kartonschachtel voll gebrauchter noch auf Papierfetzen klebender Briefmarken in die Hände gedrückt erhielt, aus denen er nun, während der Bus anhielt und viele neue Fahrgäste zustiegen (das Ganze als eine Aufforderung dazu verstehend), eine Fünfzigermarke herauszusuchen versuchte, jedoch weder eine solche noch eine Fünfzig-Pfennig-, Heller-, Groschen-, Öre-, Kopeken-, Dinar-, Cent-, Centavos-, Céntimos-, Centesimi-, noch eine Fünfzigermarke einer anderen Währung fand, obwohl sogar Marken von Ländern dabei waren, von denen er noch nie gehört hatte oder deren Schrift er nicht einmal lesen konnte. Da der Chauffeur sich inzwischen jedoch den einsteigenden Leuten zugewendet hatte, die ihm alle irgendeinen Gegenstand aushändigten, meist alte Post- oder Landkarten, Bücher, Comic strips, Wildwest-, Kriminal-, Heimat-, Frauen-, Familien-, Liebes- und Science-fiction-Romanhefte, bevor sie sich nach einem Platz umsahen, konnte er sich nicht erneut wegen seines Fahrpreises an diesen wenden, und nachdem es zu einem Zwischenfall mit einem Mann gekommen war, der ein Landser-Romanheft, auf dessen Titelseite ein vorwärtsstürmender Soldat, der den Mund zu einem Schrei geöffnet hatte und ein feuerspeiendes Gewehr mit beiden Händen vor sich hinhielt, farbig und so realistisch wie möglich gezeichnet gewesen war, abgegeben hatte (welches der Chauffeur zuerst empört als *obszön* hatte ablehnen wollen, dann jedoch trotzdem gezwungen gewesen war, es anzunehmen, da der andere sehr abgebrüht zu sein geschienen und nichts dergleichen getan hätte, als dieser ihn sogar vor allen anderen Leuten laut zu beschimpfen begonnen hatte), war der Chauffeur so wütend, daß er den restlichen wartenden Leuten erklärte, er hätte keinen Platz mehr, was ohnehin so ziemlich den Tatsachen entsprach, einen Hebel neben dem Steuerrad herumlegte, worauf sich die Türen schlossen, und weiter fuhr, ohne ihn aussteigen gelassen zu haben.

T.S. Eliot

Das Totenamt

April benimmt das Herz, er heckt
Flieder mit der toten Flur, verquickt
Erinnern und Verlangen, langt
Taube Wurzeln an mit Lenzregen.
Der Winter hielt uns warm, er mummt
Das Erdreich ein mit Schneeverwehen, fristet
Ein Quentchen Leben durch in Erdmieten.
Sommer kam unversehens, zog über den Starnbergersee herauf
In einem Wolkenbruch; wir stellten uns im Säulengang unter,
Traten dann im Sonnenschein heraus in den Hofgarten
Auf einen Kaffee und ein Stündchen Plauschen.
Bin gar keine Russin, stamm aus Litauen, echt deutsch.
Als Kind waren wir zu Gast beim Erzherzog,
Meinem Cousin, der mit mir Rodeln ging.
Ich kriegt es mit der Angst. Er sagte, Marie,
Marie, halt dich jetzt fest. Und zutal gings.
Auf den Bergen wohnt die Freiheit.
Ich lese nächtelang und überwintere im Süden.

Was ists für Wurzelwerk das krallt, was für Geäst das schlägt
Aus dieser Schutthalde? Du, Menschensohn,
Kannst es nicht sagen oder raten, du erkennst nur
Einen Haufen zerbrochner Sonnensäulen in der Mittagsglut,

Wo der dürre Baum nicht Deckung gibt, die Grille keinen Auftrieb,
Vom Hungerstein kein Wasser sickert. Nur
Dieser rote Fels wirft Schatten,
(Tritt näher unter den Schatten dieses roten Felsen),
Und ich will dir etwas ganz Anderes aufzeigen als
Deinen Schatten des morgens, der dir auf dem Fuß folgt
Oder deinen Schatten des abends, der hochtapert dir entgegen:
Angst zeig ich dir, durch eine Handvoll Staub gejagt.

Frisch weht der Wind
der Heimat zu:
mein irisch Kind,
wo weilest du?

Vor einem Jahr bekam ich erstmals von dir Hyazinthen;
›Man nannte mich das Hyazinthenmädchen.‹
– Doch als wir heimkehrten, spät, vom Hyazinthengarten,
Dein Arm voll Blumen, dein Haar tropfnaß, versagte mir
Die Stimme, meine Augen trübten sich, ich starb nicht
Und konnte auch nicht leben, war fassungslos
Und sah in das Lichtherz, das Schweigen.
Öd und leer das Meer.

Madame Sosostris, die Hellseherin,
War arg erkältet, gleichwohl nimmt sie's
Mit jeder andern weisen Frau Europas auf
Und schlägt unwahrscheinlich Karten. Das, sprach sie,
Ist Ihr Blatt: der ertrunkene seefahrende Phönikier,
(*Perlen sind die Augen sein.* Schau her!)
Hier ist Belladonna, die Dame vorm Felsgrund,
Diejenige welche.
Hier ist der Mann mit den drei Stöcken, hier das Rad,
Und hier der einäugige Händler, und dies Blatt,
Das Leere, ist etwas, das er auf dem Rücken trägt,

Das mir zu sehn verwehrt ist. Der Gehenkte
Liegt nicht auf. Fürchten Sie den nassen Tod.
Ich seh viel Volk, das sich im Kreise voranschiebt.
Dankesehr. Wenn sie die *liebe* Mrs. Equitone sehn,
Sagen Sie, ich brächt das Horoskop persönlich,
Man kann sich nie genug vorsehen heutzutage.

Wahnschaffne Stadt:
Unter dem braunen Brodem eines Wintermorgens
Zogen in langen Scharen über London Bridge so viele,
Hätt nie gedacht, daß so vielen die Augen brachen.
Stoßseufzer, ein ums andremal, entfuhren ihnen
Und jeder heftete den Blick vor seinen Fuß.
Das schob sich bergan und abwärts zur King William Street,
Dort wo Saint Mary Woolnoth die Stunde schlägt
Mit einem Scherbenton auf dem Glock neun.
Dort sah ich einen, den ich kannte, und rief ihn an: ›Stetson!
›Du, der an meiner Seite war im Schiff bei Mylae!
›Die Leiche, die du vor'ges Jahr in deinem Garten setztest,
›Schlägt sie schon aus? Wird sie dies Jahr erblühn?
›Der Spätfrost fror doch nicht etwa ihr Beet auf?
›O halt den Wolfshund fern, des Menschen Freund,
›Mit seinen Krallen scharrt er sie sonst wieder aus!
›Du! hypocrite lecteur! – mon semblable, – mon frère!‹

Eine Schachpartie

Der Stuhl, in dem sie saß, ein Feuerthron
Loht in den Marmorfliesen und das Spiegelglas,
Von Pilastern gerahmt, um die obstprall das Weinlaub rankt
(Ein kleiner goldner Amor spitzt daraus,
Ein anderer verschanzt sich hinterm eignen Flügel)
Doppelt das Licht der siebenarmigen Kandelaber

Das von der Tischplatte zurückglänzt, indes ihr Schmuck
Aus seidenen Schatullen quellend
Mit grellen Sprühnadeln dagegen anstickt.
Entstöpselt in Elfenbeinphiolen und in buntem Glas
Belauern seltsam verschnittene Parfüms,
Als Salben, Puder oder Wässer – wirr, überzwerch
Den taumeligen Sinn mit Schwaden Duft; die Luft,
Vom Fenster her gefächelt, wolkt hoch und mästet
Die langgezogenen Kerzenflammen, beschickt
Mit Ruß die güldene Kassettendecke
Und läßt erzucken ihr geschachtes Muster.
Scheite von schwerem Treibholz, kupfersatt,
Prasseln orange und grün im bunten Stein-Geviert,
Ein Zier-Delphin schwimmt durch das Schummerlicht.
Überm Kaminsims, ganz antik, ward dargetan,
Als öffne ich ein Fenster auf das Waldstück,
Philomelas Verwandlung, die der entmenschte König
So rüde übermannt; die Nachtigall allda
Durchschallt die Wüste mit gefeitem Schlag
Noch tönt' ihr Ruf, noch macht die Welt drauf Jagd,
›Ruck ruck‹ unzarten Ohren.
Noch weitre Strümpfe, zeitverfallen
Warn an den Wänden aufgewärmt; Gestalten äugten
Ins dichtgemachte Zimmer vorgeneigt und dämpften jeden Laut.
Schritte schlurrten auf der Treppe.
Im Feuerschein unter dem Bürstenstrich
Hißt hoch ihr Haar mit roten Funken
Entlädt in Worte sich, fällt abermals dann in geladenes Schweigen.

›Ich bin ein Nervenbündel heute abend. Bleib hier.
›Rede mit mir. Warum sagst du nie was? So sprich.
›Woran denkst du? Woran? An was?
›Weiß nie woran du denkst. So denk.‹

Ich denke wir sind auf der Rattenzeil,
Dort wo die Toten ihr Gebein verloren.

›Was ist das für ein Rauschen?‹
Der Wind unter der Tür.
›Und dies Geräusch jetzt? Was macht der Wind da?‹
Nichts, zweimal nichts.
›Du
›Weißt rein garnichts? Du siehst nichts? Du erinnerst dich
›An nichts?‹

Ich erinnere mich:
Perlen sind die Augen sein.
›Lebst du noch überhaupt? Hast du denn nichts im Kopf?‹
Doch
O O O O der Shakespe-her'sche Rag –
Der ist so elegant
So überaus rasant
›Was fange ich jetzt an? Was fang ich an?
›Ich renne raus, so wie ich bin, und lauf die Straße lang
›Mit offenen Haaren, so. Was solln wir morgen tun?
›Was sollen wir nur tun?‹
Das heiße Wasser um zehn Uhr.
Und, falls es regnet, das Coupé um vier.
Und wir werden miteinander Schach spielen,
Blinklose Augen in die Hand gestützt, gewärtig, daß es an die Türe pocht.

Als Lil-ihr-Mann dann abbgemustert wurde, da sag ich
Ohne viel rumzudrucksen sag ich – als Mensch – zu ihr,
SCHLUSS MACHEN LEUTE FEIERABEND
Darfst dich ein bißchen nett machen, wo jetzt dein Albert heimkommt.
Er wird was sehen wollen für das Geld, das er rausrückte,
Damit du deine Zähne richten läßt. War doch dabei wie er's dir gab.

Laß alle reißen, Lil, sagt er, und nimm ’ne anständige Zahnprothese,
Herrschaft nochmal, sagt er, es geht mir gegen die Natur
dich anzusehn.
Und mir genauso, sag ich. Denk an den armen Albert,
Vier Jahre beim Kommiß, der will jetzt was vom Leben haben.
Und wenn du’s ihm nicht bietest, so werden’s andre tun.
Nu mach ein Punkt, sagt sie. So ohne ist das nicht, sag ich.
Dann weiß ich ja an wen ich mich zu halten hab, sagt sie
und gibt mir einen schiefen Blick.
SCHLUSS MACHEN LEUTE FEIERABEND
Für nichts ist eben nichts und damit basta, sag ich.
Wenn du nicht magst, für andre ist’s noch drin.
Und wenn dein Albert fremdgeht, brauchst dich gar nicht wundern.
Du solltest dich was schämen, sag ich, so ausgemergelt dreinzuschaun
(Dabei ist sie erst einunddreißig)
Ich kann nicht gegen an, sagt sie mit Leichenbittermiene,
Es warn die Pillen, die ich nahm, damit es abging.
(Sie hat schon fünf und wär am Schorschi beinah draufgegangen.)
Der Apotheker sagte, es tät alles glatt gehn, aber ich hab mich nie
mehr ganz derfangen.
Du bist ja nicht zu retten, sag ich,
Wenn Albert dir keine Ruhe läßt, dann hat sich’s eben,
Wozu erst lang heiraten, wenn du keine Kinder willst?
SCHLUSS MACHEN LEUTE FEIERABEND
Am Sonntag dann, als Albert da war, gab es gekochten Schinken,
Und sie baten mich zu Tisch, damit ich’s brühwarm mitbekam –
SCHLUSS MACHEN LEUTE FEIERABEND

SCHLUSS MACHEN LEUTE FEIERABEND
Nacht Bill. Gutnacht Lou. Nacht May. Gutnacht.
Tschüssing. Nacht. Nacht.
Gute Nacht, Damen! gute Nacht, süße Damen! gute Nacht, gute Nacht.

BERTOLT BRECHT

Arbeitsjournal

19. 3. 40
3 wochen bettlägerig mit influenza. dergleichen faßt mich wie einen hilflosen, wenn ich ohne größere arbeit bin. dabei kann ich bei temperatur nicht arbeiten.
überdenke jetzt eine kleine epische arbeit DIE BEFÜRCHTUNGEN DES HERRN KEUNER, etwas in der art des CANDIDE oder des GULLIVER. herr keuner befürchtet, daß die welt unbewohnbar werden könnte, wenn allzu große verbrechen oder allzu große tugenden erforderlich sind, damit der mensch seinen lebensunterhalt verdienen kann. so flieht herr keuner von einem land zum andern, da überall zuviel von ihm verlangt wird, sei es nun opferwille oder tapferkeit oder klugheit oder freiheitswille oder gerechtigkeitsdurst, sei es grausamkeit, betrug usw. alle diese länder sind unbewohnbar.

18. 4. 41
es ist mir jetzt, wie ich merke, fast unmöglich, wishful thinking zu vermeiden, dh unerschrockene faktenanalyse zu betreiben, immerfort ertappe ich mich auf dem gedanken: das überdenke ich in USA.
ich hätte lust, eine KASSANDRA zu schreiben. sie hat natürlich nicht das zweite gesicht, sie benützt nur ihr gewöhnliches sehen. und ihre schwarzen voraussagen haben den praktischen zweck, die menschen aufzurütteln. so kommt das morbide in wegfall zusammen mit dem mystischen. es bleibt das tragische los des überbringers schlechter nachrichten. sie ahnt, was kommen wird, wenn sie sieht, wie wenig vorbereitet auf abwehr ihre umgebung ist; sie weiß, wie sich un-

ter den kommenden verhältnissen die menschen ändern werden, auch die nächststehenden. sie läuft von den fürsten zu den priestern, von den kaufleuten zu den fischern. ihre mutter ermahnt sie, zu schweigen. sie versucht es, vergebens. als defaitistin erwartet sie ihren prozeß, verabschiedet sich von ihren kindern. ihre richter spricht sie an wie lauter todgeweihte. andere szene: verjagung des pessimisten und krittlers.

20. 4. 41

DER GUTE MENSCH VON SEZUAN ist in zahlreichen exemplaren seit monaten an freunde (in der schweiz, in amerika, in schweden) verschickt, und noch nicht ein einziger brief darüber ist eingelaufen. die bajonette der sieger von 1870 mögen das ›kapital‹ in europa zum sieg geführt haben, die tanks der sieger von 1940 begraben unter sich den GUTEN MENSCHEN VON SEZUAN.
mit jedem siegesrapport hitlers verliere ich an bedeutung als schriftsteller, selbst der buchhändler und kritiker olsoni in helsingfors findet nicht die zeit, mein stück zu lesen. und es gibt immer weniger besucher. (dabei finden sie hier weder verzweifelte noch optimisten!)

24. 4. 41

wenn ich meine letzten stücke betrachte und vergleiche, GALILEI, MUTTER COURAGE, FURCHT UND ELEND, DER GUTE MENSCH VON SEZUAN, HERR PUNTILA UND SEIN KNECHT MATTI, AUFSTIEG DES UI, so finde ich sie abnorm uneinheitlich in jeder weise, selbst die genres wechseln unaufhörlich. biographie, gestarium, parabel, charakterlustspiel im volkston, historienfarce – die stücke streben auseinander wie die gestirne im neuen weltbild der physik, als sei auch hier irgendein kern der dramatik explodiert. dabei ist die theorie, die ihnen unterliegt oder abgezogen werden kann, ihrerseits sehr bestimmt gegenüber andern theorien. man darf vielleicht auch nicht vergessen, daß die zeit die verschiedenen werke eines dichters zusammenschmilzt; wie könnten sonst RÄUBER, BRAUT VON MESSINA, TELL oder IPHIGENIE, FAUST, CLAVIGO unter einen hut geraten sein?

24. 8. 43
die großen verbrechen sind nur möglich durch ihre unglaublichkeit. gewöhnlicher betrug, einfache lüge, schiebung mit einem mindestmaß an scham, das trifft viele unvorbereitet. die subtileren geister weigern sich, primitiven betrug zu vermuten, schon mißtrauisch sind sie noch zu anspruchsvoll, indem sie raffinierte und meisterhaft verfeinerte verbrechen postulieren. sie weigern sich entrüstet, staatsmänner mit pferdedieben, generäle mit börsenspekulanten zu ›verwechseln‹, und so bleiben ihnen die pferdediebstähle und börsenspekulationen ganz unverständlich. natürlich suchen sie mit recht schlauheit bei den großen; es ist aber eine niedrige und auf die ausführung der untaten beschränkte schlauheit. die schläge, die sie austeilen, sind nicht immer tödlich. sie hauen das volk ›übers ohr‹ mit schönen reden, die ihre opfer nicht arbeitsunfähig, sondern nur unzurechnungsfähig machen sollen.

WOLFGANG HILDESHEIMER

Masante

In Masante öffne ich die Fenster bei Morgendämmerung, stoße die Läden auf und bin umfaßt von Stößen sich verabschiedender Nachtluft, es ist noch kühl im Gelände, unten zwischen den Weinranken picken die großen Vögel, dort wo es zur Schlucht abfällt, dem Bach, dessen Rauschen ich höre, bis er im frühen Sommer versiegt; an dem ich niemals gewesen bin, Gestrüpp und Dornen versperren den Abstieg, – vielleicht werde ich ihn eines Tages wagen, wenn ich zurück bin? Dort unten verläuft die Grenze meines Gebietes, Gelände, das ich niemals habe vermessen lassen, ich weiß die Hektarzahl des Hofes Masante nicht. Es ergibt wohl keinen preußischen Morgen, geschweige denn ein bayrisches Tagwerk.

Auf der Bank schläft einer. Der Ire, da liegt er mit offenem Mund; ist das ein verhauchter Seufzer oder hat er vor dem Schlafen noch gesungen? Nein, das hätte ich gehört, meine Ohren sind für jeden Gesang gespitzt. Nicht vergessen: heute Abend den Ausweis! Er soll nicht noch einmal fragen müssen. – Neben ihm sein leeres Glas, im Campari-Aschenbecher die abgebrannte braune Stange einer Zigarette, das Mundstück klebt in der Randkerbe des verbeulten Bechers. Das Glas leer. Führen die Stammgäste ihr Konto selbst, wenn der Wirt ins Bett oder zum Beten geht? Dieser betet mit, säuft aber dann einsam weiter. Wer kreidet dann an? Bin ich der Einzige, der die Rechnung beglichen zu hinterlassen hat, wenn er den Fuß vors Haus setzt? Wahrscheinlich eine Maßnahme für die Neuen, die unsicheren Gäste, dennoch eine seltsame Vorbeugung. Ich füge mich ihr, komme Alain entgegen, denn die Rechnung ist gestern nicht mehr zustande gekommen. Er wurde abgelenkt, vielleicht durch eine Eingebung? Vielleicht schreibt er an der Geschichte seiner Wandlung, Wer weiß? Er, der die Wandlung symbolisch zelebriert, Wein in Blut. Dieser Schankwirt!

Fünf Pfundnoten lege ich ihm auf die Theke, beschwere sie mit Cutty Sark. Das dürfte alles decken, ist wahrscheinlich schon Teil einer Vorauszahlung. Dazu einen Zettel. Auf die Gefahr hin, den Iren zu wecken: – den schreibe ich auf der zweiten Remington. Es hat mich schon gestern nach ihr in den Fingern gejuckt. Einen Zettel aus Alains Block. Muß den zweiten nehmen, auf dem ersten endet sein Notat von gestern abend, – nein, es endet nicht, es ist nur unterbrochen.
for some time. I am expecting at least twelve units. I don't feel like waiting any longer. My time is running out and, indeed, not only mine. It's not that I
Da endet die Notiz. Maxines Fall hat sie unterbrochen. Wie wäre dieser Text zu deuten? Seit einiger Zeit – sofern dieses Satzende mit dem Folgenden etwas zu tun hat – seit einiger Zeit also wartet Alain, und zwar auf mindestens zwölf Einheiten. Schmuggelware, ohne Zweifel. Er hat keine Lust mehr zu warten. Vermutlich braucht er das Geld. Aber was bleibt ihm anderes übrig, als zu warten? Er ist im Ring, denke ich, sein Ausfall würde sich rächen. Seine Zeit läuft aus, der Hinweis ist verständlich: die Beteiligten müssen sich ein anderes Mitglied suchen, aber wer von seinen Brüdern im Schmuggel – anscheinend Amerikaner oder Engländer oder Iren – nimmt die größere Warnung an: daß es nicht nur seine, Alains, Zeit ist, die das ausläuft? Sind andere Gefallene im Spiel, die Angst vor der Ewigkeit haben? Der Ire jedenfalls, der dürfte dabei sein. Und was tun sie dagegen? Oder die ZEIT – das four-letter-word – ein Deckwort für irgendeine sinistre Handelsware, die ihm ausgeht? Zwölf

Einheiten Zeit? Vielleicht hätte der unterbrochene Satz Aufschluß gegeben? »Nicht etwa daß ich…« Angst habe? Den Tod in mir spüre? Mich schließlich – und endlich – selbst zurücknehme? – Wie auch immer –

Ich reiße den unteren Zettel heraus und spanne ihn in die zweite Remington, die gebaut wurde.
Shall be back presently –
Die Maschine schreibt leserlich, wenn auch holprig. wie in Miss Mortensens späten Jahren. Das Farbband gibt nicht viel her, aber der Satz stellt sich hin. Ich werde wohl den Zettel vorfinden, wenn ich zurückkomme, das Geld auch, der Ire ist ein Schmuggler und ein Polizist, der meinen Ausweis sehen will, mein Geld braucht er nicht, bei dem geht es wohl um größere Beträge. Vielleicht sind hier alle straffällig, und ich bin der Einzige, der nichts auf dem Gewissen hat, noch nicht einmal das.

Und hinaus!
Zu einem Abenteuer, sei es auch klein, habe ich es immer eilig, ich will es hinter mich bringen, gehabt haben, damit es als Gehabtes in mir hinabsinke. Den Schirm gegen den Wind und hinein, durch den Sand. Ich spüre ihn an der Hand, er prickelt, wie Sand dieser Strände, le sabbie d'Ischia, le sabbie di Grado, dieser öden Flächen, bespült von der lauen mediterranen Brühe, die niemals einen guten Fund sondern nur noch verseuchten Fisch heranträgt, auch Ebbe und Flut nicht gehorcht, –

es hat mich nicht zu allen Wassern gezogen, zum Beispiel nicht zur Südsee, dem Saum von Palmen, gräßlichen Gewächsen, die zu Unrecht als Bäume gelten, den Inseln, belebt von bekränzten Mädchen, hautbraun, zahnweiß, haarschwarz, die jeden umarmen, vor allem amerikanische Präsidenten und solche, die es werden wollen. Ein wirklich stiller Ozean wäre vielleicht eher mein Fall, dort unter einer Taucherglocke sitzen, still wie ein Lot, und horchen –

Plötzlich legt sich der Wind, die Sandwellen verebben, eine Nachhut von kreiselnden Wolken verstreut sich, läuft hüpfend über den Boden nach hier, nach dort und liegt, und die Sicht wird frei. Zu den Hügeln dort hinten ist es eine Durststrecke, das schaffe ich nicht ungestärkt, aber später werde ich mich an diesen Schluchten versuchen, dort ist die Nacht jetzt ausgelaufen, sie sind hell wie alles, ohne Schatten, nichts wirft Schatten, ich werfe auch keinen, die Sonne ist nicht sichtbar, der Himmel weiß, neutral wie ein Schiedsgericht: wer wird hier herausgefordert, wer fordert heraus?
Jetzt nicht zu weit, nicht wie Strindbergs Fischmeister, der die letzte Kraft auf die Gnade der Elemente setzt und doch weiß, daß er verspielt, im Kahn ins offene Meer hinaus, den Sternen nach, doch ohne Vertrauen natürlich. Meine letzten Karten sind noch nicht verspielt, sie liegen oben unter CHI TOCCA MUORE. Also: nicht ziellos sandeinwärts von Pfahl zu Pfahl, mich auf mein Gespür verlassend, denn hier verläßt mich mein Gespür. Immer dieses lockere Gewürfel von Bauten, das sich Meona nennt, diese Rettungsstation, dieses Jahrtausende alte Provisorium im Auge behalten, immer nach ein paar Schritten rückwärts sehen, – vorn halte ich diesen ersten Pfahl fest, ein bescheidenes Ziel fürs erste, – wie in einem Kinderspiel: man läuft hin, berührt, TOCCA, läuft zurück und ist dortgewesen, –

weiter jetzt nicht, und sehr weit nie: da draußen liegen ja schon einige verstreut, Wüstenläufer, Forscher, Maxines Beichtkinder, mein Klavierzertrümmerer, Schmuggler, kreuzfahrende Christen, ewige Juden, vielleicht der andere heilige Antonius, alle bis in die Knochen von Sand zermahlen, nicht konserviert.

nicht konserviert wie das Paar Rhesus-Affen, die man im Mont-Blanc-Massiv als einzige noch intakte Passagiere eines vor vielen Jahren zerschellten Flugzeugs fand, aus Indien für den Londoner Zoo bestimmt: da lagen sie im Eis, in einer tiefen endgültigen Umarmung, in ihrer Liebe erstarrt und erhalten.

Er hebt sich wieder, der Wind. Jetzt eine böse bittere trokkene Brise von der Art, die keine Katastrophe kündet, sondern durch beharrliche Sanftheit ihr Opfer einlullt,
jetzt möchte ich nicht weiter draußen sein, ich bin weit genug. Den Pfahl noch berühren, ja, – TOCCARE – bevor der Sand ihn vor mir verwischt. Auch einen Ton höre ich, kann ihn aber nicht bestimmen. Keinen Zweiklang oder Dreiklang, wie Alain ihn hörte, vielleicht hat er ihn nicht gehört, er ist unmusikalisch. Der Ton fluktuiert, Windstärke bestimmt die Frequenz. Wie bei meiner Orgel. Auch das Timbre wechselt. Tönern wie eine Okarina? Nein, eher gaumig wie – jetzt klagend wie ein Dudelsack, der den Schlachtentod der Highlanders begleitet, – und wieder tönern, oder besser: beinern, er streicht vielleicht gegen die Rippen eines Skeletts, das hier irgendwo liegt: ein Fund. Das wäre aber ein Akkord, Schlußfermate eines Chorals wie im Dom, der Brustkorb das Mittelschiff, der Schädel die Apsis, die Splitter sind Reste von Zerstörungen, abgeschliffene Mauerbrocken wie in Soisson, – oder der blanke Kopf Cassanders, durchbohrt vom Schädelbohrer des Pierrot Lunaire. Nein, das ist kein Akkord, kein Fund. Nur ein Ton, vielleicht ragt irgendwo ein einzelner Knochen hervor, ein Bein, zerknabbert von Hyänen? Nein, keine Hyänen, ich habe kein Lachen gehört. Die lachen beim Fraß wie die Gäste im Palazzo Vendramin oder wie der Vorfahr meines Hamlet. Und was hätten sie gefressen, oder wen? Wer war der Mann mit dem weißen Wüstenkoller, der sich totgelacht hat?

Jetzt ist es Flöte, etwas streicht gegen Holz. Das muß er sein, der PFAHL, den ich berühren will. Ja, es wäre ein Flötenton, wenn Flöte glissando spielen könnte, das Register zieht sich, wenn ich nicht irre, von c bis fis.
Wenn ich nicht irre!
Keine Obertöne, ich würde sie hören, ich höre Obertöne wie Untertöne, bis auf das viergestrichene Gis, das höre ich nicht, ich bin kein Delfin, auch kein Hund, obgleich der Ire – den Ausweis nicht vergessen! – obgleich der Ire meinte, ich würde bald auf allen vieren kriechen, wie der Hundemensch auf Nikis Burg, die nicht mehr steht, das Heidelberger Schloß auch nicht mehr. Niki, die ist ziemlich fern. Masante noch ferner,

einmal, das war im Februar, war ich dort eingenebelt; aus allen achtzehn Fenstern des Hauses sah ich nur weiß, nichts als weiße Leere.

Würde ich jetzt pfeifen, wenn der Ton nicht schon im Winde läge? Ich weiß es nicht, stelle aber fest, daß ich zittere. Zittern wie Espenlaub: was ist eigentlich Espenlaub? Zu welcher Familie gehört die Espe, wie zittert sie? Wie ein Mensch wahrscheinlich, wenn er wie Espenlaub zittert. Aus welchem Holz ist dieser Pfahl? Jedenfalls kommt er von weit her, auch die Baumgrenze ist fern. – Baumgrenze! – Kein Holz mehr, eine aufrecht stehende Rippe, wie der Teil eines Tieres, Alain hat recht. Lange Faser, Löcher, ehemals Äste, Augen, Holzaugen. In den Kerben Sand, eingefressen, zu Stein verhärtet.

Hier ausruhen und warten, bis der Wind vorbei ist und ich Meona wieder sehen kann. Unterm Schirm sitzen, als sei ich in den Frühjahrsregen geraten. Dann werde ich heimkehren, durch triefende Wiesen waten und über Bäche springen, zuhause die nassen Strümpfe über dem Ofen trocknen,

– lange halten diese Winde hier ja nicht an, denke ich, – aber wie lange?

Wo denkst du hin? Eine schöne Formulierung: irgendwohin denken!

Meine Zeit läuft aus, und, wahrhaftig, nicht nur die meine. Alain, der Arme! Dem Manne Gottes kann nicht geholfen werden. Dieser hier ist gefallen, gut, da hat er eine große Stufe genommen, doch die Tiefe des Falles wird er erst spüren, wenn ihm die Stunde schlägt.
Hier schlägt keine Stunde, hier läuft die Sanduhr aus. Miserables Bild! Inadäquat! Nichts läuft hier aus, es weht und rieselt tödlich, es kommt von allen Seiten.

Eine Entdeckung: Sand ist das fünfte Element. Damit allerdings werde ich kaum durchdringen. Werde ich überhaupt noch durchdringen?
Ich sehe nichts, das ist immerhin etwas. – »Back presently?«
– Presently indeed! –
»Wir suchen keinen.« Ein klarer Satz. Klar wie CHI TOCCA MUORE.
Tage ziehen vorbei – ›this petty pace from day to day ...‹ das ist gut gesagt, petty pace. Kleinliches Zeitmaß.
Vielleicht zieht bald ein Tag vorbei, der mir gefällt, ein Tag ohne Wirbel, ein Tag in Masante, so ein grauer trüber nichtsversprechender Donnerstag, ohne Anrufe, ohne Post, ein Tag zum Vertun, dann springe ich mitten hinein mit meinem Regenschirm und lasse mich treiben,
über meine böse Stunde hinweg und weiter.

ZBIGNIEW HERBERT

Die Geschichte der Minotaurus

Die noch nicht entzifferte Linearschrift A überliefert die wirkliche Geschichte des Fürsten Minotaurus. Er war – wider die späteren Gerüchte – Sohn des Königs Minos und der Pasiphaë. Der Junge kam gesund, allerdings mit einem unnatürlich gewaltigen Kopf zur Welt – was die Wahrsager als ein Zeichen künftiger Klugheit zu deuten wußten. Minotaurus entwickelte sich in der Tat mit den Jahren zu einem kräftigen, etwas melancholischen – Trottel. Der König beschloß, ihn dem geistlichen Stande zu überlassen. Aber die Priester wandten ein, ein irrer Fürst stünde ihnen schlecht, dadurch litte die sowieso schon – durch die Erfindung des Kreises – lädierte Autorität der Religion noch ärger.

Also ließ Minos den Ingenieur Dädalus kommen, den Begründer der vielgerühmten pädagogischen Architektur, der in Griechenland gerade Mode war. So war das Labyrinth entstanden. Durch das System der Korridore, von den einfachsten bis zu immer komplizierteren, durch Unterschiede der Ebenen und Treppen der Abstraktion sollte Minotaurus in die Grundlagen des fehlerfreien Denkens eingeführt werden.

Der unglückselige Fürst taumelte, von Präzeptoren angetrieben, durch die Korridore der Induktion und der Deduktion, glotzte mit ohnmächtigen Augen die anschaulichen Fresken an und begriff gar nichts.

Als der König Minos alle Mittel erschöpft hatte, beschloß er, sich des Schandflecks seines Geschlechtes zu entledigen. Er ließ (auch aus Griechenland, das wegen seiner begabten Leute berühmt war) den findigen Totschläger Theseus

kommen. Und Theseus schlug Minotaurus tot. Darin stimmen Mythos und Geschichte überein.
Aus dem Labyrinth – dem nun überflüssig gewordenen Abc-Buch – kehrte Theseus zurück, in der Hand den großen blutigen Kopf von Minotaurus mit den glotzenden Augen, in denen zum ersten Mal die Klugheit – das Nebenprodukt der Erfahrung – sich regte.

ERICA PEDRETTI

Schlaflos die ganze Nacht

Schlaflos die ganze Nacht daliegen, bis zum ersten Grau, den ersten Schattierungen draußen. Und mit der Aussicht auf eine sich langsam einstellende, aufstellende Landschaft beginnen, die flächig, noch nicht modelliert, sich immer schärfer vom immer helleren Himmel abhebt, präziser in den Einzelheiten, überblendet wird, sobald die Sonne sich über den Horizont schiebt. Schmale beleuchtete Flecken verbreitern sich, wachsen, nehmen überhand, drängen als leuchtende Flächen das Grau langsam zusammen, reduzieren es zu dünnen Schatten, fressen die Schatten auf.
Dann nimmt das Licht von Minute zu Minute an Intensität zu, überflutet, wenn die Sonne auf halber Höhe, bald zuoberst senkrecht über dem Kopf steht, die Gegend, vor Stunden ungeduldig erwartet, jetzt grell, irritierend. Die Wärme schmilzt den Schnee oberflächlich an, nachts bildet sich eine hauchdünne Eisschicht, die am Tag das Licht blitzend reflektiert, von Tag zu Tag stärker, von Tag zu Tag länger.
So ein Tag nach dem andern.

HERBERT ACHTERNBUSCH

Am Anfang war das Gold

Am Anfang war das Gold.
Ich ging mitten auf der Straße zur oberen Wirtschaft.
Ich sah keine Menschen und die Häuser bemerkte ich anhand ihrer Füße, die als Vorgärten oder Eingangsstufen die Straße betreten wollten. Ich dachte daran, daß Gary Cooper in dem Western »Stagecoach« von John Ford die Hauptrolle ablehnte, die dann John Wayne übernahm. Und in »High Noon« spielt Gary Cooper die Hauptrolle, weil sie Gregory Peck mit der Befürchtung abgelehnt hatte, daß sie zu sehr seiner Rolle in »The Gunfighter« von Henry King glich.
Das Rad hatte ich beim Gihl gelassen.
Auf dieser Höhe mußte der alte Pfarrhof sein. Ich schaute mächtig hin, er mußte neu gestrichen sein und längst kein Pfarrhof mehr sein, wenigstens ging von ihm nicht das Funkeln aus, das er für mich immer noch hat. Und vor allem das untere Zimmer, wenn man eintritt links ist strahlend wie eine Monstranz und das Allerheiligste ist die Lehrerin, die junge Lehrerin. Ich saß mit der Tante beim Schneider in diesem Zimmer, der beruhigend mit dem Bügeleisen das Bügelbrett bügelte. Einen Anzug sollte ich bekommen und mein verwundeter Fuß machte Fortschritte. Selbst wenn er in frischen blutigen Fransen vom Knöchel weggehängt wäre, wäre ich sofort vom Stuhl hochgeschnellt, sowieso von einem Stoß meiner Tante in den Rücken unterstützt. Doch die Lehrerin legte ihre Hand auf mein Haupt und hieß mich unter gelindem Druck sitzen bleiben. Und eines Tages erfüllte meine junge Lehrerin unsere Stube. Als sie gegangen war, habe ich die Wände gefragt: Habt ihr sie gesehen? Diese strahlenden Haare? Dem Ofenrohr warf ich einen mißbilli-

genden Blick zu. Die Fenster waren jetzt zu tief und zu klein: sie hätten meine Zukunft nicht hereingelassen. Und als meine Tante wieder den Mund aufmachte, kam wieder dieses plumpe »seine« heraus statt »ihre« als sie die Krokotasche der Lehrerin meinte, die auf der Bank gestanden war. Diese lange Bank von der Tür bis zum Herrgottswinkel. Und diesen Fußboden hatte schon die Mutter meiner Großmutter mit Sand geschrubbt. Nur die Küken meiner 10jährigen Großmutter durften auf den frisch geputzten Boden kacken, weil sie das Lieblingskind war, noch von der 48jährigen Mutter geboren, während den alten Kindern mit der Geißel gedroht wurde, falls sie es wagen sollten, mit dreckigen Schuhen den Boden zu betreten. Jeden Dienstag brachte ihr der Vater von der Stadt einen gebratenen Fisch heim. Meine Großmutter gab »von sich aus« ein Stück vom Fisch ihrer Mutter, weil sie sich »genierte«, allein den Fisch zu essen. Der Vater sagte zu dem Mädchen: Das ist ein Kirschbaum. Verkaufe die Kirschen und das Geld gehört dir. Und von diesem Nußbaum kannst du die Nüsse haben. Er kaufte ihr die Nüsse ab, 30 Stück um 8 oder 10 Pfennig je nach Marktwert. Die Kirschen verkaufte sie in der Stadt, für das Pfund bekam sie 10 Pfennig. Der Ochse ihres Vaters ist gelaufen »wie ein Pferd« und seine »Hörner waren so weit wie ein Hirschgeweih«. Mit diesem Geld kaufte sie dem Ganstreiber, der im September aus Böhmen kam, Gänse ab, das Stück um 2,60 Mark, mästete sie und gab sie Anfang November das Stück um 5 Mark ab. »War eine Gans für einen Juden bestimmt, dann habe ich den Kragen auf den Boden gehalten und quer einen Kochlöffel darübergelegt und habe mich daraufgestellt bis die Gans erstickt ist.« »Für eine Ente 3 Mark, für einen Gockel 80 Pfennig.«
Hier ist das Haus meiner Großmutter, das die Söhne meiner Tante aufgestockt haben. Wenn ich recht sehe, ist es immer noch nicht verputzt. Ich werde schon keinen von ihnen im Garten sehen. An dem Tag, da meine Lehrerin dagewesen

war und meinen Leuten empfohlen hatte, ich sollte die Höhere Schule besuchen, da trat meine Großmutter energisch dafür ein. Nach meiner Tante sollte ich Polizist werden, wenn ich unbedingt was werden wollte. Als unser aller spärlichen Überlegungen ins Stocken kamen, nahm die Großmutter den Schürhaken, wog damit im Flur, wo der Kamin hervortrat, aus dem Boden zwei Ziegelsteine heraus, nahm etwas Sand ab und holte einen Stutzen Wasserrohr hervor, klopfte den Mörtelverschluß ab und sagte: So Bub, jetzt mach deine Hände auf, und ließ in meine Hände Goldtaler klimpern. Sie hatte das Geld noch vor ihrer Hochzeit für eine schlechte Zeit versteckt, da ihr Mann ein Bahnbeamter war und sie es nicht brauchen sollte. Als sie aber wöchentlich seinen schmierigen Arbeitsanzug waschen mußte, dämmerte ihr, daß er nur ein dreckiger Streckengeher war. Und nun wollte sie ihn ein Leben lang betrügen mit diesem Gold. Als er sie um des Haushaltsgeldes wegen, das sie von ihm fordern mußte, schlug, wäre sie lieber verhungert als kein Geheimnis mehr zu haben. Meine Großmutter war befriedigt, daß sie diesen Tag hatte abwarten können und der unnötige Lärm, den Lena, ihre Tochter, spät am Abend am Herd hinten veranstaltete, störte sie nicht. »Du brauchst natürlich jetzt ein neues Fahrrad.« Und mit dem Gemüsehandel sollte ich jetzt auch nichts mehr zu tun haben. Die Jugend der eigenen Großmutter fortsetzen – eine schöne Aufgabe. Ein Leben mit Chancen stand mir bevor. Immer wieder baute meine Großmutter an jenem Abend unterm Lampenschirm mit ihren Talern ein Goldsäulchen auf, bis es umstürzte, lauter kleine Sonnen. Wie oft mochte sie gezweifelt und gehofft haben: Der Tag wird kommen … Ich mußte ziemlich auf die Seite des Hauses gekommen sein, das jetzt vergrößerte Fenster hatte, weil ich auf die Plakatwand bumste, ganz nah ein Plakat mit der Monroe. Damals zeigte man wieder diese älteren Filme, 1973. Als ob ich vergessen hätte, wem in meinem Leben diese Monroe am meisten glich.

Natürlich hat auch auf meine Tante die heimliche Sehnsucht ihrer Mutter nach einem besseren Leben abgefärbt. Gegen den ausdrücklichen Willen ihres Vaters ist sie in den Turnverein der Stadt eingetreten und ist auf vielen Sportfesten Siegerin in dem damals noch üblichen Zwölfkampf geworden, der sowohl turnerische wie leichtathletische Disziplinen umfaßte. Ja, als Mädchen hat sie sogar einen Weitsprung gemacht, der für Niederbayern und die Oberpfalz einen Rekord darstellte. Die Medallie befindet sich noch heute in meinem Besitz. Ein großes Lob für sie, die, als sie nicht mehr sporteln konnte, meine Mutter aus der Heilanstalt befreite. Sie ist dann mittendrinnen gestorben.

Als Gymnasiast hatte ich peinliche Träume, etwa daß ich wie in der Volksschule gewohnt auch ins Gymnasium barfüßig kam und es selber erst auf dem Gang merkte. Meine ehemalige Lehrerin, die des öfteren auf dem Gymnasium nachfragte, wie es mir erginge, hatte den Einfall, daß ich in den Sommerferien ihre Freundin in Gauting besuchen sollte, um meinen Ausdruck im Deutschen zu verbessern. Es handelt sich bei dieser Freundin, wie gesagt, um meine spätere Chefin. Erwin, der Chaufför war schon da. Ich half Erwin bei der Pflege des Tennisplatzes und als ein Besuch aus Frankreich kommen sollte, jäteten wir auch die Seiten, sandeten mit Ziegelmehl auf, besserten die beiden Grundlinien, die noch aus Blei waren, aus, und stellten die Netzhöhe richtig ein: Schlägerhöhe + Schlägerkopfbreite. Als nun der Besuch dawar und ein Tennislehrer engagiert, standen Erwin und ich im weißen Dress Spalier wie Kerzen, nahezu wie in späteren Zeiten, als ich auch zur Dienerschaft gehörte. Ich machte bei diesen Unterrichtsstunden den Balljungen. Mir gefiel diese Französin und der Lehrer war schnell ein blöder Kerl. Nachdem die Bavaria und Schloß Linderhof besichtigt und die Eltern des Mädchens abgereist waren, da kam meine Zeit. Erwin chauffierte uns beide zum Starnberger See und drückte mir auch noch ein Trinkgeld in die Hand. Einmal war ich in München, wo ich die Universität besichtigt hatte, um sie nicht mehr wie bislang mit der Hagia Sofia zu verwechseln, versehentlich in den Garmischer Zug gestiegen, der ja in Gauting nicht hält, wo die Französin zusteigen wollte, und sie neben meinem Zug den Güterbahnhof entlanglief, während ich nicht die Notbremse zu ziehen wagte und in Starnberg auf den nächsten Zug wartete. Wenn ich an ihr Kleid denke, das rote, das tomatenrote, das ihr Vater entworfen hatte, er hieß Dior und war der berühmteste Modeschöpfer der damaligen Zeit. Ich bin die Türklinke im Bad meiner Chefin. Diese Klinke sah ich in den Sommerferien an, als ich badete und wußte: ich werde heute abend mit der Französin ins Kino gehen. Warum ich ihr keinen Namen gebe? Weil ich ihr den Namen eines Filmstars in einer bestimmten Rolle gegeben habe. Ich wollte Natalie Wood später einmal aufsuchen. Mit der Französin an der Hand? Beide alte Schachteln? Die Französin, die Filmschauspielerin und ihre Rolle haben einen Namen: Debbie. Und die Türklinke taufte ich so. Im Namen des Vaters und des Sohnes und des Heiligen Geistes, als niemand in der Nähe war. Möge niemand die innere Klinke seiner Badetür in Unehren halten, der dieses Buch liest. Ich müßte ihn verfluchen. Möge er sie schonen und denken: Sie ist Herbys Herz. Und wenn Sie einmal den Film sehen wollen, er heißt bei uns »Der schwarze Falke« und ist von John Ford. Als ich meinen Weg gefunden hatte und in Detroit aus dem Flugzeug stieg, wartete ich vor der Paßkontrolle auf die nächste Maschine, damit Debbie aussteigen möge.

ULRICH PLENZDORF

Natürlich Jeans!

Natürlich Jeans! Oder kann sich einer ein Leben ohne Jeans vorstellen? Jeans sind die edelsten Hosen der Welt. Dafür verzichte ich doch auf die ganzen synthetischen Lappen aus der Jumo, die ewig tiffig aussehen. Für Jeans konnte ich überhaupt auf alles verzichten, außer der *schönsten Sache* vielleicht. Und außer Musik. Ich meine jetzt nicht irgendeinen Händelsohn Bacholdy, sondern echte Musik, Leute. Ich hatte nichts gegen Bacholdy oder einen, aber sie rissen mich nicht gerade vom Hocker. Ich meine natürlich echte Jeans. Es gibt ja auch einen Haufen Plunder, der bloß so tut wie echte Jeans. Dafür lieber gar keine Hosen. Echte Jeans dürfen zum Beispiel keinen Reißverschluß haben vorn. Es gibt ja überhaupt nur eine Sorte echte Jeans. Wer echter Jeansträger ist, weiß, welche ich meine. Was nicht heißt, daß jeder, der echte Jeans trägt, auch echter Jeansträger ist. Die meisten wissen gar nicht, was sie da auf dem Leib haben. Es tötete mich immer fast gar nicht, wenn ich so einen fünfundzwanzigjährigen Knacker mit Jeans sah, die er sich über seine verfetteten Hüften gezwängt hatte und in der Taille zugeschnürt. Dabei sind Jeans Hüfthosen, das heißt Hosen, die einem von der Hüfte rutschen, wenn sie nicht eng genug sind und einfach durch Reibungswiderstand obenbleiben. Dazu darf man natürlich keine fetten Hüften haben und einen fetten Arsch schon gar nicht, weil sie sonst nicht zugehen im Bund. Das kapiert einer mit fünfundzwanzig schon nicht mehr. Das ist, wie wenn einer dem Abzeichen nach Kommunist ist und zu Hause seine Frau prügelt. Ich meine, Jeans sind eine Einstellung und keine Hosen. Ich hab überhaupt manchmal gedacht, man dürfte nicht älter werden als siebzehn – achtzehn. Danach fängt es mit dem Beruf an oder mit irgendeinem Studium oder mit der Armee, und dann ist mit keinem mehr zu reden. Ich hab jedenfalls keinen gekannt. Vielleicht versteht mich keiner. Dann zieht man eben Jeans an, die einem nicht mehr zustehen. Edel ist wieder, wenn einer auf Rente ist und trägt dann Jeans, mit Bauch und Hosenträgern. Das ist wieder edel. Ich hab aber keinen gekannt, außer Zaremba. Zaremba war edel. Der hätte welche tragen könne, wenn er gewollt hätte, und es hätte keinen angestunken.

»Ed wollte sogar, daß ich dableiben sollte. ›Wir kommen durch!‹ sagte er. Aber das war nicht geplant, und ich konnte es auch nicht. Ed konnte das, ich nicht. Ich wollte schon, aber ich konnte nicht.

Ed sagte dann noch: Zu Hause sag: Ich lebe, und damit gut. Das war das letzte, was ich von ihm hörte. Ich bin dann zurückgefahren.«

Du bist in Ordnung, Willi. Du kannst so bleiben. Du bist ein Steher. Ich bin zufrieden mit dir. Wenn ich ein Testament gemacht hätte, hätte ich dich zu meinem Alleinerben gemacht. Vielleicht hab ich dich immer unterschätzt. Wie du mir die Laube eingeredet hast, war sauber. Aber ich hab es auch nicht ehrlich gemeint, daß du dableiben solltest. Ich meine, ehrlich schon. Wir wären gut gefahren zusammen. Aber wirklich ehrlich nicht. Wenn einer sein Leben lang nie echt allein gewesen ist und er *hat* plötzlich die Chance, dann ist er vielleicht nicht ganz ehrlich. Ich hoffe, du hast es nicht gemerkt. Wenn doch, vergiß es. Als du weg warst, kam ich jedenfalls noch in eine ganz verrückte Stimmung. Erst wollte ich einfach pennen gehen, ganz automatisch. Meine Zeit war ran. Dann fing ich erst an zu begreifen, daß ich ab jetzt machen konnte, wozu ich Lust hatte. Daß mir keiner

mehr reinreden konnte. Daß ich mir nicht mal mehr die Hände zu waschen brauchte vorm Essen, wenn ich nicht wollte. Essen hätte ich eigentlich müssen, aber ich hatte nicht *so* viel Hunger. Ich verstreute also zunächst mal meine sämtlichen Plünnen und Rapeiken möglichst systemlos im Raum. Die Socken auf den Tisch. Das war der Clou. Dann griff ich zum Mikro, warf den Recorder an und fing mit einer meiner Privatsendungen an: Damen und Herren! Kumpels und Kumpelinen! Gerechte und Ungerechte! Entspannt euch! Scheucht eure kleinen Geschwister ins Kino! Sperrt eure Eltern in die Speisekammer! Hier ist wieder euer Eddie, der Unverwüstliche...
Ich fing meinen Bluejeans-Song an, den ich vor drei Jahren gemacht hatte und der jedes Jahr besser wurde.

Oh, Bluejeans
White Jeans? – No
Black Jeans? – No
Blue Jeans, oh
Oh, Bluejeans, jeah

Oh, Bluejeans
Old Jeans? – No
New Jeans? – No
Blue Jeans, oh
Oh, Bluejeans, jeah

KARIN STRUCK

Einmal im Leben Urlaub machen

19. Juni. Einmal im Leben Urlaub machen. Noch nie habe ich Urlaub gemacht. Immer nur in den Ferien gearbeitet. Au-pair-Mädchen, Fabrik, Büro, Studium. Diese Müdigkeit. Dann habe ich versucht, Urlaub zu machen. Ich konnte nicht. M. fährt nach Amrum. Sie sagt, wer nicht arbeitet, kann keinen Urlaub machen. Ich sage, wer arbeitet, kann keinen Urlaub machen. Ich sage auch, ich habe zwar immer gearbeitet, aber die Arbeit ging mich nichts an, also habe ich nicht gearbeitet, habe *ich* nicht gearbeitet, deshalb konnte ich keinen Urlaub machen. Der Arbeiter braucht Unterhaltung, er braucht Entspannung, er braucht spannende Geschichten, er muß mitgehen können, wenn Bonanza auf dem Pferd reitet, reitet er mit, sagt Herr O., dieser perverse Begriff von Unterhaltung, dieser perverse Begriff von Entspannung, dieser perverse Begriff von Arbeit, Arbeit ist Hetze, Arbeit ist Mühe, Arbeit ist Last, Arbeit ist Unlust, Arbeit ist Verkrampftsein, Arbeit ist Hetze, und Entspannung ist den Hosenschlitz aufmachen, Konfekt fressen und mitgehen, was ist denn wirklich Entspannung, wirkliche Arbeit, wirklicher Urlaub, ich sage zu Herrn O., die Arbeiter brauchen das Schwerste, das Allerschwerste, die tiefste Realität, die größte Reflexion, die spannendste größte Reflexion, die allerschwerste Reflexion, die entspannendste allergrößte Reflexion, ich muß gefordert werden, um mich zu entspannen, Herr O. wird unsicher und bringt seine Geschichten vom Massenleser in der Sowjetunion nicht mehr an, seine Geschichten von den hohen Auflagen, seine Geschichten von der spannenden Entspannung.

Dasein. Das Dasein. Wie du sagst »dasein«! Warum soll ich es eine Krankheit nennen, wenn ich dich sehen will, jetzt gleich, morgen. Ich atme doch auch, kann keinen Tag auf Luft verzichten. Du bist Luft zum Atmen für mich. Geduld. Geduldig. Lust, etwas zu gebären. Ein Kind, ein Werk, eine Liebe. Richtig gebären. Bis zum Ende. Ganz gebären. Nicht mitten im Gebären steckenbleiben und dran ersticken wie eine Riesenschlange an einem Bären. Ich halte inne: warum denke ich an diesen Vergleich, das Kind wird aus dem Schoß geboren, die Schlange schluckt den Bären, verschlingt ihn, vielleicht nehme ich diesen Vergleich, weil ich in Gefahr bin zu ersticken an einem zu großen Brocken, was ist das für ein Brocken, die Krankheit der Selbstüberforderung, »Karin, du nimmst dir zu viel vor«, Karin, warum sitzt du nicht in einem Büro und machst Ablage, Karin, was willst du eigentlich noch alles und alles auf einmal, Karin, du mußt zurückstecken, Karin. Apathie: einfach müde bin ich. Müde, so müde. Aus vollem Halse lachen. Warum aus »vollem« Hals? Warum nicht aus »leerem«? Der Hals ist »voll« von Lachen. Der Hals ist »zu«: ich kann nicht lachen. Ich bin »zu«. Ich will dich lieben. Stattdessen esse ich. Ich will dich lieben. Stattdessen liege ich und träume dummes Zeug. Wenn Zwerenz von Geschichte spricht, spricht er von *Männern*, wenn er von Studium spricht, von *Männern*, wenn er von Literatur spricht, von *Männern*. Von *Frauen*, von sogenannten *Frauen*, spricht er nur, wenn er von Mösen und diesen Dingern spricht. Er ist nicht einmal traurig, daß er *Frauen* so degradieren muß. Fußabtreter für seine wilden revolutionären Anwandlungen. Mittel zum Aufstand. Wann machen *wir* den Aufstand *selber*? Aber der Aufstand der Weiber läßt die Veränderung der Männer außer acht. Die Weiber lieben sich untereinander. Ach Gott, ja, ich habe M. auf den Mund geküßt. Ich träume von M. diesen Traum: M. umarmt mich, erregt und zärtlich, ich wehre lachend ab und sage, ich will erst naß werden mit Z. Die Weiber geben klein bei, lassen sich die Abtreibungen bezahlen, und damit hat sichs. Über Abtreibung im Fernsehen. Ja du, denkst du, ich kämpfe gegen die Forderung nach Aufhebung des Paragraphen? Nein, aber ich könnte nie abtreiben. Eine Abtreibung könnte so einfach sein wie eine Mandeloperation, höre ich. Ich will meine Mandeln aber gar nicht herausoperieren lassen. Welche Ursache hat denn die Mandelvereiterung? Warum will man mir die Mandeln rausnehmen? Eine Frau gibt als Grund an: wir ziehen gerade in eine größere Wohnung um, und in dieser Situation können wir kein Kind gebrauchen. Einverständiges Grinsen der Linken, wenn ein gesetzter Pfarrer gegen Abtreibung ist. Leeres und gedankenloses Befürworten der Abtreibung, das Max Frisch in »Homo Faber« ad absurdum geführt hat. Die indische Bevölkerungskatastrophe. Als Heilmittel: Abtreibung. Nicht die zerstört die Erde, sondern die Ausbeutung des Menschen und der Natur durch den »Menschen«. Mein Bauch gehört mir, ist der Spruch von höheren Töchtern erfunden? Sarah gehört mir, also kann ich sie prügeln. Meine Frau gehört mir, also kann ich sie prügeln. Meine Frau gehört mir, ich kann sie also vergewaltigen? Manchmal denke ich, die Männer sind gegen Abtreibung (die männlichen Gesetzgeber und Parlamentarier), weil sie sich eine »weibliche« Sorge zulegten, wie die Männer sich die Haare wachsen lassen, aus Sehnsucht nach »Weiblichem«, Zärtlichem, nach Humanisierung der Welt. Meine Genossen erzählen von den Demonstrationen schwangerer Frauen in der Weimarer Republik, ich sehe die Frauen mit ihren dicken Bäuchen durch die Straßen marschieren, für Abtreibung, das Wort »Arbeiterbewegung« schüchtert mich nicht ein, ich finde diese Demonstration der schwangeren Frauen mit ihren dicken Bäuchen nur pervers. Ach Z., was weißt du schon von den »armen ausgebeuteten Frauen«, die die »Folgen ihrer Lust« nicht tragen können? Ich sei nicht auf der Höhe der Zeit, auf der Höhe der Selbstbestimmung. Ach Z., aber du

»hilfst« ihnen, indem du ihnen die Abtreibungen bezahlst, nicht? Ein Bild: Sarah und ich auf einer grünen Wiese in Anspach im Taunus. Die Sonne ist die Hauptdarstellerin auf diesem Bild. Sie durchleuchtet Haut und Haare. Macht die Haare kupfern. Die Sonne. Aber ich sitze in dunklen Stuben und lese, mühsam von Zeile zu Zeile. Ich blecke die Zähne. Ich versuche, aus vollem Halse zu lachen. Aber ich kann nicht aus leerem Halse lachen: mein Hals ist voll von steckengebliebenem Schmerz. Deswegen blecke ich die Zähne.

DIETER KÜHN

Die Präsidentin

Marthe Hanau, Gründerin und Direktorin eines Zeitungs- und Finanzkonzerns! So präsentiert sie sich auf der Fotographie, die neben mir auf dem Arbeitstisch liegt: robuster Oberkörper, rundes Gesicht, die Bubikopffrisur der zwanziger Jahre, ihr Blick fest ins Kameraobjektiv gerichtet. Ich sehe hinter ihr Holzvertäfelung, sehe vor ihr einen Schreibtisch, die Platte blank, Papierblock und Tintenlöscher gespiegelt, Rosen in einem Glaskelch und tatsächlich eine Sektflasche in einem (bestimmt silbernen) Eiskübel: Statussymbol! Sie stützt den rechten Ellbogen auf die Tischkante, hält den Telefonhörer an ihr rechtes Ohr, Kopf etwas schräg, ihr Mund freilich geschlossen, so schaut sie den Betrachter an: Madame Hanau.

Als erstes wäre zu erzählen, wie sie an diesen Schreibtisch kam, wie sie im Wirtschaftsbereich aktiv wurde. Oder müßte ich schon vorher einsetzen, beispielsweise mit ihrem Geburtsdatum? Das erklärt gar nichts über ihre späteren Börsenmanipulationen zum Beispiel, soll ich es deshalb fortlassen? Andererseits: Marthe Hanau ist ja nun Koordinationsfigur dieses Buchs, da müßte ich wenigstens ein paar biographische Informationen bringen.

Also doch anfangen bei ihrer Geburt – aber dann weiter in raschen Sprüngen! Ihr Geburtsort ist Paris, das Geburtsjahr 1886. Und wer es noch genauer wissen will, der soll auch den Geburtstag haben: der erste Januar. Und ihre soziale Herkunft – könnte das nicht wichtig sein? Ist sie etwa Tochter eines Fabrikanten, gehört damit zu einer der Gruppen, aus denen »führende Persönlichkeiten« des Wirtschaftsbereichs hervorgehen? Oder kommt sie aus sozialen Verhältnissen, die ihr solch einen Vorsprung nicht geben? Ja, ihre Eltern sind Kaufleute, kleine Kaufleute – ein Wäschegeschäft am Boulevard de Clichy.

Die Mutter fleißig, sparsam, strebsam, der Vater hingegen hat teils keine rechte Lust mehr zu geschäftlichen Aktivität, teils kann er auch nicht mehr aktiv sein: dieser offenbar ansehnliche, lustige Elsässer, der gerne trinkt, erzählt, Musik macht, soll eine Krankheit haben, die als »geheim« bezeichnet wird in dieser prüde tuschelnden Gesellschaft, und diese Krankheit hat ihn schon ziemlich bewegungsunfähig gemacht. Bei ihm sitzt Marthe-Marie gerne, um zu klönen; die verkniffene Energie der Mutter findet bei ihnen keinen Beifall.

Wenn man mit kleinen und engen Verhältnissen nicht zufrieden ist, so will man höher hinaus – das will auch Marthe. Unbedingt möchte sie auf das Konservatorium, möchte Pianistin werden. Der Vater findet das wohl richtig, die Mutter hingegen hält das für Mumpitz, für Firlefanz, die Tochter soll erst mal anständig das Arbeiten lernen, und zwar im eigenen Geschäft.

Mutter Lucie hat das Sagen im Hause Hanau, so muß Marthe im Wäschegeschäft arbeiten: Baby-Grundausstattungen verpacken, Aussteuer-Wäsche verpacken, Baby-Grundausstattungen verpacken, Aussteuer-Wäsche verpacken, das wiederholt sich. Das führt nicht weiter. Marthe aber will weiter, will höher hinaus, das ist ja wohl das Recht der einzigen Tochter. Und so entwickelt Marthe schon früh einen Lebensstil, der Mutter Lucie überhaupt nicht gefallen will: eigenwillige Kleidung, Besuch von Lokalen, Rauchen in der Öffentlichkeit, ein Freund mit Auto. Das ist damals, kurz nach der Jahrhundertwende, noch etwas ganz Besonderes: und Marthe will in diesem Auto nicht bloß mitgenommen werden, sie will es selbst steuern, der reiche Freund erlaubt es: Marthe am Lenkrad eines Oldtimers, sicher eine der ersten Frauen in Frankreich.

Hier ist mehr Beziehung zum Auto als zum jungen Mann: schon auf den ersten Seiten des Buchs werde ich berichten, vielleicht sogar erzählen müssen, daß Marthe früh bereits Freundschaft mit Mädchen vorzieht. Beispielsweise lernt sie in einem Urlaub eine Freundin kennen, die Musikerin ist, es wird ein »unvergeßlich schöner« Urlaub, man schreibt sich danach Briefe, unter poetischem Kennwort von der Post abzuholen, und die mißtrauische, auf geordnete und normale Verhältnisse bedachte Mutter schaut heimlich in die nicht schlau genug versteckten Briefe, liest daraus hah! ein abnormes Verhältnis ab, schreit, heult, droht, setzt einen bösen Schlußpunkt. Aber Marthe findet bald Trost bei einer Verkäuferin des Wäschegeschäfts, Mutter Lucie erwischt die beiden auch mal, wahrscheinlich hinter einem Wäscheregal, und wieder gibt es Geschrei und Tränen und Drohungen, wieder einmal wird ein Verhältnis abrupt beendet, die Verkäuferin fliegt raus. Ob ich diesen Abschnitt des Lebensromans in meinem Roman nachschreiben werde? Oder soll ich diese Phase mit ein paar Andeutungen überpringen und ich erzähle gleich von Lazare Bloch, den sie zweiundzwanzigjährig kennenlernt, und er ist dreißig?

Lazare Bloch ist für dieses Buch sehr wichtig, er kann gar nicht früh genug eingeführt werden: gemeinsam mit ihm führt sie alle großen Geschäftsaktionen durch, Gründung und Aufbau der Zeitung, der verschiedenen Aktiengesellschaften. Daß Bloch als häßlich gilt, ist leicht zu erfahren: sein grobes Gesicht, seine zu große Nase. Über seinen viel wichtigeren Beruf aber gibt es widersprechende Angaben: mal ist er Ingenieur, mal Kammgarn-Vertreter, mal Finanzmakler. Wenn mir das so gleichrangig angeboten wird, entscheide ich mich natürlich für den dritten Beruf: die Börsenmanipulationen, die er später mit Marthe durchführt, setzen Kenntnisse auf dem Kapitalmarkt voraus. Und so lasse ich ihn Mitgliedern des gehobenen Bürgertums Anteile anbieten, beispielsweise für eine neu gegründete Kabelfabrik in

Lyon. Dabei könnte er suggestive Vorstellungen entwickeln über die Aussichten der Elektrobranche insgesamt: die Zukunft wird dem Strom gehören, ständig zunehmende Elektrifizierung, eines Tages wird Frankreich, wird Europa durch ein dichtes Netz von Stromleitungen versorgt – und das heißt: wachsender Bedarf an Kabeln, wachsende Produktion an Kabeln, wachsende Gewinne hier.

Diesen Bloch will Marthe heiraten. Sicher werden dabei Absprachen getroffen: kein bürgerlich hausbackenes Verhältnis bitte, keine Kinder und so weiter. Von diesen wäschegeschäftsschädigenden Verabredungen wird Mutter Lucie nichts ahnen. Aber auch sonst wird ihr dieser Lazare Bloch kaum gefallen, dem man unstete Lebensverhältnisse nachsagt und sogar eine verderbliche Spielleidenschaft. Aber immerhin, er ist ein Mann, endlich, da will Mutter Lucie auch diese Nachteile in Kauf nehmen. Und so findet denn eine Hochzeit statt.

Wahrscheinlich werden dem Paar zu diesem Festtag hohe Stapel von Bettwäsche, Babywäsche, Leibwäsche geschenkt. Wichtiger ist ihnen eine Erbschaft, die Marthe nun ausgezahlt wird. Ein offenbar höherer Betrag – die beiden aber scheinen das Geld rasch durchzubringen, vor allem mit Spielen: Marthe und Lazare spielen sehr gern Poker, Baccara, Roulette.

Nach ungefähr zwei Jahren trennen sie sich wieder, lassen sich aber offiziell noch nicht scheiden – das geschieht erst zehn Jahre später, 1920. Aber auch dann werden die beiden weiterhin zusammenarbeiten, sehr intensiv. Hier sind die beiderseitigen Beziehungen zu Frauen kein Hindernis: Lazare heiratet nochmal, zeugt das erste seiner vielen Kinder, und Marthe bindet sich an Delphine, die gleich einen mannweiblichen Vornamen erhält: Josèphe. Diese Tochter eines reichen Juweliers hat viel Geld, ist ebenso wie Marthe an geschäftlichen Unternehmen interessiert, die beiden beschließen, eine Fabrik für Kosmetika zu gründen, in Lilas. Lazare

Bloch wird herangezogen, er kümmert sich vor allem um das Technische.
Und spätestens hier werde ich von dieser biographischen Basis abspringen: ich lasse mir von solchen Fakten nicht das Buch vorschreiben. Wie ein lesbisches Paar eine Kosmetikfabrik aufmacht und leitet, das gäbe sicher allerhand Schreib- und Lesefutter her, aber davon lasse ich mich hier nicht verführen. Wichtiger als die privaten Beziehungen dieser jungen Frauen ist für mich nun die Gründung einer Fabrik in jener Vorkriegszeit: was konnten hier Marthe und Lazare für ihre späteren geschäftlichen Aktionen lernen?

Nach diesen Leerzeilen setze ich neu an. Daß Lazare bei der Firmengründung mitgewirkt hat, motiviert für den folgenden Entwurf seine noch sehr viel entscheidendere Mitarbeit. Delphine wird solange beurlaubt, ich kann sie hier nicht brauchen.
Der Roman wird also wohl an diesem Punkt erzählend ansetzen: wie Marthe auf den Einfall kommt, eine Kosmetikfabrik zu gründen. Das kann so beginnen: Marthe schraubt ein Döschen mit Gesichtscreme auf, steckt den Zeigefinger rein, beriecht ihn, schaut gar nicht zufrieden drein; Marthe spricht mit anderen Frauen über Körperpflege, Schönheitspflege; Marthe tupft eine Flüssigkeit auf ihren Handrücken, beschnuppert ihn, hält die Hand unter den Wasserhahn; Marthe läßt eine Frau an einer aufgeschraubten Cremedose riechen, beide versuchen zu beschreiben, was sie riechen, was sie nicht riechen, was sie gern riechen möchten.
Und dann eine Besprechung mit Lazare, etwa in einem Restaurant oder in einem Café. Sie fragt zu Beginn wohl, ob es zur Zeit wirklich so günstig sei, eine Fabrik zu gründen – man lese und höre das jedenfalls öfter. Lazare wird das bestätigen, verweist dabei aber sicher auf Unterschiede in den

Produktionsbranchen. Darauf kann Marthe fragen: wenn es derzeit in einigen Branchen so günstig ist, ein Unternehmen zu gründen, warum verkauft er da eigentlich nur Anteile und macht nicht gleich selbst eine Fabrik auf?
Lazare wird erst einmal gar nichts dazu sagen, wird kauen oder schlürfen. Dann mag er bemerken, er sei Finanzmakler und kein Unternehmer. Aber wenn die Lage im allgemeinen so gut ist für Unternehmer, wird Marthe einwenden, warum nicht gleich Unternehmer werden? Lazare wird sagen, sie dürfe hier nicht so scharf trennen: er besitzt wahrscheinlich selbst Anteile der Kabelwerke, ist also in gewisser Weise Mitunternehmer. Daraufhin wird Marthe die Frage wiederholen, warum er nicht richtiger Unternehmer wird.
Ob er vielleicht noch eine Kabelfabrik gründen soll, wird er gegenfragen. Das wird sie nicht gemeint haben: es muß nicht unbedingt die Elektrobranche sein. Lazare wird knapp fragen: Was sonst? Marthe berichtet: sie hat sich seit einiger Zeit ziemlich genau umgehört, ist dabei zu dem Ergebnis gekkommen, daß die Marktlage sehr günstig ist für neue Kosmetika.
Nun wird Lazare erklären, auf diesem Sektor werde bestimmt genug prodziert. Dies mag Marthe bestätigen, aber das sei alles nicht das Richtige. Sie hat mit vielen Frauen gesprochen, nicht bloß aus dem Bekanntenkreis: gute Produkte, richtig angeboten, hätten hier eine enorme Chance. Es würde derzeit kaum Spaß machen, diese Töpfchen und Fläschchen zu öffnen: meist nur der übliche Geruch, sonst nichts. Frauen würden Cremes und Lotionen aber nicht bloß kaufen, um Schönheitspflege zu betreiben, hier geschehe mehr. Dieses Mehr lasse sich nur schwer bestimmen: es sei etwas wie die Erwartung einer nicht bloß äußerlichen Veränderung. Und dies müsse verkauft werden!
Lazare werden diese Ausführunge nicht präzis genug erscheinen: auf solcher Basis lasse sich kein Unternehmen gründen. Da bleibe er lieber in der Elektrobranche: die habe

Zukunft, die sich berechnen lasse. Darauf Marthe: in der kosmetischen Branche sei auch Zukunft, sehr viel Zukunft, und zwar gerade, weil diese Zukunft sich nicht so genau vorausberechnen lasse. Lazare mag das zu paradox erscheinen. Er wird mit betonter Nüchternheit fragen, erstens, was hergestellt und zweitens, wie es angeboten werden soll. Bevor das nicht klar sei, hätte es kaum Zweck, länger darüber zu reden. Darauf wird Marthe sagen, sie werde das nochmal genau durchdenken, werde es möglichst präzis formulieren. Sie sei aber jetzt schon völlig sicher, daß hier gute Chancen lägen, sehr gute Chancen.

Marthe will die Erwartung einer nicht bloß äußerlichen Veränderung verkaufen – wie solche Erwartungen aussehen können, hängt ab von gesellschaftlichen Spielregeln ihrer bürgerlichen Umwelt. Deshalb will ich hier Verhalten und Benehmen einer Frau der bürgerlichen Gesellschaftsschicht jener Zeit skizzieren.

Details dazu finde ich in einem Handbuch, erschienen 1913. Hier werden Grundsätze, Richtsätze, Leitsätze aufgestellt. Einer dieser Leitsätze heißt etwa: Man achte darauf, daß Garderobe, Einrichtung und Lebensweise in Einklang stehen. Dies bedeutet: eine Frau, die eine geräumige Wohnung, dazu Dienstboten hat, untersteht der Verpflichtung, sich gut, wenn auch einfach zu kleiden. Das heißt beispielsweise: sie soll am Morgen ein Hauskleid oder einen Morgenrock tragen. Sie darf morgens hingegen nicht Gesellschaftskleider auftragen, womöglich auch noch unverändert; nichts sei nämlich schrecklicher als der Anblick einer Dame in verknittertem, mit unsauberen Stickereien und Rüschen besetztem Seidenkleid mit einer Schleppe, die ihr unordentlich um die Füße hänge. Die Frage: »Aber was soll ich mit meinen alten Toiletten anfangen?« sei dahingehend zu beantworten: keine Frau hat es nötig, ein Kleid unverändert aufzutragen, es muß ihr gelingen, vielleicht mit Hilfe der Hausschneiderin oder eines Mädchens, einem Diner- oder Abendkleid die Fasson zu geben, die für das Haus erforderlich ist. Man bedaure dabei nicht den halbschmutzigen Besatz: er wird sich, nach einer Reinigung, später vielleicht nochmal verwenden lassen – und tausendmal lieber gar keine Verzierung als eine unsaubere!

Also: morgens keine alten Kleider auftragen, sondern einen Morgenrock anziehen. Ebenso nach dem Baden, an den Erkältungstagen. An den Erkältungstagen? Regelmäßig stattfindende Erkältungstage? Die gnädige Frau hat ihre Erkältung? Sagte auch Marthe, sie habe mal wieder ihre Erkältungstage, müsse deshalb morgens einen Morgenrock tragen?

Leitsätze, Richtsätze, Grundsätze: sie lenken die Frauen, die Marthe kennt. In diesem Buch muß ich eine Auswahl solcher Leitsätze bringen, damit erkennbar wird, wovon sich die Träume ablösen sollen, die Marthe durch ihre Kosmetikprodukte wecken will. Dabei wird es eine Frage der Buchökonomie sein, wie viele solcher festlegenden, eingrenzenden Leitsätze ich übernehme. Etwa noch weitere Leitsätze über das Hauskleid? Oder Leitsätze über die Gesellschaftskleider, die zusammenstimmen sollen mit dem Verhalten in der Gesellschaft, und alles wiederum soll der Inneneinrichtung der Häuser entsprechen? Da sind zum Beispiel unsolide, allzu bunte Objekte verpönt, also etwa kleine Konsolen, auf denen sich Gipsfiguren drängen, womöglich noch mit abgeschlagenen Nasen, abgebrochenen Händen. Verpönt auch symmetrisch aufgehängte Wandteller, verpönt Schneeballzweige aus Papier, verpönt chinesische Fächer. Und als unpassend wird bezeichnet, wenn man eine klassische Statue oder Gruppe auf einen hellen Tannenholz-Schrank stellt. Ebenso unpassend, wenn man eine heroische Landschaft oder ein düster gehaltenes Porträt auf eine Tapete mit großen, bunten, schräg auf- und niederstei-

genden Blumen hängt. Und man soll keine vornehme Vase von Gallet, keine Limogesdose oder Meißner Schale neben Sachen aus dem Fünfzigpfennigbasar stellen.
Man soll. Man soll nicht. Man soll. Leitbilder, Leitsätze, die eine Frau der bürgerlichen Gesellschaft festlegen, eingrenzen. Und Träume, Tagträume, die aus diesem Druckraum herausplatzen, Befreiung in bunten Spritzern.

Marthe wird Lazare in der nächsten Besprechung sagen, daß sich viele Frauen ihrer Umgebung langweilen, sie wollen Besonderes erleben. Diesen Wunsch müsse man mit jedem Cremetopf, mit jeder Lotionsflasche verkaufen. Schon, wenn Frauen die neuen Gefäße sehen, sie öffnen, muß es sie aus dem Gewohnten herauslocken, herauslösen, herausreißen: Abenteuer. Dies müsse man verkaufen: Abenteuer. Hochgerissen werden in einen Sattel, womöglich in einen orientalischen Sattel, bunt verziert, und kaum ist man entführt, kommt ein anderer dahergaloppiert, orientalisch bunt gekleidet, der will diese Frau ebenfalls haben, schon kämpfen sie mit blitzenden Krummschwertern, wie in Büchern, die ihre Bekannten lesen, die Marthe ebenfalls gelesen hat, und ein Orientale wird halbiert, und der andere kriegt die Frau: so etwas ließe sich verkaufen! Dabei müsse die Creme oder Lotion in ihrer Zusammensetzung gar nicht so neuartig sein; wichtig wäre vor allem das verlockende Leitbild, sichtbar gemacht durch einen guten Reklamezeichner. Überzeugt das Lazare? Ich nehme an.
Marthe wird nun mit einem Zeichner Entwürfe besprechen: immer schwungvoller der orientalische Reiter, der eine Frau hochreißt in seinen Sattel. Das wird durchvariiert, bis der Schwung kaum noch zu steigern ist. Die Zeichnungen dann koloriert. Im Vordergrund dazugemalt das Produkt, das noch nicht produziert wird, in dieser Phase sicher aber schon einen Namen hat, ich schlage vor: »L'Orient«. Bei

letzten Entwürfen hat der bunte Orientale vielleicht noch ein Messer oder eine phallische Pistole quer im Mund, zeigt lachend gesunde Zähne, während er mit beiden Händen eine Frau der bürgerlichen Gesellschaftsschicht hochreißt und mit ihr davongaloppiert in Freiräume, in denen bestehende Leitsätze keine Gültigkeit mehr haben.

Lazare Bloch sieht nun Erfolgschancen, hilft bei der Gründung einer Kosmetikfabrik. Sicher beginnen sie vorsichtig disponierend mit wenigen Arbeitern in einem kleinen, erweiterungsfähigen Fabrikationsraum. Fünf, sechs Arbeitskräfte können bereits eine große Zahl von Cremetöpfchen und Lotionsfläschchen füllen. Bei erfolgreicher Verkaufskonzeption steigt die Produktion: noch mehr Hände und Geräte, die duftenden Brei anrühren, duftendes Wasser abfüllen, Etikette aufkleben mit frauenraubenden Reitern. Der Fabrikationsraum wird erweitert.

Sicher entwickelt Marthe nun neue Verkaufsideen, die Produktion soll weiterhin gesteigert werden. Marthe Bloch also nachdenkend: Will eigentlich jede Frau geraubt sein? Wird es nicht Frauen geben, die weder im Tagtraum noch im Nachttraum auf ein Pferd gerissen werden wollen, entführt in ein zwar buntes, aber unbestimmtes Abenteuer hinter dem Horizont? »L'Orient« – läßt diese Markenbezeichnung nicht auch andere Vorstellungen zu? Zum Beispiel: Gärten, duftende Gärten, die berühmten duftenden Gärten mit Blumenrabatten, zwischen denen man auf und ab schreitet, selbstverständlich schlank, zartgliedrig? Solch einen Gartenorient läßt Marthe vielleicht als nächstes entwerfen von ihrem Zeichner, der sich bewährt hat, oder von einem neuen Zeichner mit neuen Ideen: wer dieses Gefäß aufschraubt, riecht orientalische Gärten, Terrassengärten, schwebende Gärten, in die man sich mit halboffenen Augen versetzt. Auch dies ein Orient, der sich verkaufen läßt: eine neue Duftnote in den gefärbten Brei, in die Lotion, neue Behälterformen entworfen und entwickelt, neue Etikette, die den neuen Reklamebildern in Zeitungen und Journalen entsprechen: neue Kunden, größere Produktion. Der Fabrikationsraum erweitert, die Zahl der Arbeiter wächst; etwa ein Dutzend Arbeiter könnte pro Tag schon eine ganze Menge Töpfchen und Fläschchen füllen, zuschrauben, etikettieren, verpacken.

Weitere verkaufsfördernde Formen des Orients? Hier könnte Marthe an den Geist denken, der aus der entkorkten Flasche hochwächst, hinauf bis an die Wolkengrenze, und das Problem besteht im Märchen darin, wie man ihn wieder in das Gefäß reinlockt: könnte man diesen bösen Geist nicht in einen schönen Geist verwandeln? Und der Mann, der im Märchen vor Angst in die Knie gegangen ist, dieser Mann kniet nun freiwillig, Arme ausgebreitet, Handflächen hochgedreht, Kopf im Nacken, denn aus der Flasche, aus dem Gefäß schwebt hoch die Vision einer sehr schönen Frau? Und das Gefäß, aus dem sie wächst, gleicht dem Gefäß, auf das dieses Bild als Etikett geklebt wird?

Ist dieses Konzept erst einmal entwickelt, durch den Zeichner fixiert, so sind rasch neue Duftkomponenten in den gefärbten Brei gemixt: Marthe wird sehr genau wissen, daß es in dieser Branche wichtiger ist, Vorstellungen, Erwartungen, Träume zu verkaufen als Wirkmittel. Möglichst viele Frauen müssen sich vom Werbebild des orientalisch bunten Reiters mitreißen lassen, müssen sich in die orientalisch üppigen und lässigen Gärten der Reklamebilder versetzen wollen, müssen sich aufsteigen sehen aus orientalischem Zaubergefäß, und von tief unten werden sie bewundert – Marthe und Lazare verkaufen Träume, und sie verkaufen gut. Die Zahl der Arbeiter steigt wiederum, so nehme ich an. Und sicher wird auch die Verkaufsorganisation ausgebaut: schicken Marthe und Lazare Vertreter nach Lyon, nach Bordeaux, nach Lille, nach Caën, nach Marseille, und die empfehlen dort Geschäftsleuten den Verkauf der neuen Produkte, bieten Gewinnmargen an, die erheblich

höher liegen als bei Konkurrenzunternehmen? Instruiert Marthe die Reisevertreter, sagt ihnen vor, was sie aufsagen sollen?
Sehr plötzlich wird diese Fabrik geschlossen: der Weltkrieg. Da müssen die Arbeiter an die Front, die Arbeiterinnen in die Rüstungsindustrie.

MARTIN WALSER

Also, Anna

Also, Anna, ich ging einfach stadtauswärts. Ich wollte zu dir. Klar. Im Mund hatte ich noch Englisch. Die Sonne schien. Sobald ich die Vororte hinter mir hatte, ging ich querfeldein. Gleich in der ersten Stunde diese Schwäche. Ich sank einfach ins Gras. Es war am Nachmittag. Die Sonne war schnell hinter den Tannenspitzen des nächsten Waldes versackt. Ich mußte aufstehen. So mutlos wie ein von Anfang an mißglückender Vergleich. Welch eine Idee, diese Strecke zu Fuß zu machen. Ich hätte vielleicht jemanden anrufen sollen. Rasch nach Krailling hinüber ins Telephonhäuschen. Es ist aber viel zu schön, in den Abend hineinzugehen, eine Brücke über die Amper oder Ammer zu suchen, als daß man sich durch Telephonieren unterbrechen könnte. Und die Mühe des Gehens ist sogar das Schönste. Die Schwere der eigenen Glieder, die ersten Schmerzstellen. Ich hätte nicht gedacht, daß es an den Fußsohlen anfangen würde. Dieses Gehen trennte mich auf jeden Fall von allen, von denen ich getrennt sein wollte. Da ich mich weder auskannte, noch eine Karte hatte und auch nicht fragen konnte, weil mir die Kraft zur Anrede fehlte, wußte ich nicht, ob ich den Ammersee unten oder oben umgehen sollte. Daß er in meinem Weg lag, wußte ich. Durchschwimmen, querdurch. Ach ja, bitte. Der Mond hing zuschauerisch im Himmel, ich zog mich aus, band mir meine Kleider als einen hohen Helm auf den Kopf und schwamm hinaus in den See. Irgend ein Ärmel rutschte und schleifte im Wasser, wurde schwerer, schon fürchtete ich, daß mein Kleider-Helm sich auflösen würde und ich käme ohne Kleider drüben an. Ich schwamm nur noch ganz vorsichtig. Das Wasser wurde kühler. Drüben empfing mich ein Hund. Der sprang am Ufer hin und her, als wäre ich sein über alles geliebter oder gehaßter Herr. Zwei Damen gab es, die über ein Pferd sprachen, das zwischen ihnen stand und offenbar Zdenka hieß. Sie ließen es stehen, kamen ans Ufer, beruhigten den Hund, entdeckten mich lange nicht, dann aber doch. Mutter und Tochter. Von Pferden verstehe ich nichts, darum zog ich mich an und ging weiter. Da ich hoffte, sie würden mir nachsehen, wurde mein Rücken rasch wieder warm. Ich wollte mich in Gesellschaftssachen, so attraktiv sie wegen ihrer beschränkten Verstehbarkeit auch sind, nicht mehr hineinziehen lassen. Bald begleiteten mich zwei Nachtfalter. Es waren Nuptioptera. Die können nur paarweise leben, d. h. ihre Fähigkeit, sich durch Farbänderung ihrer Umgebung anzupassen und so sich zu schützen, hört auf, wenn sie länger als eine Stunde getrennt sind. In dieser Nacht muß mein leuchtend blauer Rücken die Farbempfindlichkeit dieses Falterpaars gereizt haben. Sobald ich stehen blieb, landeten sie auf meinen Schultern und begannen, den Rücken hinabzustreben. Ging ich wieder, flatterten sie auf und hinter mir her. Ich legte mich in einen Heuhaufen und wartete, bis sie es satt hatten, auf den nächsten Aufgang meines Rückenblaus zu warten. Der Nachthimmel erinnerte mich durch seine geradezu knisternde Sternenübersätheit an einen Roman, den ich während des Krieges gelesen hatte, allerdings im Spätwinter, im aufhörenden Winter, die steileren Stellen waren schon trokken braun geworden und gut für Veilchen plus erstes Grün, in den Niederungen und Schattenlagen tropfte, schmolz und platschte es noch, die Berge waren vom Föhn ganz hergeschoben, 5. oder 15. März 1942 eben, und ich, Leser eines Romans, in dem einer in einem Heuhaufen liegt und auf eine wartet und dann kommt die und dann schnaufen beide so und Sterne verzischen um ihre Köpfe in der Tiefe des Raums, und ich hock da in der Wachstube und lese das, und andauernd kritzelt mir an der Bauchdecke die Angst, daß jetzt gleich ein Alarm losgeht und ich deshalb nicht weiterlesen kann. Inzwischen war das Nachtfalterpaar hoffentlich an mir verzweifelt, ich durfte meinen Weg fortsetzen, ohne fürchten zu müssen, daß ich die Nuptiopteren aus ihrer Heimat fortlockte.

ALEXANDER KLUGE

Der Betthase

I

Minguel Ozmann, von der Gelben Antilleninsel – Frauenbetreuer gegen Bezahlung. Auf keinen Fall würde ich meine Unabhängigkeit aufgeben. Ich verdiene sie täglich mit meinem Schweiß, wenn ich diesen auch im Bett unterdrücke, ich also nur so viele Bewegungen ausführe, daß ich nicht unangenehm auffalle. Das wäre mir gegenüber einer Kundin eine Beschämung, wenn sie sagen könnte: Minguel, Sie schwitzen. Oder: Kurtchen, trockne dich mal mit meinem Handtuch ab.

Ich gehe früh zu einer Frau aus Boston, die ich im Hotel massiere, dann suche ich meine Leiche auf, Belgierin, die mich für den ganzen Tag vertraglich verpflichtet hat. Insofern ist die Frau aus Boston bereits Schwarzarbeit. Ich gehe mit der Vertragspartnerin schwimmen, halte eine Zeitlang ihre tote Pfote auf der Strandliege in der meinen, reibe ihr den Arm. Dabei lasse ich mir in schöner Freiheit den Antillenwind um meine Muskeln wehen. Nachmittags muß ich dann Micki, so heißt sie angeblich, in ihrem Zimmer »überfallen«, das heißt sie sagt: Du rufst vorher an, Kurtchen, du kannst mich nicht einfach überfallen, sondern ich will wissen, wann du kommst. Deshalb sage ich überfallen, weil ich immer an diese Vorwarnung denken muß, wenn ich nach telefonischem Anruf von meinem Zimmer im vierten Stock dieses großen Baus mich zu ihr in den sechsten Stock hinaufarbeite.

Ich erschrak zu Tode, als mich heute vormittag ihre greisen Finger am Strand anrührten, mich aus einem kurzen Schlummer rissen. Faß mich nicht an, du alte Leiche, rief ich aus. Sie zog erschreckt ihre Finger wieder an sich. Während ich zu einer vorgelagerten Sandbank schwamm, um mich körperlich müde zu machen, den Tag irgendwie zu bewältigen, vergegenwärtigte ich mir ihre Vorzüge. Ich brauche einen konkreten Punkt, auf den ich mich konzentriere. Alles übrige ist dann eine Frage der Einstellung. So gebe ich mir Mühe mit dieser Kundin, denn sie soll reelle Ware erhalten, wie es dem Vertrag entspricht, und das ist keine reine körperliche Arbeit, sondern auch eine innere Konzentration auf den Gegenstand meiner Bemühung, das heißt, an irgendeinem Punkt will ich ihr auch innerlich etwas mitgeben, das sie von diesem sonnigen Strand ins vernebelte Belgien mitnimmt.

Nachmittags fand ich Hilfe bei folgendem Vergleich: ich stellte fest, daß die Haut auf meinem Handrücken, wahrscheinlich unter Einfluß der Sonnencreme, auf ähnliche Weise sich pappig anfühlte wie bei meiner Micki, was also offenkundig eine Reaktion der Haut auf Sonne, Wasser und diese Creme war, da ja meine Natur von 32 Jahren Alter zweifellos keine Leicheneigenschaften hat – so waren wir also auch in dieser Hinsicht zwei *gleiche* Menschen, die sich solidarisierten, nachdem ich ihr die Kleider, den Straps, den Büstenhalter abgestreift und sie zu einer Liege hingetrieben hatte. Sie fraß mir aus der Hand, das heißt, sie wollte in alles einwilligen, auch in die Annullierung des Vertragsverhältnisses, wenn das die astronomische Entfernung zu mir verringert hätte – daß sie also gesagt hätte: »Kurtchen, oder Minguel, laß das alles sein, lieg ruhig da und schlaf dich aus oder hol dir einen Moppel von unten, laß mich wenigstens zusehen, oder verbiete mir auch das, dann gehe ich solange Kaffee trinken, ohne jede Bedingung, du brauchst mir deswegen keinen dankbaren Blick zuzuwerfen...« In dieser Stimmung, die mich rührte und endgültig für sie einnahm, bat ich sie um einen Sonderscheck über 4000 Dollar, den ich später in meiner Anzughose auch fand. Sie war offenkundig reiche Erbin oder Witwe. Ich wollte nicht danach fragen, um nicht gierig zu erscheinen.

II

Soeben pladdert ein Gewittersturm über die Gartenanlagen und die Terrassen des Luxushotels. Geschirr, Tischdecken werden von den Tischen geschmissen. Die Dekorationen für »Südliche Ballnacht« sind zerstört. Ich hoffe, daß recht große Zerstörungen in diesem Luxusviertel angerichtet sein werden, da so ein Nachrichtenwert entsteht, der über die ganze Welt verbreitet werden kann und den Ruf unserer Gelben Insel planetenweit verbreitet. Erst in diesem Ausmaß hätte der Sturm einen Wert. Darauf ist heute nicht zu hoffen, falls nicht noch ein Flugzeug, das eine Blindlandung versucht, abstürzt, denn dieser Pladderregen zerstört nur Kleinigkeiten.
»Hat man Charakter, so hat man auch sein typisches Erlebnis, das immer wiederkommt.« So streite ich mich immer wieder mit meinen Kameraden, die die gleiche Tätigkeit ausüben wie ich. Die Kameraden Charlie und Alfred Duhamel bezeichnen mich als Streikbrecher, weil ich die Konsequenzen meiner vertraglichen Verpflichtungen ziehe. Sie selber erfüllen nur den Buchstaben ihrer Verträge. Sie spielen die Distanz zu ihrer Arbeit mit, indem sie die Gegenstände ihrer Arbeit, das heißt: ihre Arbeitgeberinnen, herabsetzen. Sie kneifen die Frauen öffentlich und zeigen, daß diese sich dies gefallen lassen müssen. Sie verstehen sich, solange noch nicht gezahlt ist, als über der Sache stehend. Alfred Duhamel benachrichtigte kürzlich seinen Bruder von Wünschen einer Kundin. Hierauf antwortete Charlie am Telefon: »Keine Bewegung ohne Geld.«
Ich muß mich hier gegen den Vorwurf wehren, ich hätte keinen Charakter bzw. meine Hingabe an meine Arbeit verletze meine Eigenständigkeit. Alfred Duhamel: »Minguel,

es ist ehrlich und aufrichtig, seinen Abscheu vor dieser Arbeit zu zeigen.« Ich antwortete: »Nein, das ist zwiespältig. Man muß entweder die Arbeit nicht übernehmen oder sein ganzes Leben für diese Arbeit hingeben.«
Duhamel: »Wenn du, wie wir, 40 Kundinnen am Tag herunterreißt, mußt du dich aus der Sache persönlich heraushalten, sonst hältst du das nicht durch.« Ich: »Ich mache eine, höchstens 2, dafür gründlich.« Duhamel: »Aber den Vorteil suchst du doch wie wir.« Ich: »Selbstverständlich.« Duhamel: »Warum dann mit Brett vor dem Kopf?« Ich erwidere, das sei eine Sache des Charakters. Damit hatte ich ihn widerlegt. Nicht, weil ich keinen Charakter, sondern weil ich einen habe, verfolge ich z. B. gegenüber Micki diesen *Kurs der unendlichen Hingabe*. Duhamel: »Damit machst du uns Schwierigkeiten. Wenn man dich werken sieht, hat es den Anschein, als ob *wir* unseren 40 Kundinnen nicht *unser Letztes* geben.«
Ich könnte mir bei meinem stattlichen Einkommen eine oder mehrere Freundinnen aussuchen oder unterhalten. Mir wäre diese Form abstrakter Zärtlichkeit, der kein Kontrakt zugrunde liegt, die also ziellos vertan wird, heute bereits unangenehm, ein Luxus, den unsere schwer arbeitende Inselbevölkerung, die schließlich nichts Geringeres als unsere Unabhängigkeit durch ihre Arbeitsproduktivität verteidigt, sich nicht leisten kann. Wollen wir unabhängig vom Dollar bleiben, müssen wir arbeiten lernen. Eine Dame aus den Vereinigten Staaten versuchte mich heute als Gigolo zu behandeln. Noch während des Luncheons wollte sie mir Anweisungen geben, wo und wie ich auf sie warten sollte und was ich mitzubringen hätte, welche Wünsche ich ohne weiteres Gespräch erfüllen sollte. Ich zahlte aus meiner Tasche den Luncheon und verließ die verdutzte Person. Meine Vorfahren sind Indianer. Dies wäre außer meinem fachlichberuflichen Interesse das einzige wirkliche Interesse, das ich habe: wie ich meine Unabhängigkeit im Sinne meiner Vor-

fahren (die ich mir natürlich nur denken kann) verteidige. Ich taste jede der mir zur Betreung übergebenen Frauen daraufhin ab, ob sie in dieser Frage etwas weiß. Es würde mich zusätzlich zu ihnen hinziehen. Aber sie sind zu hastig. »Die Menschen der tiefen Traurigkeit verraten sich, wenn sie glücklich sind: sie haben eine Art, das Glück zu fassen, so als ob sie es erdrücken und ersticken möchten, aus Eifersucht – ach, sie wissen zu gut, daß es ihnen davonläuft!« Dabei würde ich keineswegs davonlaufen, sondern aufmerksam zuhören. Es kommt zu keiner Zusammenarbeit.

III

Nach einigen Wochen Aufenthalt auf der Gelben Antilleninsel – gelb wegen des Werbespruchs, der sich auf den ehemaligen Sandstrand dieser Insel bezieht – begann sich die Frau Veronique Clermont, die sich Minguel gegenüber Micki nannte, gesundheitlich schlecht zu fühlen. Die fleißigen Hände ihres bezahlten Liebhabers ertasten Gewichtsabnahme, Ausmergelung. Sie verzichtete jetzt auf weitere Badekuren, lag ruhig im Strandzelt. An ihrer linken Halsseite befühlte Minguel eine kloßartige Verdickung. Oberhalb eines ihrer Zähne war eine Geschwulst zu spüren. Sie klagte über Schmerzen. Minguel, hilfreich (auch in der Hoffnung einer besonderen Belohnung, eventuell eines Anteils am Vermögen der Kranken), ließ einen Facharzt kommen. Er vermittelte den Kontakt in der Landessprache, so daß die Ärzte ihn als Auftraggeber verstanden.

Eines Nachmittags fand Minguel Veronique hustend und um Atem ringend. Er riß die Balkontür auf. Auf Kissen gestützt setzte er die Frau in die Nähe des Luftzugs, rieb ihren Hals. Die Alte keuchte. Minguel konnte es nicht unterlassen, sich an die Stelle der Sterbenden zu versetzen (hiervor hatte Alfred Duhamel gewarnt: Du mußt dir klarmachen, daß dieser Fetzen Fett mit dir nichts zu tun hat, sonst nimmst du Schaden). Er legte der Halbtoten eine Aufstellung ihrer Aktien und Versicherungspapiere vor, die er in einem Nachttischkasten fand, und ließ sie einen Zettel unterschreiben, auf den er seinen Vor- und Zunamen gesetzt hatte. Dieses Papier bezeichnete er später als *Testament*, das er in Belgien anerkennen lassen wollte. Mit Krakelschrift hatte die Vertrauensselige ihren Eigennamen darunter gesetzt.

Minguel rief wiederum die Fachärzte herbei. Dr. Scelinski zerrte die krächzende Frau auf das Bett, setzte das Messer an die Kehle, um durch einen Luftröhrenschnitt die drohende Erstickung zu verhindern. In diesem Moment röchelte Frau Veronika und sackte zurück. Die Ärzte, die in ihrem Tun einhielten, überprüften die Pupille des rechten Auges, stellten den Tod fest.

Die Rechnung für diese ärztlichen Bemühungen war an Minguel gerichtet. Er wurde – da seine Personalien von den Ärzten festgehalten waren – von den Behörden angehalten, die Überführung der Toten auf seine Kosten (als *Gastgeber*) zu veranlassen. Hierzu war eine Flugreise Minguels nach Europa erforderlich. Die Angehörigen der Toten nahmen den Totenschein entgegen, ließen den Mann an einer Feierstunde teilnehmen, lehnten jedoch alle weiteren Gespräche mit ihm ab. Das »Testament« wurde nicht anerkannt. Minguel mußte Flug und Grand Hotel in Brüssel selbst zahlen. Seine Mittel waren erschöpft. Eine Grippe zwang ihn, sich in der belgischen Hauptstadt in eine Klinik einweisen zu lassen, wo er sich sprachlich nicht verständlich machen konnte. Da er die Klinikrechnung nicht zahlte, wurde er ausgewiesen.

Wer sich mit dem Gegenstand seiner Arbeit unendliche Mühe gibt, wird endlich doch belohnt werden. Die Schwierigkeit, sagt Minguel, liegt darin, daß ich gar nicht mehr angeben könnte, worin eine solche Belohnung noch liegen soll. So sehr bin ich in meiner Arbeit verwurzelt.

JÜRG LAEDERACH

I And Crime

In meiner Eigenschaft als Kommissar wurde ich zum Hauptbahnhof gerufen. Wieder kam ich zu spät. Am Ort des Verbrechens wartete ich den Morgen ab.

Ich war der Kommissar. Ich wurde zum Basler Hauptbahnhof gerufen. War es, wie ich behauptete, im Wartesaal geschehen? Der Tote war verschwunden. In der Pelerine wartete ich jenen trüben Morgen ab.

Kaum war ich am Basler Hauptbahnhof angelangt, fühlte ich, daß ich Kommissar geworden war. Jedenfalls hatte von meinem Office aus eine Beförderung stattgefunden. Leider kam ich zu früh. Im Waggon eines soeben vom Elsaß eingetroffenen Getreidezuges lag kein Toter. Ich verfocht mit einem Streckenwärter die Ansicht, der Mord sei noch nicht geschehen und werde, mit meiner Anwesenheit als weithin sichtbarer Warnung, nicht stattfinden. Irgend etwas war faul an der Sache. Ich ging in allem, was in diesem rätselhaften Fall an Scherereien noch folgte, von der Annahme aus, daß ich unbedingt zu früh gekommen war, was allein das Leben aller Überlebenden beweise. Zurück in meinem Office, fiel ich eine Lohnstufe tiefer und brach mir den Knöchel.

Ich hatte den ganzen Tag, da ich wegen Schulterrheuma zu fast nichts mehr zu gebrauchen war, den beschlagnahmten Fahrner bewundert. Als ich das allabendliche Spreizen meiner Hände versuchte, holte mich ein Anruf zum Hauptbahnhof. Ausschlaggebend für die Tiefe der Nacht war nachweislich der fadendicke Regen, der auf die Grenzzollgebäude fiel. War es, wie ich vermutete, im Wartesaal geschehen, wo sie alle warteten, Wurstwecken aßen, warteten, Zwetschgenwasser stürzten, warteten, mit ihren Stellmessern Zwangsvorstellungen in die Eckbänke schnitzten, warteten? Im Waggon eines soeben vom Elsaß angekommenen Chemiezuges lag ein Toter, was erstaunlicherweise besagte, daß der Chemiezug nur aus einem Waggon bestand. Schwefelsäure hatte die Leiche verheerend zugerichtet, und geistesgegenwärtig ließ ich in allen Apotheken des Festlandes nachforschen, da England und Jersey als Tatorte außer Frage standen, ich wiederhole, nicht in Frage kamen. Im wesentlichen fiel, da der Chemiezug vom Elsaß gekommen war, die landläufige Schweinerei auf die Franzosen zurück. Ohne Kenntnisse in Französisch ließ ich mir diese Feststellung übersetzen. Eine Blutspur führte mich zu meinem baufälligen Haus in der Nähe. Ich verfolgte sie, ohne vor mir selbst viel in Abrede zu stellen, bis in mein Untergeschoß, wo ich mich auf den Richtblock setzte, meine Finger mit einem dazwischengeschlagenen Keil spreizte und eine keimfreie Stricknadel aus dem indischen Umhang zog. Am nächsten Morgen wurde mir mitgeteilt, ich sei, unglaublicher Mietwagenspesen wegen, fristlos entlassen, in meinem Gehalt auf Null zurückgestuft und meiner Pension verlustig, doch nahm ich mich trotz strengstem Hausverbot jenes Falles weiterhin als dilettierender Liebhaber an, und ehe mein Rheuma die Kranzgefäße erreichte, wurde mir der gänzlich negative Befund der Apothekerkontrolle zugestellt, den ich rasch ins nächstgelegene Plenum weiterleitete.

Am Hauptbahnhof Nacht, tiefe. Der Tote im Waggon, halb aufgelöst. Glich meinem Vater wie ein Ei. Als ich da, er weg. Blut an meiner Hausmauer, Lammblut. Der Fall in seinen Teilen ohne Beziehung zu anderen Fällen oder zu sich selbst oder zu mir. Ich allein. Der Tote kaum in Schach gehalten. Keine Lösung zu suchen die Lösung. Verbrechensstelle, nadelkopfgroß, winziges Gerinnsel. Kann nicht, sagte ich. Am Grenzzoll Morgen, heller. Kann nicht, sagte ich. Der lange Zug rollend auf mich zu. Kann nicht, sagte ich. Erster Waggon. Zurückgefallen ans Pult. Unter den kalten Hahn gegen das Nasenbluten. Eierbrot geschnappt. Nächste Akte ins Feuer.

THOMAS BERNHARD

Die Macht der Gewohnheit

Dritte Szene

Alle, außer dem Dompteur, auf den Sesseln, ihre Instrumente stimmend, die Bogen der Instrumente mit Kolophonium einstreichend

CARIBALDI *zur Enkelin*
Crescendo
wenn ich crescendo sage
Descrescendo
sage ich decrescendo
Es gibt in der Kunst
gar in den Kunststücken
kein Pardon
zum Jongleur
Diese Entwicklung
muß allein gegangen sein
den Schwachsinn
in einem einzigen Augenblick
zum Genie machen
Wenn ein Körper im ganzen
in ein Verhältnis tritt
so treten seine Teile
in ein ähnliches Verhältnis
wie der ganze Körper tritt
In diese Hunderttausende von Richtungen
in die ich hätte gehen können
in eine einzige bin ich gegangen
Aber ich bin kein Beispiel

tatsächlich bin ich
gescheitert
Der Direktor ist immer
gescheitert
Die Versuche die ich
gemacht habe
gescheitert
die Möglichkeiten
die ich gehabt habe
Weil sich ein Mensch wie ich
in fortwährender Beobachtung
der anderen Menschen
vernichten muß
Die andern sich entwickeln lassen
verbietet sich einem solchen Menschen
wie ich
Eine an sich mittelmäßige Verwandtschaft
und die Hohe Kunst
andererseits
Und die fortwährenden Versuche
die Mittelmäßigkeit der Verwandtschaft
in diese Hohe Kunst
oder besser in diese sogenannte Hohe Kunst
hinein
und hinunter zu stoßen
Diese tagtägliche Quintettprobe
ist keine Marotte
zur Enkelin
Die Viola so spielen
wie du auf dem Seil tanzt
zum Jongleur
Die Violine absolut
zu ihrem Kopf machen
und umgekehrt
wissen Sie

zum Spaßmacher
Die Baßgeige
ist dein Unglück
verstehst du
immer wieder
Die Baßgeige
ist dein Unglück
Immer diese Verzögerungen
diese Verletzungen
diese Launen
zur Enkelin
In Augsburg
die E-Saite nicht vergessen
Ein ganz und gar verrückter Musikalienhändler
in Augsburg
Immer ist es der Dompteur
der das Quintett sabotiert
schreit
Sabotage
Sabotage

JONGLEUR
Die Wunde eitert ihm
sagt der Dompteur
mit einer eitrigen Wunde

CARIBALDI
Die Wunde eitert ihm
die Wunde eitert ihm
mit einer eitrigen Wunde
Aber es ist ein Quintett
kein Quartett
Und weil er fortwährend
eitrige Wunden an seinem Körper hat
besauft er sich
und dann ist es ihm unmöglich
sich auf dem Klavier zurechtzufinden

Er findet sich auf dem Klavier nicht zurecht
streicht einen tiefen langen Ton auf dem Cello.
Jongleur streicht einen Ton auf der Geige; Enkelin zupft an der Viola; Spaßmacher zupft an der Baßgeige
Casals
streicht einen tiefen langen Ton auf dem Cello
Casals
zum Jonleur
Hören Sie den Unterschied
streicht einen tiefen langen Ton auf dem Cello
Casals
plötzlich befehlend
Den Stimmton bitte
alle streichen einen langen Ton auf ihrem Instrument
Jetzt gelänge
was uns schon lange
nicht gelungen ist
aber der Dompteur
macht alles zunichte
richtet sich den Notenständer mit dem Notenheft
Rettich
überall Rettichgestank
Jongleur bläst den Staub von seinem Notenheft
Die Rücksichtslosigkeit
ist ein Kunstwille
die einzige Möglichkeit
ist die Rücksichtslosigkeit
Aber die Umwelt
ist nichts als Dummheit
und Krankheit
und Unverständnis
Jahrzehnte spiele ich
gegen den Stumpfsinn das Cello
Aber es ist kein Ende abzusehen

kein Ende abzusehen
zupft am Cello
Perfektion
Die Gesellschaft stößt
wer gegen sie verstößt
aus
zur Enkelin
Du mußt die Viola spielen
wie du auf dem Seil tanzt
verstehst du
Zwei Saiten in Augsburg
E E verstehst du
E-Saiten
zum Jongleur
Lebenslänglich
mein lieber Herr Jongleur
lebenslänglich
Sie jonglieren mit Ihren Tellern ja auch
lebenslänglich
gegen die Gesellschaft
Ihr Kopf kommt nicht zur Ruhe
gegen die Gesellschaft
zum Spaßmacher
Melancholiker
Spaßmacher streicht dreimal kurz auf der Baßgeige
hin und her
Mit dem Bogen
mit dem Geigenbogen
mit dem Baßgeigenbogen
mit dem Cellobogen
gegen alles
Der Kopf ist von der Kunst
die einer macht
nicht mehr in Ruhe gelassen
hört er auf

ist er tot
sich mit dem Bogen
in den Tod
hineinstreichen
streicht einen langen tiefen Ton auf dem Cello;
über den Dompteur zum Spaßmacher
Wie er dir die Wurststücke
und die Rettichstücke
zuwirft
streicht einen langen tiefen Ton auf dem Cello;
Enkelin bohrt in der Nase; Caribaldi hat das
bemerkt, zum Jongleur
Es ist Ihnen nicht gelungen
meiner Enkelin
das Nasenbohren abzugewöhnen
kaum sitzt sie auf dem Sessel
bohrt sie in der Nase
zur Enkelin
Das ist eine Verunstaltung
mein Kind
auch während du spielst
bohrst du in der Nase
Das ist abstoßend
während des Forellenquintetts
in der Nase bohren
zum Jongleur
Oder diese fürchterliche Gewohnheit
in das Andante hineinzuhusten
ein so ausgezeichneter
geschulter Kopf
und eine solche fürchterliche Gewohnheit
Sie müssen mehr Malz einnehmen
eine größere Menge Malz
verstehen Sie
und wenn Sie die Atemübungen

die ich Ihnen empfohlen habe
auch wirklich machen
Um sechs in der Frühe hinaus
gleich wo
und sei es in Augsburg
eine Stunde oder auch nur
eine halbe Stunde
in der frischen Luft
das Crescendo nicht außer acht lassend
verstehen Sie
Diese Verengung Ihrer angegriffenen Bronchien
Sie erweitern sie
Sie sind in der kürzesten Zeit
beschwerdelos
Aber Sie befolgen nicht
was ich sage
So haben Sie ja auch Schwierigkeiten
mit dem achtzehnten Teller
das gelingt Ihnen nicht
Weil Sie Schwierigkeiten
mit der Atmung haben
Atmungsschwierigkeiten
zu allen
Alle habt ihr Atmungsschwierigkeiten
Die Atmung funktioniert nicht
das ist es
Wenn die Atmung funktioniert
funktioniert auch die Hohe Kunst
Für einen Künstler
für einen praktizierenden Künstler
noch dazu für einen Artisten
oder für einen solchen
der ausübender praktizierender Künstler
und dazu auch noch Artist ist
ausübender Artist

ist die Beherrschung der Atmung
das wichtigste
zum Jongleur direkt
Ihre Sprache ist ja auch
nur aus kürzesten Sätzen zusammengesetzt
nur aus kürzesten Sätzen
besteht Ihre Sprache
während Ihrer ganzen Erscheinung
ordentlich lange
lange ordentliche Sätze entsprächen
Was Sie sagen
ist abgehackt
was Sie sagen
Das deutet darauf hin
daß Sie die Atmung
nicht beherrschen
das ist eine Schande
für einen Artisten
zu allen
Die Störungen
abschaffen
die Organismusgebrechen
Das ganze Leben
bin ich damit beschäftigt
alle zusammen streichen auf Caribaldis
stummes Kommando einen Ton auf ihrem
Instrument

JAMES JOYCE

Mr. Bloom bewunderte des Friedhofsaufsehers blühende Fülle

Mr. Bloom bewunderte des Friedhofsaufsehers blühende Fülle. Alle wollen auf gutem Fuß mit ihm stehen. Anständiger Kerl, der John O'Connell, einer von der wirklich guten Sorte. Schlüssel: wie auf Keyes' Annonce: keine Angst, daß ihm jemand entwischt, Urlaub und Ausgang gibts nicht. *Habeat corpus.* Muß mich kümmern um die Anzeige nach der Beerdigung. Hab ich etwa Ballsbridge auf den Umschlag geschrieben, den ich drüberschob, als sie mich beim Schreiben an Martha störte? Hoffentlich nicht bei den unzustellbaren Postsachen gelandet. Könnte sich auch mal rasieren, der. Grau sprießender Bart. Das ist das erste Anzeichen, wenn die Haare grau rauskommen und die Laune gnätsch wird. Silberfäden unter grauen. Also dem seine Frau zu sein, das muß man sich mal vorstellen. Möchte wissen, wo er den Mumm hergenommen hat, einem Mädchen nen Antrag zu machen. Komm mit und leb bei mir auf dem Friedhof. Ihr sowas überhaupt anzubieten. Zuerst kribbelts sie ja vielleicht. Den Tod freien... Schatten der Nacht gehn hier um bei den Toten, die überall liegen. Die Schatten der Grüfte, wenn Friedhöfe gähnen, und Daniel O'Connell muß ein Abkömmling sein von ihnen, wer war das doch, der immer sagte, er wäre ganz merkwürdig fruchtbar, der Mann, ein großer Katholik trotzdem, wie ein Riese im Dunkeln. Irrlichter. Gräbergas. Man muß ihr die Gedanken ablenken, wenn sie überhaupt schwanger werden soll. Frauen besonders sind da ja so empfindlich. Ihr eine Gespenstergeschichte erzählen im Bett, damit sie einschläft. Hast du schon mal einen Geist gesehen? Siehst du, aber ich. Es war pechschwarze Nacht. Die Uhr schlug grade zwölf. Aber küssen würden sie ganz ordentlich, wenn erstmal richtig in Stimmung gebracht. Huren auf türkischen Friedhöfen. Lernen praktisch alles, wenn man sie jung dazu rankriegt. Könnte hier eine junge Witwe anhauen. Männer mögen das. Liebe zwischen den Grabsteinen. Romeo. Ist die Würze der Lust. Mitten wir im Tode sind von dem Leben umfangen. Da treffen sich beide Enden. Müssen ja Tantalusqualen sein für die armen Toten. Wie der Duft röscher Beefsteaks für die Verhungernden, frißt ihnen am Leben. Das Verlangen, die Leute auf achtzig zu bringen. Molly wolltes am Fenster machen. Acht Kinder hat er jedenfalls.

Ganz schönes Quantum, was er so zu seiner Zeit unter die Erde hat gehn sehen, rund um ihn jezt, Feld hinter Feld. Heilige Felder. Mehr Platz, wenn man sie stehend begrübe. Sitzend oder kniend, nee, das ginge nicht. Und stehend? Dann könnte der Kopf rauskommen eines Tages, wenns mal nen Erdrutsch gäbe, mit mahnend erhobener Hand. Der Boden müßte vollständig in Waben eingeteilt werden: längliche Zellen. Und sauber hält ers ja auch sehr, der Rasen gepflegt, die Einfassungen. Seinen Garten nennt Major Gamble den Mount Jerome. Sehr schön, so ist es. Die Blumen sollten Schlafblumen sein eigentlich. Chinesische Friedhöfe mit Riesenmohn liefern das beste Opium, hat mir Mastiansky doch erzählt. Der Botanische Garten ist gleich da drüben. Es ist das Blut, das in die Erde sickert, das gibt neues Leben. Dieselbe Idee bei den Juden, die den Christenknaben geschächtet haben sollen. Jeder Mensch seinen Preis. Guterhaltene fette Gentleman-Leiche, Feinschmecker, unschätzbar für Obstgarten. Glänzendes Geschäft. Für Leichnam von William Wilkinson, Rechnungs- und Bücherrevisor, erst kürzlich verstorben, erlauben wir uns drei Pfund dreizehn-sechs. Dankend erhalten zu haben bescheinigt.

Also ich möchte ja sagen, der Boden wird unbedingt fett bei Leichendüngung: Knochen, Fleisch, Nägel, Beinhäuser.

Grauenhaft. Werden grün und rosa beim Verwesen. In feuchter Erde verfaulen sie schnell. Die mageren alten sind zäher. Dann eine Art Vertalgung. Art Verkäsung. Dann werden sie langsam schwarz, Sirup sickert aus ihnen raus. Dann trocknen sie ein. Totenkopfschwärmer. Natürlich leben die Zellen weiter, oder was sie sonst sind. Verwandeln sich bloß. Praktisch das ewige Leben. Keine Nahrung mehr, nähren sich von sich selbst.

Aber Maden müssen die ja ausbrüten, Teufel noch eins, massenhaft. Der Boden muß förmlich wimmeln davon. Da kann einen glatt ja der Schwündel packen. Die Mädchen, ja, die hübschen kleinen Mädchen vom Strand. Macht ein ziemlich munteres Gesicht dabei. Gibt ihm ein Gefühl der Macht, die andern alle zuerst runtergehn zu sehen. Möchte wohl wissen, was der für eine Einstellung zum Leben hat. Reißt ja auch seine Witze: wird ihm wärmer ums Herz davon. Den mit dem Bulletin. Hochwürden Spurgeon 4 Uhr heute früh gen Himmgel gefahren. Bei Ladenschluß (11 Uhr abends) noch nicht eingetroffen. Petrus. Die Toten selber, die Männer jedenfalls, würden bestimmt ganz gern mal ein Witzchen hören, oder die Frauen wissen, was grad Mode ist. Eine saftige Birne oder nen Damenpunsch, heiß stark und süß. Die klamme Kälte zu vertreiben. Lachen muß man ja doch manchmal, also besser gleich so. Die Totengräber im *Hamlet*. Zeigt die tiefe Kenntnis des menschlichen Herzens. Mindestens zwei Jahre lang nicht über die Toten spotten. *De mortuis nil nisi prius.* Erst muß die Trauerzeit um sein. Eigentlich kaum vorstellbar, daß der da auch mal beerdigt wird. Kommt einem fast wie ein Witz vor. Wenn man seine eigene Todesanzeige liest, heißt es, lebt man länger. Läßt einen nochmal zu Atem kommen. Neues Leben in die Lungen.

– Wieviel haben Sie denn für morgen? fragte der Friedhofsaufseher.

– Zwei, sagte Corny Kelleher. Halb elf und elf.

Der Friedhofsaufseher steckte die Papiere in die Tasche. Der Sargkarren hatte zu rollen aufgehört. Die Leidtragenden teilten sich und nahmen zu beiden Seiten des Loches Aufstellung, mit Sorgfalt die Grabstellen umschreitend. Die Totengräber trugen den Sarg heran, schlangen die Seile darum und setzten ihn mit dem Kopfende auf den Rand.
Seine Beerdigung. Begraben wolln wir Caesarn. Seine Iden des März oder Juni. Er weiß nicht, wer hier jetzt steht, ist ihm auch egal.
Also wer ist denn bloß dieser lange Lulatsch in dem Macintosh da drüben? Ich gäb was drum, wenn ich nur wüßt. Das heißt, es schert mich imgrunde ja einen Dreck. Immer taucht doch plötzlich jemand auf, an den man nicht im Traum gedacht hätte. Eigentlich könnte man ohne weiteres auch sein ganzes Leben alleine leben. Jawohl, könnte man durchaus. Müßte dann bloß jemand auftreiben, der einen unter den Rasen bringt, wenn man gestorben ist, obwohl man sich natürlich auch vorher ein eigenes Grab buddeln könnte. Tun wir sowieso alle. Bloß der Mensch begräbt. Nee, Ameisen ebenfalls. Das erste, was jedem einfällt. Die Toten begraben. Robinson Crusoe etwa, gilt doch als lebensechte Figur. Tja, und dann hat ihn ja auch Freitag begraben. Jeder Freitag begräbt einen Donnerstag, wenn mans recht überlegt.

PETER HANDKE

Wer hat schon einmal geträumt, ein Mörder geworden zu sein

Wer hat schon einmal geträumt, ein Mörder geworden zu sein und sein gewohntes Leben nur der Form nach weiterzuführen? Damals, zu der Zeit, die noch andauert, lebte Gregor Keuschnig seit einigen Monaten als Pressereferent der österreichischen Botschaft in Paris. Er bewohnte mit seiner Frau und der vierjährigen Tochter Agnes ein dunkles Appartement im sechzehnten Arrondissement. Das Haus, ein französisches Bürgerhaus aus der Jahrhundertwende, mit einem steinernen Balkon an der zweiten und einem gußeisernen an der fünften Etage, stand neben ähnlichen Gebäuden an einem ruhigen Boulevard, der ein wenig abschüssig zur Porte d'Auteuil hinunter verlief, die eine der westlichen Stadtausfahrten bildet. Nur alle fünf Minuten etwa klirrten untertags die Gläser und Teller im Eßzimmerschrank, wenn in der Senke neben dem Boulevard der Zug vorbeifuhr, der Reisende von der Peripherie zur Gare St. Lazare in die Mitte der Stadt brachte, wo sie zum Beispiel in die Züge nach Nordwesten, an den atlantischen Ozean, nach Deauville oder Le Havre, umsteigen konnten. (Manche der oft schon etwas älteren Bewohner dieses Quartiers, in dem vor hundert Jahren noch Weinberge gestanden hatten, fuhren auf diese Weise an den Wochenenden mit ihren Hunden ans Meer.) In der Nacht aber, wenn nach neun Uhr abends keine Züge mehr fuhren, war es an dem Boulevard so still, daß man bei dem leichten Wind, der oft hier ging, ab und zu die Blätter der Platanen vor den Fenstern rieseln hörte. In einer solchen Nacht Ende Juli hatte Gregor Keuschnig einen langen Traum, der damit anfing, daß er jemanden getötet hatte.

Auf einmal gehörte er nicht mehr dazu. Er versuchte sich zu verändern, so wie ein Stellungssuchender »sich verändern« will; doch um nicht entdeckt zu werden, mußte er genau so weiterleben wie bisher und vor allem so bleiben wie er war. Auf diese Weise war es schon eine Verstellung, wenn er sich wie gewöhnlich mit andern zum Essen setzte; und daß er plötzlich so viel redete, von sich, von seinem »früheren Leben«, tat er nur, um von sich abzulenken. Welche Schande werde ich meinen Eltern bereiten, dachte er, während die Ermordete, eine alte Frau, dürftig vergraben in einer Holzkiste lag: ein Mörder in der Familie! Am meisten aber bedrückte ihn, daß er jemand andrer geworden war und doch weiter so tun mußte, als ob er dazugehörte. Der Traum endete damit, daß ein Vorübergehender die Holzkiste aufmachte, die inzwischen schon offensichtlich vor seinem Haus stand.

FRIEDERIKE MAYRÖCKER

ich höre dies Reden und Erzählen

ich höre dies Reden und Erzählen weit weg es sei ein Versinken in tiefes Ruhen wo keine Angst mehr ist, die Farbenröte ich weiß nicht wie ich es bezeichnen soll, er hatte mir kleine grüne Pfeifen geschnitzt die schmeckten nach Gras. Säulenschaft Distelspitze Feldrose Feldjahr ähnlich geht es jedem, er war feldgrau in seinen Siebzigern und hager sie hatte ein rot verweintes Gesicht Hautblüte, es ist wie eine leichte Verwirrung, vielleicht ein Sandkorn im Schuh aber eine Behinderung ein Druck man möchte es wegschaffen, geht zurück, denkt zurück: da war doch etwas gewesen da hatte doch etwas begonnen ein Wort ein Geräusch ein Blick. Ein Kreuzungspunkt, das Zusammentreffen verschiedenartiger innerer und äußerer Gegebenheiten

Feldmusik, nämlich Feldgrauer mit unbeweglicher Miene ein Balg, Fell, Katzengedärm, ich faltete meine Knie weg. Ihm Platz zu machen, ihn ans Fenster treten zu lassen sie hatte sogleich aufgehört zu winken, der Kampfergeruch stieg aus ihren Kleidern. Bux, türkisch Hasel wir wichen in Serpentinen, mit unseren Augen von Sprosse zu Sprosse als hüpften wir in einem Käfig, Bux, türkisch Hasel wir wichen in Serpentinen schrie Agnes, er wartete immer bis ich mich ausgezogen hatte erst dann legte er selbst seine Kleider ab. Ich hatte ihn überrascht er hatte mich nicht erwartet gehabt, vertröstete mich auf später schob mich zur Tür hinaus, später am Tag, Feldrose Feldjahr, ich liebte ihn durch seine ganze Familie hindurch, sein Schulterwek rieb gegen meines

Bedeutungswechsel, ein Rosengarten, Vulgärsprache nämlich Gestalten mit Fieber an ihren Wangen es kam vor der Zeit, er kam vor der Zeit, ich kam vor der Zeit ich kam ungelegen er wies mir die Tür er vertröstete mich auf später, er kam vor der Zeit daß ich nicht glauben sollte er habe vergessen zu kommen oder er würde zu spät kommen, er stand unbeweglich gegen das Bettende gelehnt, er strömte einen Geruch nach Weihrauch aus

Katzengedärm! schrie Agnes, wir wichen in Serpentinen seine Arme zuckelten wie'n aufgezogenes Spielwerk als er Abschied winkte, sie hatte ihr Gesicht mit einem Tuch bedeckt daß wir nicht sehen sollten daß sie weinte

er habe es so gesehen: die Jahre wie eine Bewegung des Windes über dem Wasser, die Malven standen in Blüte. Seine Feldrose sein Fell sein Haarkleid sein Balg, Stern des Auges, die häuslichen Redensarten! sein Schulterwerk rieb gegen meines

und wie zu immer neuen Sträußen sagte der Weltbiograph, reiht sich Tag an Tag und Stunde an Stunde und Jahr an Jahr, und sie hatten immer gejubelt: die ersten Kirschen! die ersten Schneeflocken! die ersten Veilchen! Eine glückhafte Umwälzung eine Erhellung, als wir endlos die Promenade aufwärts gestiegen waren strich eine kühle Luft auf dem Gipfel, die hellgrün besonnten Gartenstühle standen im frisch geharkten Sand, die Sandwege mit Ziersteinen eingefaßt führten zur Aussichtswarte wo wir lange standen und hinunterblickten. Wir setzten uns dann, an der Lehne des Berges, und blickten hinunter, ich sah in konzentrischen Kreisen wiederkehrende Spuren von Feldarbeit auf den weiten Flächen im Tal, Ackerfurchen von früher mit einem hellen Grün überwachsen, in der Ferne begrenzt von bläulichen Bergketten, aber, unten, hier, in der Mitte des Bildes, ein einzelnes Haus. Es führte ein heller Weg dorthin und tauchte im Walde unter, der den Beginn des bewachsenen Fußes des darüber ansteigenden Gebirges bildete. Pflugscharen, Beackerung ich hatte das Gefühl dies alles schon früher einmal, dieses Haus inmitten von Wiesengrün

eine ganz nahe Beziehung, das Fächeln der Blätter Regen bei Sonnenschein, die hellen Wege mit Ahornsamen bestreut. Als ich es aber singen sollte blieben die Töne mir in der Kehle stecken. Ich hörte die Musik in meinem Kopf, als ich aber singen wollte fand ich nicht die Töne. Als ich es aber singen sollte blieben mir die Töne im Hals stecken es war schrie Agnes, als könne ich etwas nicht greifen das deutlich vor mir stand

es war eine ganz nahe Beziehung gewesen, obwohl er von sich sprach blieb ich uneingeweiht vielleicht hatte er es auch gewollt im Dunkeln zu bleiben. Ein Wolkenfrühling, ich sehe es vom Fenster aus, kleine seitliche Trippelschritte. Während er das Haus verläßt, während ich mich aus dem Fenster beuge um ihm zu winken verschiebt sich die Perlenkette die ich trage bis zum rückwärtigen Haaransatz und bis an die Ohrmuscheln, der erste Bann oder Birke in der Stube, nämlich ich wollte durch das alte Haus in einen Hof, kam aber in einen Gang und auf einen ungepflasterten Platz da standen zwei Sträucher, ein Pfau lief zu einer Pfauin oben öffnete jemand ein Fenster und eine Stimme fragte was ich hier suche

Wolkenfrühling, ich sehe es vom Fenster aus wie sie die Flügel spannen um sich emporzuwerfen oder sich an Mauervorsprüngen flatternd festklammern, wir hätten diesen Tag bis zur Neige sagte der Weltbiograph, auch habe er immer schon eine Hinneigung gehabt solchen Dingen nachzuspüren. Veränderliche Größe, Hebebühne schrie Agnes, um nicht losheulen zu müssen beim bevorstehenden Abschied brauchte ich mir nur vorzustellen wir säßen wieder in unserem kleinen Hotelzimmer Rücken an Rücken nach einem heftigen Wortwechsel und er schöbe mich wieder zur Tür hinaus ohne mich anzusehen während ich zu weinen begann hochstöckelig davoneilte, die Stiegen hinunter in großen Sätzen und immer eine Stufe überspringend. Immer haltloser im Tempo, ich stürzte treppabwärts, er rief mich lange zurück als ich unten das Tor aufriß. Sie schien bewegt, eilte mit leichtem Stöckel dahin, die blassen Hufe es blendete weithin, ihr schräg gestellter Rumpf ihre bläulichen Flügel sie klammerte sich an Mauervorsprüngen fest

die Tür stand noch offen von ihm, die Kissen waren noch warm von ihm, das Glas aus dem er getrunken hatte und das er zur Hälfte geleert hatte stand noch da, es qualmte noch aus der Tiefe des Aschenbechers, im Sturmdrall schrie Agnes, er habe zuerst gemeint noch eine Menge Zeit zu haben nun war es doch spät geworden, wenn er das Haus verließ blickte er erst aufwärts und abwärts ehe er sich entscheiden konnte in welcher Richtung er weggehen würde vielleicht wollte er sich auch vergewissern daß niemand beim Verlassen des Hauses ihn beobachtet hatte, er ging dann mit langen Schritten in eine der beiden Richtungen ohne sich umzusehen ohne nach oben zu sehen

ein Wolkenfrühling da trugen sie mich ins Haus, der weiße Gärtner kam vorüber er hatte Wasser geschöpft aus dem Brunnen dem Haus gegenüber, er trug eine Gießkanne in seinen Händen, er blickte nicht zu uns als er vorüberging, die schnellen Levkojen die hohen Malven mit dunkelrosa Blüten aus graugrünen Blattnischen ragend wir kompilieren so eine Serie erinnerter Wahrnehmungen, neben der Dorfstraße vor dem Haus ein offener Abflußkanal, ich sprang da hinein ich sprang in die grünen Scherben ein Wolkenfrühling da trugen sie mich ins Haus, die Wunde blutete stark. Daß ich so in den Häusern umhergehe sagte der Weltbiograph, sie sehen vielleicht eine Spur von mir ein durchsichtiges Licht, wenn sie die Gardinen zur Seite schieben, unsere Gedanken fordern sie heraus. Ich bewege mich zwischen ihnen höre was sie reden sehe wie sie einander anblicken, verfolge was sie tun, und indem ich mich bei ihnen aufhalte habe ich die Grenzen durchbrochen, die Abgründe erreicht, an der Psyche die ersten Verse geschrieben schrie Agnes, die Feuer, des oberen Geschosses ich schaute auf die angrenzende Plakatwand und es schob sich einen Augenblick lang alles bisher Erlebte zu einem winzigen Punkt zusammen, in diesem dauernden Anflug von Liebe

PAUL NIZON

In Vincents Briefen aus Den Haag

In Vincents Briefen aus Den Haag war auch viel von der Natur die Rede. Vincent hatte neben seinen Figurenzeichnungen damit begonnen, kleine Ansichten von seiner näheren Umgebung anzufertigen. Im Werkkatalog fand Stolz eine Abbildung, die »Blick über die Dächer« hieß. Die Dachgiebel fuhren wie Kanonen- oder Fernrohre auf den Horizont zu, mit all ihren Ziegeln und Kaminen visierten sie den Horizont an, als wollten sie sich da hineinschießen.

Der Horizont war Meeresstrand und hatte die Weite, Helle, Schneeigkeit, Schimmrigkeit der Wolken und des Winds, der Weite und der Unendlichkeit, der Blick konnte sich dort richtig baden in einem alles verheißenden Freiheitstaumel – wie der Vogel es tat, der mit ausgebreiteten Schwingen in dieser wolkenschneeigen Luft dahintrieb.

Aber neben diesem leichtmachenden Fernblick war das Nahegelegene nicht vernachlässigt. Das Nahegelegene waren die Hinter- und Seitenhöfe der so gewaltig ausfahrenden Häuserzeile, und in diesen Höfen war eine lärmige Unordentlichkeit – wie in Schrebergärten. Baracken, möglicherweise, Kaninchenställe, Blumenkisten, Feierabendkram möblierte die Höfe, und aus den Kaminen schlug sich der Rauch in diese Pferche nieder. Unter dem weiten Ausblick aufs Meer wirkte das Ansässige der Höfe geradezu tumultuös. So nah waren Himmel und Strand, und dort draußen fühlte man sich, kaum daß man den Blick hob, frei wie der Vogel. Also konnte man sich getrost im Hof zu schaffen machen. Die Höfe hatten darum etwas mehr als Behagliches. Was willst du auslaufen, sagten sie, die See ist ja da und nah, und unter dieser Verheißung kann man jetzt ruhig trödeln und kramen in den Höfen.

Und dann war da noch eine Straße auf einem Damm zu sehen, der auch wieder wie ein praller Fühler in die Weite wuchs mit seiner Allee; und seitlich im Bilde waren winzig klein die Dächer von ferneren Siedlungen zu erblicken. Alles war voller Leben unter dem Himmel. So viel Leben unter dem Himmel, schien das Blatt zu sagen, es war nicht zusammenzubekommen. Und jetzt würde es dann Abend werden, die Dunkelheit würde hereinbrechen, und das Schlagen der Wellen und das Brausen der Meernacht würde laut vernehmlich werden, wenn die Leute sich in die Häuser verkrochen. So viel Leben unter dem Himmel, so viel Trost für den Zeichner und Handwerksmann, der dann, die Pfeife im Mund, noch lesen und Briefe schreiben würde und eine Zufriedenheit fühlt, weil er ja sein Tagewerk beendet hat.
Stolz war über dem Blatt ins Träumen gekommen, aber nun erwachte er in seiner Kammer.
Er hatte keinen ähnlichen Halt in einer Arbeit wie jener andere, an den er jetzt mit Neid dachte. Er sah sich in der Kammer um. Die Möbel fremdeten ihn an. Er konnte sich hier plötzlich selber nicht mehr vorfinden. Er sah seinen Kittel am Türhaken hängen, die schlaffe Stoffhaut. Er sah den Kittel als Balg. Er sah sich in dem Balg, schlaff, ohne Kraft. Er hörte das Flappen der Dachpappe an der Hauswand. Er dachte, er müsse fort, ausziehen müsse er und dies möglichst bald. Er hatte so ungeheuer viel Zeit. Den Vorrat Zeit empfand er wie ein feindliches Element in dem Zimmer, ganz anders als vor seiner Abreise zuhause in seinem Wachlokal, wenn er auf die Geräusche der Straßenbahn geachtet und sich mit allen Fasern »hinaus« gewünscht hatte. Nun war er draußen und fühlte sich abgesonderter denn je. Abgesondert auch von der vielen vorrätigen Zeit, die ihn umgab und in welcher er nicht Fuß fassen konnte.
Er hockte in dieser Zeit, aber er konnte sie nicht an sich bringen, nicht einmal erreichen. Sie zerrann außerhalb und ungenutzt.

JÜRGEN BECKER

Vormittag, Zuammenhang

sieh mal, der gute Kater liegt jetzt
in der Sonne,
                    schlafend, unweit
des Vogels, den er heut morgen
erschlug,
                und deine Bluse
hat jetzt einen Riß

Freischaffender

Stiller Tag, und das stimmt nicht;
die Beitragserhöhung der Krankenkasse,
wir schimpfen und nun weiß ich, daß
ich gesund bleiben und mehr wieder
tun muß
                – stiller Tag, und summend
meine Schreibmaschine ernährt die Familie
des Stromablesers mit; nun weißt du,
welchen Nutzen meine Wörter haben und
warum ich in mein Zimmer gegangen bin.

GERTRUD LEUTENEGGER

Erste Straße

So ganz richtig dabeizusein. Eine Demonstration! Denn nur Mitlaufen, das ist es nicht. Da könnte sonst jede Ameise, die zur gleichen Zeit dieselbe Straße entlang krabbelt, sich damit brüsten, sie hätte die gute Sache unterstützt. Oder falls es schief herauskäme, bestürzt erklären: der Rückzug war abgeschnitten. Ameisen laufen auch nicht rückwärts, der kleinste Versuch dazu würde die nervösesten Stockungen hervorrufen. Was für ein Schrecknis, wenn plötzlich etwas stockt. Mitten im Gedränge etwas Stillgelegtes. Doch Ameisen wimmeln blindlings voran, ein bewußtlos wirbelnder schwarzer Sturm, wieder kauerst du als Kind in dem von nassen Farnen beschlagenen Hof, ein schwarzer Streifen von Ameisen läuft die Hausmauer empor. Plötzlich, als hätte dich vorher das Weiße der Mauer geblendet, erschrickst du: sie gehen auf dein Fenster zu. Eine unentwegte Kolonne. Das Fenster in Gefahr. Dort, hinter den Vorhängen mit dem verblichenen Rot, hast du eine Süßigkeit aufgehoben, unzählige Male mit glückshungrigen Fingern betastet, mit vor Verwunderung blanken Augen umkreist. Jetzt aber, diese schwarze wimmelnde Kolonne, sie frißt sich durch die Höhe, sie frißt sich durchs Fenster, sie wird dir zuvorkommen, du mußt ihr vorauseilen, um sie noch aufzuhalten. Hier, von unten her, mit bröckelnden Beschwörungsformeln dich durchs Gewimmel mischen, vielleicht erreichst du noch den Geruch jener Süßigkeit, zwischen dem leise bewegten Rot der Vorhänge, dort wo der Morgen durch die Jalousien sickern wird, was hast du dort im geheimen hinüberretten wollen, woher und wozu

Zweite Straße

Wie ich abschweife. Wegen diesen Ameisen. Wie lächerlich. Und daß ich bereits in die nächste Straße eingebogen bin, das habe ich nicht einmal bemerkt. Ich bin ein bißchen zerstreut. Das hemmt und beschämt und trägt fort und setzt einen dicht auf den Boden zurück. Alles zugleich. Aber es wird erst morgen demonstriert. Ich dachte, diesmal gehe ich besser schon am Vorabend einmal alle Straßen durch, ich muß mir das zeitig austreiben, mich so durch Straßen verwirren zu lassen. Immer, ich darf das gar nicht laut sagen, wenn direkt über mir Spruchbänder geschwenkt werden und sich die Lautsprecher wie ein prasselndes Hagelwetter entladen, irritiert mich auf einmal ein ungemeines Interesse für die Straße. Fassaden. Die im Neonlicht schwimmenden Gesichter, hin und wieder an eine Scheibe gespült. Rufe in den Durchgängen. In einer erloschenen Häuserzeile ein einzelnes Licht. Da muß jemand wohnen. Mitten in der Stadt. Selbstvergessen hangen die Jalousien um das erleuchtete Fenster. Jalousien. Jalousien wirken oft ältlich. Oder hämisch oder herablassend. Dann wieder blinzeln sie oder überbieten sich in spöttischer Steifheit oder sehen sehr zornig oder verkniffen aus. Selbstvergessen wie diese hier, haben sie etwas sinnend Trauriges. Immer haben Jalousien etwas Totenhaftes. Nachts, wenn sie sich von den eigenen Händen zögernd bewegt zusammenfügen, lautlos, schwarz im Dunkeln, schließen sie sich wie Sargdeckel über dir. Wenn man sich niederlegt, um zu schlafen, es ist ein ganz helles, leichtsinniges Streben, noch mit größer werdenden Augen trinkt man das eigene Lachen in sich hinein. Wie man da so die Läden schließt.

Jalousien sollten bei Demonstrationen verboten sein. Besonders geschlossene. Die sind einfach eine blanke Provokation. Wie soll man herrlich überzeugt in einen Sprechchor einstimmen, wenn nur dreißig Meter über dem eigenen Kopf geschlossene Jalousien hangen, jeden Ruf abprallend, undurchsichtig, dich in Zweifel stürzend mit ihrem arroganten Unbeteiligtsein, mit diesem kleinen nahen, auf einmal so wichtig werdenden Raum, den sie dir vorenthalten. Diese vorenthaltenen Räume. Schwindelnd unzählige Räume, sie schachteln sich auf hinter der Stadt, wälzen sich in gespenstischer Vermehrung durch die Vororte, wo sie sich akkurat in lärmfeindliche Reihenhäuser gruppieren. Woher haben sie ihre vermeintliche Stummheit. Ihre scheinbare Lenkbarkeit, die uns unterstützt. Noch sind bei ihnen keine Feuersbrünste ausgebrochen, nirgends jähe Stichflammen aus vermummten Fenstern. Und schon wähnen wir sie geordnet in ihren Gesetzlichkeiten, trauen der dünnen Oberfläche. Geduckte Spiegelbilder, in trägen Linien, unterwandern die Reihenhäuser die Ränder der Stadt. Wie diese Eintönigkeit zum Zerspringen spannt. Nie hat sich mir wie vor dem immer gleichen Rasenstück um die Eingangstüre, dem verkümmerten Geranienstock hinter der Wageneinfahrt, eine im Unbestimmten fast genaue Erwartung so zusammengeschnürt. Daß die Menschen plötzlich kopfüber aus den Dächern springen, in wehenden Hemden brennend quer in der Luft liegen, ihr tägliches Grüngemüse durch die Kamine schleudern, sich Schreie zuwerfen wie platzende Bälle. Diese spukhafte Geometrie, nichts ist so angelegt wie sie, anarchisch zu zerfallen. Hier, nur hier, wo sie nirgends stehen, sehe ich noch in den dumpfen Abendgerüchen die Buchstaben zittern: anarchieistdufte, anarchiadolce, anarchie.

LUDWIG HOHL

Ein ungeheures Schiff

Im Frühsommer, zu frühester Morgenstunde, tief in den Alpen, am Vereinigungspunkt zweier Täler, auf grünen Eisenstühlen vor einem noch schlafenden Café sitzen zwei Gestalten, an ihrer Aufmachung und Ausrüstung unschwer als Alpinisten zu erkennen (dicke Wollkleidung und Filzhüte, Rucksäcke, ein gerolltes Seil über dem einen, lange Pickel und schwere Nagelschuhe – die Geschichte spielt in einem Anfangsjahrzehnt des Jahrhunderts). Sie warten auf einen Autobus, der sie ein Stück hinauf in das Nebental bringen soll. Lang und hager der eine, mit schläfrigem Gesichtsausdruck; und nach einiger Zeit ist er wirklich eingeschlafen. Der andere, bei weitem nicht so groß, von konzentrierterem Wesen, schaute unaufhörlich hinauf, schaute forschend hinauf, zu den Gipfeln einiger von den Bergen, wie sie ringsum in ungewöhnlich machtvoller, strahlender Anwesenheit standen.

»Wenn er nur mitkommt!« murmelte er kaum vernehmlich – oder dachte er nur – hinsichtlich seines eingeschlafenen Begleiters.

Das tief in hohes Gebirge eingeschnittene flache Tal hat die Apotheose seiner Fruchtbarkeit erreicht; da und dort ist schon eine Wiese gemäht worden, während die andern des Schnitters warten, ein mannigfaltiges Meer des ragenden Grünen. Wie viele wissen, was für eine Magie an einem sehr frühen Morgen dieser Jahreszeit und bei vollkommen gutem Wetter ein fruchtbares Gebirgstal entfalten kann; eine Magie, die zugleich ein Mächtiges und ein unsäglich Zartes, Ahnungsvolles enthält? Die Mächtigkeit beruht auf dem Reichtum des Grünen, der Gewaltigkeit der Berge, dem

Licht des Himmels, das zu groß ist, als daß der Himmel schon blau sein könnte; sein künftiges Blau wartet hinter einem Hellen, einem schimmernden sich bewegenden Weiß, der Farbe des Zinnes (die Sonne scheint erst auf die höchsten Berge, noch lange nicht hier). Das Zarte dagegen, das Leise, das Unsägliche, kommt zustande durch eine Spur von Nebeln in den Niederungen, das Klingen einer Sense, das bisweilen aus irgendeiner Ferne herübergetragen wird, des Tales tiefe Ruhe. Aus den Gründen von allem möglichen Grün hervor blitzt an der einen oder andern Stelle verheißungsvoll-heftig das Flüßchen. – Eines der zwei Flüßchen, um genau zu sein, die sich hier in der Nähe irgendwo verborgen zwischen hellgrünen Gebüschen vereinigen.

Denn es sind zwei Täler, die wir überblicken, das Gelände ist weit. Und in unermeßlich weitem Sockel erhebt sich aus den zwei Tälern das Gebirgsmassiv, auf das man vor allem zu blicken gezwungen ist: Dunkel von Wäldern, dann, in höheren Stufen, durch ruhige Wände gesichert, manchmal aus Schutt gebildeten Hängen, dann aus neuen Felsen, endlich aus Gletschern, erhebt es sich bis zum langgezogenen höchsten Grat, der jählings in fast senkrechtem Abbruch endet; der, mehrere Gipfel verbindend, kampflos, makellos vor dem hellen, flimmernd hellen Hintergrunde sich hinschwingt, den größten Gegensatz darstellend zu jedem zerklüfteten, wilden, bizarren Gebirge.

So ist der Berg aus einer gewissen Distanz und von unten gesehen. An ihm ist nur Steilheit, gelassener Sieg, fragloser Sieg. Der oberste Teil seiner Flanke, aus Firn und grauem, leise glänzendem, glattem Fels, gleicht einem Schild, einem Panzer, einer feinen in Stahl oder Silber eingelegten Arbeit. Und das ganze langgezogene Gebilde dieses Gipfelbaues vor den hellen Himmeln hätte vielleicht auch den Eindruck erwecken können von einem sehr großen Schiff, das nicht ein Erdenmeer nur, das in die Ewigkeit hinein führe.

HANS BLUMENBERG

Die Zweideutigkeit des Himmels*

Es ist eine erstaunliche Unwahrscheinlichkeit, daß wir auf der Erde leben *und* Sterne sehen können, daß die Bedingungen des Lebens nicht die des Sehens ausschließen oder umgekehrt.

Denn das Medium, in dem wir leben, ist einerseits gerade dicht genug, um uns Atem holen und nicht in Strahlungen aus dem All verbrennen zu lassen. Andererseits ist dieses Medium nicht so trübe, daß das Licht der Sterne vollends verschluckt und jeder Ausblick auf das Universum versperrt würde. Welch fragile Balance zwischen dem, was notwendig, und dem, was erhaben ist. Es drängt sich auf, an das zu denken, was wir jetzt an ständig sich vermehrender Information über die anderen Körper unseres Sonnensystems besitzen, über ihre schutzlose Ausgesetztheit an den Temperaturwechsel von Tag und Nacht, über die aus dem Raum einfallenden Schauer von Teilchen und Strahlung aller Kaliber, über die auf den Oberflächen von Venus und Jupiter liegenden bleiernen Atmosphären, die endgültig und undurchdringlich jeden Himmel zugezogen haben, über die Sturmgeschwindigkeiten in der Atmosphäre des Mars mit den phantastischen Staubwolken seiner Ebenen. *Die Natur hat seit jeher versucht, den Menschen von der Erde wegzufegen*, sagte zu Beginn des Jahrzehnts der großen extraterrestrischen Erwartungen, auf dem Astronautischen Kongreß in Stockholm 1960, ein Pionier der Raumfahrttechnik, um die kosmischen Ziele und deren Gefahren als natürliche Fortsetzung der irdischen Situation erscheinen zu lassen. Als am

* Der Text ist der erste Abschnitt des ersten Teils »Die Zweideutigkeit des Himmels« des Buches »Die Genesis der kopernikanischen Welt«.

Ende dieses Jahrzehnts die Bewohner der Erde zum erstenmal ihren Stern aus Entfernungen des Weltraums sichtbar gemacht erhielten, erschien er ihnen vergleichsweise wohnlich und bewahrenswert. Die kosmische Ernüchterung ist dem Willen zur Erhaltung der Erde zugute gekommen.

Ein Gedankenexperiment, das der französische Mathematiker Henri Poincaré zu Anfang dieses Jahrhunderts vorschlug, hat für uns eine eigentümlich neue Valenz bekommen. Er ging von der Frage aus, ob es jemals einen Kopernikus gegeben hätte, wenn unsere Erde ständig von einer undurchdringlichen, niemals aufreißenden Wolkendecke umgeben wäre. Anders gestellt, lautete das Problem: Wüßten wir davon, daß die Erde sich um ihre Achse und um die Sonne dreht, wenn wir niemals Astronomie hätten betreiben können? Poincaré wußte noch nichts von den technischen Möglichkeiten, auch eine solche Wolkendecke mit Flugapparaten und Raketen zu durchstoßen, und er wußte ebensowenig von einer nicht-optischen Astronomie, wie sie als Radioastronomie entstanden ist. Wie hätte eine Menschheit innerhalb einer atmosphärischen Höhle je davon erfahren können, daß die Erde Teil eines Planetensystems und letztlich eines Universums von Welten ist und daß sie sich in diesem Universum in vielfacher Weise bewegt? Wäre nicht ohne den Anblick der täglichen Drehung des Fixsternhimmels jede Vermutung, die sich gegen die überwältigende Evidenz der Ruhe des Bodens, auf dem wir stehen und leben, gerichtet hätte, unmöglich gewesen?

Dennoch kommt Poincaré in seinem Gedankenexperiment zu dem Ergebnis, daß die Menschen auch ohne astronomische Optik Klarheit über ihre kosmische Lage und Bewegung gewonnen hätten. Nur hätten sie viel später die Ankunft eines Kopernikus zu erwarten gehabt. Poincaré will zeigen, daß dieser verspätete Kopernikus als reiner Physiker zu der Behauptung von der Bewegung der Erde getrieben würde. Jede Physik, so ist seine Überlegung, die ausschließlich auf den Beobachtungen beruht, welche in der nächsten Umgebung der Erde gemacht werden können, verwickelt sich in immer größere Schwierigkeiten. Eine solche Physik des erdnahen Erfahrungsraumes wäre kaum sehr unterschieden von der aristotelischen und scholastischen Tradition, mit deren Voraussetzungen und Festlegungen es Kopernikus selbst, noch mehr aber der Kopernikanismus in seinen Auseinandersetzungen und Gegnerschaften zu tun bekam. Von den Physikern der experimentell angenommenen optischen Höhle und ihrer ›Scholastik‹ sagt Poincaré: *Sie würden sich ohne Zweifel schon zu helfen wissen, sie würden irgendein Ding erfinden, das nicht außerordentlicher wäre als die gläsernen Sphären des Ptolemäus, und man würde so die Schwierigkeiten anhäufen, bis der erwartete Kopernikus sie alle mit einem einzigen Schlag beseitigen würde, indem er sagt: Es ist viel einfacher anzunehmen, daß die Erde sich dreht.*

Dieser verspätete Kopernikus wäre etwa mit dem Jahre 1737 fällig geworden. In diesem Jahr ließ die französische Akademie der Wissenschaften durch Gradvermessungen in Lappland und Peru die Abplattung des Erdkörpers empirisch feststellen, die Huygens schon 1673 gefolgert hatte. Spätestens mit dem berühmten Pendelversuch von Foucault 1850 hätte die kopernikanische Idee ihren Durchbruch gefunden.

Diese Lösung des fiktiven Problems erweckt Zweifel. Poincaré läßt die Abhängigkeit schon im Ansatz der physikalischen Beobachtungen und Experimente, die er anführt, von der bereits akzeptierten oder wenigstens in Erwägung gezogenen Voraussetzung der Erdbewegungen außer acht. Nachweisbar war es die bestimmte Vermutung über die Deformation der Gestalt des Erdkörpers durch seine Rotation, der man nachgehen wollte, als der Plan einer Gradvermessung nicht nur aufgebracht, sondern auch für so aufschlußreich und dringend gehalten wurde, daß der erforderliche

Aufwand und die weltweite Organisation zu seiner Realisierung als gerechtfertigt gelten konnten. Erst nach der Annahme der Erdrotation stellte sich die Aufgabe, die Krümmung der Meridiane zu messen und dadurch eine empirische Bestätigung für jene Annahme zu finden.

Doch ist dieser Einwand noch harmlos gegenüber dem historischen Sachverhalt, daß die neuzeitliche Physik ihre wesentlichen Anstöße und Probleme überhaupt erst durch die kopernikanische Entwirrung der Astronomie erhielt, insofern diese nur unter bestimmten pysikalischen Voraussetzungen – etwa der des Trägheitsprinzips und der Gravitation – endgültig durchgesetzt werden konnte. Man kann, um der Fiktion von Poincaré noch einen letzten Schritt zu folgen, mit Grund daran zweifeln, ob es den *Physiker* Kopernikus bis an die Schwelle unseres Jahrhunderts hätte geben können, wenn der *Astronom* Kopernikus nicht möglich gewesen wäre.

Wann auch immer für eine Menschheit in der optischen Höhle der undurchdringlichen Atmosphäre ein Kopernikus möglich geworden wäre – als Größe in der Geschichte dieser Menschheit hätte er keine mit dem historischen Kopernikus und seiner Wirkung vergleichbare Virulenz gewinnen können. Das ist die entscheidende Erweiterung, die der experimentellen Erwägung Poincarés gegeben werden muß. Die Veränderung, die im geschichtlichen Selbstbewußtsein der Menschheit durch Kopernikus bewirkt wurde, ist in ihrer Radikalität nur denkbar vor dem Hintergrund und in der Konsequenz einer nie bezeichenbar anfangenden, nie unterbrochenen Vorgeschichte des menschlichen Verhältnisses zur kosmischen ›Umwelt‹.

Diese Geschichte verliert sich für die dokumentarisch faßbare Erinnerung in einer mythisch-magischen Vorwelt. Wir werden schwerlich erfassen, was es bedeutete und was dazu gehörte, das für die akute Notdurft des Lebens Überflüssige und Beiläufige überhaupt wahrzunehmen, den Blick aus der

Sphäre der biologischen Signale heraus zu erheben und das Unerreichbare in die Aufmerksamkeit hineinzuziehen. Sterne zu sehen, ist ein Inbegriff des Mehr, das der Mensch als Nebenprodukt seines aufrechten Ganges zu seiner bedrängenden Alltäglichkeit hinzuzufügen vermochte. Anders als der flüchtige und gelegentliche, aber auch anders als der auf Positionskataloge und Photographie vertrauende Blick zum gestirnten Himmel muß die frühe menschliche Wahrnehmung vorgestellt werden als Insistenz von langem Atem, der noch die langsamen Verrückungen der Planeten als Bahnfiguren sich einprägen und der Prospekt der Lichtpunkte sich zu einer Landschaft von deutlichen Konfigurationen aufgliedert. In der Muße chaldäischer Hirten oder im Eifer babylonischer Priester – beide Ursprünge werden in der Tradition genannt, je nachdem welcher Lebensform man eher das Resultat zutraut – mag dann die physiognomische Wahrnehmung übergegangen sein in die angespannte Beobachtung, Feststellung der Periodizitäten, Fixierung der Überlieferung. Elementare Leistungen der Rationalität sind gegen die mythische Bereitschaft zu Geschichten zuerst an den Phänomenen des Weltprospektes vollzogen worden, wie die Identifizierung der Sonne zwischen Untergang und Aufgang, des Mondes über seine Dunkelphase hinweg, des Abend- und des Morgensterns. Während der Himmel schon Gegenstand der Beobachtung und Berechnung wurde, war er noch die Tafel, auf der das Schicksal seine Andeutungen gab, die ihrerseits bald als deutbar und berechenbar erschienen und darin auch eine erste Ahnung von verläßlicher Ordnung und Gesetzlichkeit gaben, wie sie unterhalb des Himmels nicht erfahren werden konnte. Die Gegenpositionen von irdischem Realismus und zum Himmel gewandter Annahme hintergründiger Zuverlässigkeit, des Glauben an unterirdische Gottheiten von dumpfer Undurchsichtigkeit und an Gestirngötter von höherer Einsicht und reiner Weltfreundlichkeit spielen in die Formierung des

kosmischen Hintergrundes der menschlichen Bewußtseinsgeschichte hinein.
Gleich hier muß auf den nicht unerheblichen Umstand hingewiesen werden, daß die große Wende dieses Zusammenhanges von Universum und Bewußtsein nicht unter den überdeutlichen Sternbildern des orientalischen Himmels eingetreten ist, sondern in der Region trüber und verhangener Himmel, in jenem nördlichen Weltwinkel, in dem der Astronom den Planeten Merkur niemals gesehen haben soll, der doch für die Entstehung seiner Auflehnung gegen die astronomische Tradition wichtig geworden war. Der Frauenburger Domherr Kopernikus konnte schwerlich als Beobachter zum Reformer des Weltsystems werden. Insofern käme seine Situation der Fiktion Poincarés von der optischen Höhle sehr nahe, wenn man außer acht lassen dürfte, daß das, was er vor sich hatte, schon das Resultat jahrtausendelanger anschaulicher Unmittelbarkeit war.

HANS MAYER

Aus: Außenseiter
Offener Schluß

> »Worunter die Menschen leiden, darüber gleitet mittlerweile das Lamento über Verdinglichung eher hinweg, als es zu denunzieren. Das Unheil liegt in den Verhältnissen, welche die Menschen zur Ohnmacht und Apathie verdammen und doch von ihnen zu ändern wären; nicht primär in den Menschen und der Weise, wie die Verhältnisse ihnen erscheinen.« *Theodor W. Adorno, Negative Dialektik*

Dies Buch geht von der Erkenntnis aus, daß die bürgerliche Aufklärung gescheitert ist. Mehr an Erhellung scheint eine Phänomenologie der intentionellen und der existentiellen Außenseiter nicht erbracht zu haben. Manipulierte Bilderwelt der Frau, worin noch die Außenseiterinnen eines weiblichen Außenseitertums zur schönen Geschichte degradiert wurden, wie man sie in den Büros der Traumfabrikanten besonders liebt. Bonnie und Clyde, oder das Hohe Paar mit der Waffe. Apotheose der Marilyn Monroe. Schließlich als gleichsam synthetische Superproduktion der Vamp mit der Waffe.

In einer verzweifelten Anstrengung der Lebens- und der Schreiberfahrung hatte Jean Genet sich damit abgemüht, eine Gegenmoral und Anti-Ästhetik der Außenseiter zu errichten. Man hat daraufhin die gängige Moral der Normalen nicht abgeändert, aber die Gegenästhetik literarisch konsumiert.

Der großbürgerliche, die gesellschaftliche Deklassierung der Juden anstrebende Antisemitismus ist ebenso präsent geblieben wie der kleinbürgerliche Judenhaß, der die Vernichtung will. Eine etwas unvertraute Terminologie, die von Zionisten spricht, statt von Juden, nicht den jüdischen Außenseiter angeblich beseitigen will, sondern den Staat Israel und den angeblich jüdischen Imperialismus, hat nichts Neues erbracht. Das sind vertraute Thesen: bloß die Protagonisten dieses neuen Antizionismus wirken gegenüber der wohlbekannten Tradition ein bißchen verkleidet. Proletarier sind es nicht, wenngleich auch der Antisemitismus in der Arbeiterschaft ein wohlbekanntes Phänomen geblieben ist: Stalin und seine Nachfolger wie Prokonsuln haben es zu nutzen gewußt.

Klassische französische Überlieferung verlangt, daß Deduktionen aller Art ausmünden in einer Schlußfolgerung einer Konklusion. Das jedoch kann hier nicht geleistet werden. Lösungen gibt es die Fülle für Außenseiter wie Judith und Dalila, für die Männer von Sodom, für eine sogenannte Judenfrage. Man kennt sie, und sie lassen sich im wesentlichen auf *drei Modelle* reduzieren. In einer durch Mißbrauch nahezu widerwärtig gewordenen Terminologie müßte man sie als liberal, faschistisch und marxistisch titulieren.

Die *liberale* Lösung der Frage nach einer Zukunft der existentiellen Außenseiter hat scheinbar Erfreuliches zu berichten. Es gibt Frauen als gewählte und ernannte Leiter von Parlamenten, Regierungen und Parteien. Notorische Päderasten gelangten zu hohen Ämtern: als Generalsekretär der Vereinten Nationen, als Außenminister, Botschafter, sie wurden mit einem Nobelpreis ausgezeichnet, in die Académie française gewählt, in den Adelstand erhoben. Es hat, nach Auschwitz, jüdische Bürgermeister in Deutschland gegeben, einen jüdischen Bundeskanzler in der Heimat des Reichsführers von gestern, jüdische Diplomaten und Politiker in Ost und West.

Nur: dies alles sind Ausnahmen, welche eine alte und unaufgeklärte Theorie wie Praxis nicht widerlegen, sondern erneut denunzieren. Die aufgeregte Propaganda, die ein *Jahr der Frau* proklamiert, hat insgeheim vorausgesetzt, daß alle anderen Jahre solche des Mannes seien. Die sozialen, wirtschaftlichen und politischen Ungleichheiten (im Rahmen des Prinzips der Rechtsgleichheit), von denen die feministische Literatur laufend berichtet, sind unwiderlegt. Der Liberalismus des amerikanischen Alltags und Provinzlebens hat die Arbeitsteilung zwischen verdienendem Mann und seiner Frau, die das Geld ausgibt und ihn überlebt, virtuos ausgebildet. Die Untersuchung von Pascal Lainé über Bilderwelten der Frau berichtet nach wie vor, und für das Frankreich unserer Jahre, von hergebrachter Mißachtung, der »une femme qui travaille« begegnet.

Ein Außenminister, von dem mitgeteilt wird, er sei nicht verheiratet, wobei vieles mitgesagt werden soll, und dem rühmend ins Grab nachgeredet wird, er habe sich diskret verhalten, macht nicht vergessen, daß die erwiesenen Homosexuellen in allen Ländern als »Sicherheitsrisiko« behandelt, durch bloßes Bekenntnis vom Wehrdienst befreit werden wie zu den Zeiten des Hochstaplers Felix Krull; daß man sie vom Arbeitsplatz wegekelt und in angeblich adäquate Spezialberufe abdrängt wie Dekoration und Coiffure. Der homosexuelle Mörder und die lesbische Mörderin: das sind Monstren sui generis, nicht vergleichbar den üblichen Missetätern.

Allenthalben schwingt ein *Zwar-Aber* mit. Ein jüdischer Politiker, der versagt, ist doppelt gescheitert: im Amt und in der Existenz. Den Fällen von Georges Mandel und Léon Blum folgte nach dem Zweiten Weltkrieg die geheime Ächtung von Pierre Mendès-France. Den jüdischen Intellektuellen in John F. Kennedys Gefolge ist solche Protektion nicht gut bekommen.

Die Hemmungen indessen, die den Judenhaß nach Auschwitz in der Entfaltung genierten, sind mittlerweile weggefallen, wenn Shylock als *Staat Israel* traktiert wird. Dann erweist es sich, daß an die Stelle der einstigen Individualaußenseiter nunmehr ein Außenseiterstaat getreten ist, der es zu spüren bekommt. Das Zwar-Aber, das ihn umgibt, kann virtuell den neuen Völkermord bedeuten.

Was sich die *faschistische* Variante einer Behandlung von existentiellen Außenseitern gesagt sein läßt. Der Terminus ist mißbraucht, dadurch bagatellisiert worden, allein es gibt den Faschismus in der Theorie wie der Praxis. Als dezidierte Gegenaufklärung proklamiert er *Ungleichheiten* im Kontrast zum Gleichheitspostulat der bürgerlichen Aufklärung und ihrer Fortsetzer. Die Frau ist ungleich dem Manne. Der Mann ist ein männlicher Mann, was immer darunter verstanden werden mag: der Weibische fiel aus der Art und wurde lebensunwert dadurch. Shylock muß vernichtet werden: es gibt nur Endlösungen durch Feuer und Gas.

Die *marxistische* Konklusion wird zwischen dem Denken der marxistischen Klassiker und den Wirklichkeiten der *Sowjetunion* zu unterscheiden haben. Die Gleichberechtigung der Geschlechter war unabdingbares Postulat der Arbeiterbewegung und der marxistischen Doktrin. Friedrich Engels und August Bebel, viele andere nach ihnen, hatten die Thesen entwickelt. Sie konnten sich auf die Empörung der Arbeiterfrauen berufen, deren außenseiterhafte Spezialausbeutung überreichlich belegt werden konnte. Im selben Maße übrigens, wie die ungleiche Behandlung und Entlohnung weiblicher Arbeiter und auch Kinder ersetzt werden konnte durch die ungleiche Behandlung von Zwangsarbeitern, später auch von sogenannten Arbeiter»gästen«, modifizierte sich die Disproportionalität innerhalb des europäischen Kapitalismus. Die amerikanische Wirtschaft hatte immer noch das Reservat der farbigen Arbeiter, und damit auch der farbigen Arbeiterinnen. Weshalb in allen Emanzipationsbewegungen der Arbeiterschaft und der unterdrückten Nationalitäten der Anteil weiblicher Protagonisten beträchtlich gewesen ist. Das doppelte Außenseitertum der *Rosa Luxemburg* wurde stellvertretend.

Auffallend ist die geringe Zahl und Einflußkraft von Frauen bei der Leitung sozialistischer Staaten seit der Oktoberrevolution von 1917. Die Krupskaja und die Kollontai: wenige sonst, außerdem nicht in den entscheidenden Gremien der Politbüros. Stalin glaubte nicht an die Gleichberechtigung der Geschlechter. Er forderte das Schattendasein der jeweiligen Genossin Dschugaschwili, ignorierte einen Fall von Suizid, etablierte das Politbüro als Gremium der Männer. Daran hat sich nichts geändert. Die ephemere Hegemonie einer rumänischen Kommunistin wurde bald wieder abgeschafft. Die vielzitierten und abgemalten Traktoristinnen unterstreichen nur den Kontrast. Theoretisch herrscht Gleichberechtigung, allein in der Praxis ist sie limitiert auf die niederen und halbniederen Sphären. Selbst die Ministerin wurde als Ausnahme empfunden; die Politik aber der Sowjetunion und der von ihr formierten und dominierten Staaten ist Männerwerk.

Die sexuellen Außenseiter sind es geblieben. Stalin hat sich beeilt, als er seiner Macht sicher sein konnte, die Strafe gegen homosexuelle Praktiken wiedereinzuführen, gar zu verschärfen. Als man die kommunistische Propaganda um das Jahr 1948 gegen Jean-Paul Sartre, den Verfasser des Schauspiels »Schmutzige Hände«, ankurbelte, war unter Akzenten des Abscheus zu hören und zu lesen, besagter Sartre habe sich nicht gescheut, einen Dieb und Päderasten in die Literatur einführen zu wollen. Einen gewissen Jean Genet. Die Legislation und Propaganda *Fidel Castros* gegen Homosexuelle als Agenten des amerikanischen Imperialismus ist bekannt.

Der Antisemitismus wurde terminologisch umfunktioniert zum Antizionismus. Auf dem XIX. Parteitag der Bolschewiki, dem letzten, den er erlebt hat, forderte ausgerechnet I. W. Stalin in seinem Schlußwort, das internationale Proletariat müsse die Postulate der bürgerlichen Revolution übernehmen und verwirklichen. Die Forderung nach dem

Heimatrecht für die Palästinenser klingt hohl, wenn die Heimatrechte so vieler anderer Nationalitäten, nicht zuletzt der Polen und der Deutschen, aus barer Strategie mißachtet wurden. Der Antisemitismus alter oder neuer Terminologie ist seit Stalin zur Staatsmaxime geworden. Die jüdische Abkunft ist ein politisches Verdachtsmoment; nicht erst in den Budapester und Prager Prozessen der Stalinzeit war der jüdische Familienname ein negatives Argument.

Heinrich Mann hat in Los Angeles in den letzten Kriegsjahren sein Buch *»Ein Zeitalter wird besichtigt«* redigiert und darin den historisch-politischen Zusammenhang von Jakobinismus und Bolschewismus, der Revolutionen von 1789 und 1917, postuliert: »Es ist wirklich ergreifend – als ein menschlicher Vorgang, auch wenn es kein politischer wäre: dieser Anschluß, den über ein Jahrhundert hinweg eine große Nation mit der anderen vollzieht, mit den höchsten Augenblicken der andern.«[1] Und weiter: »Es liegt doch wohl derart, daß die Sowjetunion das alte Vorurteil gegen die Gleichmacherei praktisch widerlegt hat.«[2] Von der wirtschaftlichen Gleichheit war an dieser Stelle die Rede. Wie immer der ökonomische Egalitarismus bewertet werden kann: er hat, als gesellschaftliches Sein, kein neues Bewußtsein bewirkt. Die Sowjetunion hat die Gedanken der bürgerlichen Menschenrechte nicht, etwa auf einer gesellschaftlich höheren Stufe, zur Praxis gemacht. An den Außenseitern hat man es zu erkennen.

Weshalb alle Beschäftigung mit Außenseitern in Geschichte und Gegenwart, in der Kunst wie der Literatur, zur Konklusion führt, wenn es eine ist, daß eine jede aufgeklärte Gesetzgebung, die Gleichheit anstrebt, anwendbar sein muß für den Normalfall wie für die Ausnahme. Dadurch verletzt sie aber, und unvermeidlicherweise, die existentielle Besonderheit des Außenseiters. Hinzu kommt, daß Judith und die Männer von Sodom und die Nachfahren Shylocks *allein in ihrer Negativität* zusammengenannt werden können. Von einem zum anderen führt kein Weg. Es gibt keine Gemeinschaft der Außenseiter. Heine steht gegen Platen, Shylock gegen Antonio, Lulu gegen die Gräfin Geschwitz, Rosa Luxemburg gegen den jüdischen Offizier unter ihren Mördern. Mit der bürgerlichen Aufklärung ist, was Heinrich Mann nicht wahrhaben wollte, auch die Weiterführung der Aufklärung durch die Staaten einer nichtbürgerlichen Planwirtschaft gescheitert.

Dem bitteren Einwand *Theodor W. Adornos* ist zuzustimmen: die berechtigte, oft wiederholte, oft auch bloß formelhafte Denunzierung einer gesellschaftlichen Verdinglichung und Selbstentfremdung bleibt so lange selbst ein Ausdruck der Verdinglichung, als das konkrete Leiden einzelner Menschen abgetan wird mit dem Hinweis auf eine zu erlösende Menschheit.[3] Eine Denkrichtung, die eine jede sogenannte *Personalisierung* verachtet, um allein die Kollektivitäten anzuerkennen, die quantitativ erheblichen Regelfälle, statt der qualitativen Einzelfälle, fördert das fetischisierte Denken und damit eine unmenschliche Praxis. Darum mußte hier das Ärgernis der Außenseiter an Einzelfällen erörtert werden. Nicht Psychologie wurde bemüht, sondern die Darstellung geschichtlich realer Konstellationen versucht: sei es in der Unmittelbarkeit historischer Vorgänge, sei es in der Vermittlung durch Werke des Geistes. So wurden Phänomene und Vorgänge analysiert, ohne daß eine Konklusion gezogen werden konnte. Jener Satz aus *Goethes*[4] *»Maximen und Reflexionen«, zuerst dem Archiv der Makarie in »Wilhelm Meisters Wanderjahren« anvertraut, sollte beherzigt werden: »Man tut nicht wohl, sich allzulange im Abstrakten aufzuhalten. Das Esoterische schadet nur, indem es exoterisch zu werden trachtet. Leben wird am besten durchs Lebendige belehrt.«*

MAX FRISCH

Wir hoffen

Rede zur Verleihung des Friedenspreises des deutschen Buchhandels 1976

Der Preis, der hier von Jahr zu Jahr verliehen wird zur Zeit der Messe, ist kein literarischer Preis. Hier ist nicht zu sprechen über Literatur als Notwehr oder Ware. Die diesen Preis verleihen, verstehen Literatur als ein Vehikel für Gesinnung und verbinden die Ehre, die durch die Anwesenheit hoher Behörden unserem Berufsstand erwiesen wird, mit der Herausforderung, etwas über den Frieden zu sagen.

»Ich erschrak«, so Sigmund Freud an Albert Einstein, der 1932 in einem Brief gefragt hatte, was man denn tun könne, um das Verhängnis des Krieges von den Menschen abzuwenden: »Ich erschrak zunächst unter dem Eindruck meiner – fast hätte ich gesagt: unserer – Inkompetenz, denn das erschien mir als eine praktische Aufgabe, die den Staatsmännern zufällt.« Den Nachsatz könnte auch der sogenannte Mann-von-der-Straße gesagt haben. »Ich verstand dann aber«, so schreibt Freud weiter an Einstein, »daß Sie die Frage nicht als Naturforscher und Physiker erhoben haben, sondern als Menschenfreund, der den Anregungen des Völkerbundes gefolgt war«; und vor seiner Analyse, warum es unter Menschen zum Krieg kommt, nochmals die Bescheidenheit des Gelehrten: »Ich besann mich auch, daß mir nicht zugemutet wird, praktische Vorschläge zu machen.« Sieben Jahre später brach der Weltkrieg aus... Unser Wunschdenken nach Hiroshima, die Meinung nämlich, daß die Atombombe nur noch die Wahl lasse zwischen Frieden oder Selbstmord der Menschheit und infolgedessen den

Ewigen Frieden herbeigeführt habe, hat nicht lang gehalten: Krieg in Korea, Krieg im Nahen Osten. Begnügen wir uns mit der Hoffnung, daß es ohne Atombombe geht? Der Krieg in Vietnam, geführt und verloren von unsrer Schutzmacht, hat im Einsatz von Vernichtungswaffen den letzten Weltkrieg übertroffen – ohne Atombombe – und zudem wiederholt, was seit Nürnberg als Kriegsverbrechen definiert ist. Die neueste Hoffnung, man weiß, geht dahin, daß ein nuklearer Schlagabtausch (Krieg wird da ein romantisches Wort) zwar keineswegs auszuschließen ist, daß er aber nicht das ganze Menschengeschlecht vernichte, sondern nur die Hälfte etwa, vielleicht sogar nur ein Drittel. Wer heute von Frieden redet und unter Frieden etwas anderes versteht als eine temporäre Waffenruhe bei unentwegter Pflege der Feindbilder wechselseitig, so daß die Abschreckungsstrategie die einzig denkbare bleibt, spricht von einer Utopie, und dasselbe gilt für die Freiheit, ohne die (wie es an dieser Stelle schon dargelegt worden ist) kein Friede ist. Zu fragen bleibt also nach unserem politischen Umgang mit der Utopie.

Beginnen wir mit der Freiheit.

Sicher in der Verneinung jeder Art von Diktatur, sowohl einer sogenannten Diktatur des Proletariats als auch einer Diktatur der Besitzenden, die sich freilich nie so nennen wird, bin ich Demokrat, als Demokrat nicht euphorisch. Demokrat ist man in der Hoffnung, daß Herrschaft in rationale Autorität überführt werde. Wir brauchen den Staat, nicht seine Vergötzung als Obrigkeit, was ein Relikt feudaler Herrschaft ist. Man weiß es: je mündiger wir wären, um so weniger Staat wäre vonnöten; schon das macht den Staat zum steten Ärgernis: seine Notwendigkeit verweist auf unseren Mangel an Solidarität, unsere Unzuverlässigkeit, unseren Mangel an Vorstellungskraft, wie mein Tun und Lassen sich für die Nachbarn auswirkt oder für die Nachkommen. EIGENTUM VERPFLICHTET, so sagt das Grundgesetz und fügt hinzu: SEIN GEBRAUCH SOLL ZUGLEICH DEM WOHLE DER ALLGEMEINHEIT DIENEN. Kann man es höflicher sagen? NOBLESSE OBLIGE: wenn aber die Eigentümer-Macht, zum Beispiel die Boden-Spekulation, auf solche Noblesse, die ihr die Väter des Grundgesetzes unterstellen, gar keinen Wert legt? Wir brauchen also den Staat. Der Ruf nach Freiheit, mehr Freiheit vom Staat, ist prüfenswert; kommt er von Mitbürgern, die zugleich die Polizei verstärkt haben möchten, so wissen wir, wessen Freiheit da gemeint ist: die Freiheit für die Wenigen, die den Staat, sobald sie ihn in der Hand haben, lieber nicht als Staat bezeichnen, sondern als Vaterland, das Opfer verlangt von der Mehrheit... Der Grund, warum ich als Demokrat nicht euphorisch bin, ist dieser: die parlamentarisch-demokratische Apparatur, eingespielt auf Kompromiß in Permanenz, erzieht nicht nur zur Toleranz, was ja eine humane Qualität wäre über den staatsbürgerlichen Bezirk hinaus, mehr noch erzieht sie zur Resignation, zur Preisgabe jeder Utopie. Unter Demokratie-Praktikern ist Utopie das schlichte Synonym für Hirngespinst. Was eines Tages bleibt: eine Technokratie, als solche effizient; es schwindet die spirituelle Substanz der Politik. Es bleibt: Politik als Fortsetzung des Geschäfts mit andern Mitteln, ein gewisser Wohlstand für die meisten als Köder zum Verzicht auf Selbstbestimmung, die Verkümmerung unsrer Humanität in Komfort-Hörigkeit... Die Jugend, die in den späten sechziger Jahren als Außenparlamentarische Opposition auftrat, merkte diese schleichende Resignation und wehrte sich: in Frankreich mit Allüren aus der Erinnerung an die Erstürmung der Bastille, es kam zu Bildern, die an Delacroix erinnern; in der Bundesrepublik theorie-rabiat und mit der Intransigenz von Revolutionären, die sich ohne Massen-Basis sehen. Das ist gewesen. Schüler und Lehrlinge, sogar Studenten, befragt nach ihren Gedanken über die Aufgaben einer Demokratie, zucken heute die Achsel. Sie wissen, was es sie kosten kann, wenn sie Gebrauch machen von dem verfassungsmäßigen Recht auf Meinungsfreiheit. Daß es gelungen ist, sogar die Jugend, einen großen Teil der Jugend in die Resignation zu zwingen, ist kein Triumph der Demokratie. Die hektische Suche nach dem Verfassungsfeind, wobei man sich selber für verfassungstreu hält, ohne die großen Versprechen der Verfassung zu erfüllen, die Suche nach dem Sündenbock also, begleitet von dem pharisäerhaften Erbarmen mit den Dissidenten anderswo, kennzeichnet eine Gesellschaft, die Angst davor hat, daß ihr Bekenntnis, das demokratische, beim Wort genommen wird: eine Profit-Konkurrenz-Gesellschaft mit demokratischem Vokabular, wobei es eine Lüge wäre zu sagen, eben die Konkurrenz garantiere ja, daß die Leistung entscheide; es bleibt, wie liberal man sich in der Rede auch gibt, eine Konkurrenz zwischen Bevorzugten und Benachteiligten. Um aus der öffentlichen Diskussion zu verbannen, was die Bevorzugten ungern hören, nämlich Kritik an der veritablen Struktur unsrer Gesellschaft und Zielvorstellungen, demokratische, genügt heute schon da und dort das Etikett: LINKS, wie es einmal genügt hat, vor langer Zeit, zu sagen: ENTARTET. Nun meine ich nicht, daß Geschichte sich haargenau wiederhole. Ich beobachte bloß: das Klima des Ressentiments. Kein Fememord; nur eben eine Allergie gegenüber politischem Bewußtsein, das zu analysieren vermag. Keine Schutzhaft; nur eben die Verweigerung des Diskurses, hierfür genügt zunächst der RADIKALENERLASS, die Legitimation eines Ressentiments durch den administrativen Pakt mit diesem Ressentiment.

Meine Damen und Herren,
als Ausländer gehalten (ich weiß!) mich nicht einzumischen in die inneren Angelegenheiten der Bundesrepublik, deren intellektuelle Potenz wir bewundern, deren wirtschaftliche Potenz ihr das Selbstbewußtsein gibt, Modell zu sein – ob

auch für Italien und Frankreich, darüber haben die italienischen und französischen Wähler zu befinden –, als Ausländer verweise ich, da die Rede sein soll vom Frieden, auf ein Phänomen, das zur Friedensfrage gehört und sich nicht in Landesgrenzen hält. (In meiner staatsbürgerlichen Heimat haben wir ungefähr dieselbe Praxis: ohne gesetzliche Erlasse zum Schutz der Demokratie durch Abbau der Demokratie.) Als Schriftsteller hat mich beschäftigt die Genesis der Feindbilder: wie ein Ressentiment, Projektion der eignen Widersprüche auf einen Sündenbock, ein Gemeinwesen erfaßt und irreführt; die Epidemie der blinden Unterstellung, der Andersdenkende könne es redlich nicht meinen; wie aus der Angst vor Selbsterkenntnis (sie fällt uns allen schwer) der kollektive Haß entsteht, der ein Feindbild braucht, dieses oder jenes; die Verfemung einer Minorität mit dem paradoxen Ergebnis, daß die Majorität sich dabei selbst entmündigt: – indem schließlich jedermann, der an solcher Verfemung nicht teilnimmt, weil sein Gewissen es ihm verbietet, sich selber der Verfemung aussetzt, wird die Majorität gewissenlos und feige, das heißt aber: regierbar als eine Majorität von Untertanen.

Ohne Freiheit kein Friede

Die Jahre des Kalten Krieges zeigten in einem Kleinstaat, der militärisch ohnehin verloren wäre, vielleicht besonders deutlich, was auch anderswo gilt: daß das Feindbild, wie es der Kalte Krieg entwickelt hat und wie es heute weiter gepflegt wird, nicht zuletzt einen innerstaatlichen Zweck hat, die Erhaltung eben einer Herrschaft, die ohne Abschrekkung nicht auskommt. Die schiere Unmenschlichkeit auf der andern Seite (und etwas anderes ist im Kalten Krieg ja nicht zu vernehmen) als Dispens von jeder Selbsterforschung: das stupide Muster: Wer Kritik übt am eigenen

Land, stehe im Sold des Feindes. Nicht daß die Mitbürger, die seit zwei Jahrzehten dieses Muster gebrauchen, den wirklichen Krieg wollen, den China vermutlich überlebt, aber nicht Europa; der Zweck des Kalten Krieges ist die Tabuisierung der vorhandenen Herrschaftsform ... Das würde bedeuten: der Friede (als ein Zustand nicht ohne Auseinandersetzung, aber ohne die Drohung mit der Katastrophe) ist nicht in erster Linie, wie es täglich dargestellt wird, eine Sache der Strategie, der militärischen und der diplomatischen; er ist auch nicht herzustellen durch persönliche Sanftmut, bis eines Tages der Marschbefehl kommt, der Fahneneid, der Schießbefehl; er ist herzustellen nur – im Sinn der These: Ohne Freiheit kein Friede – durch den Umbau der Gesellschaft in eine Gemeinschaft.

Wozu die Utopie?

Ob es die Utopie ist von einer brüderlichen Gesellschaft ohne Herrschaft von Menschen über Menschen oder die Utopie einer Ehe ohne Unterwerfungen, die Utopie einer Emanzipation beider Geschlechter; die Utopie einer Menschenliebe, die sich kein Bildnis macht vom andern, oder die Utopie einer Seligkeit im Kierkegaardschen Sinn, indem uns das allerschwerste gelänge, nämlich daß wir uns selbst wählen und dadurch in den Zustand der Freiheit kommen; die Utopie einer permanenten Spontaneität und Bereitschaft zur Gestaltung-Umgestaltung (nach Johann Wolfgang Goethe: DES EWIGEN SINNES EWIGE UNTERHALTUNG), alles in allem: die Utopie eines kreativen und also verwirklichten Daseins zwischen Geburt und Tod – eine Utopie ist dadurch nicht entwertet, daß wir vor ihr nicht bestehen. Sie ist es, was uns im Scheitern noch Wert gibt. Sie ist unerläßlich, der Magnet, der uns zwar nicht von diesem Boden hebt, aber unserem Wesen eine Richtung gibt in schätzungsweise 25 000 Alltagen. Ohne Utopie wären wir Lebewesen ohne Transzendenz.

Woher das Ressentiment gegen die linke Utopie?

Ohne Zweifel hat es mit den studentischen Unruhen zu tun, obschon sie an den Besitzverhältnissen nicht das mindeste geändert haben. L'IMAGINATION AU POUVOIR: General de Gaulle (und das heißt: Der Staat) hat den Tumulten standgehalten, nicht zuletzt dank der Kommunistischen Partei. (Ich befand mich damals in Moskau und hörte die Angst eines Funktionärs, die Spontaneität könnte Schule machen.) In den Vereinigten Staaten: FREE SPEECH MOVEMENT, das erste Erwachen aus dem Amerikanischen Traum während des Pseudo-Kreuzzuges in Vietnam, dazu die Blumenkinder, Revolte mit der Gitarre, naiv, LET US BE, ohne ohrenbetäubende Theorie; die Staatsmacht, die in Kent State nicht ohne Morde auskam, blieb ungefährdet. Auch in der Bundesrepublik – der Student Benno Ohnesorg, der den Schah von Persien nicht am Genuß der deutschen Oper hinderte, wurde von einem Wachtmeister versehentlich erschossen – war die Staatsmacht nicht eine Viertelstunde lang in Gefahr. Warum bleibt trotzdem ein Schock? Als habe man sich an Massaker zu erinnern, mindestens an einen Total-Streik. Nicht die Arbeiterschaft ging auf die Straße oder besetzte eine Universität; Söhne und Töchter des Bürgertums wollten wissen, worauf die Autorität in unsrer Gesellschaft gegründet ist. Eine statthafte Frage, wenn auch unerwartet in einer Zeit der Konjunktur, die doch Karrieren anbot. Statt stiller Teilnahme am Geschäft, das diesen Bürgerkindern offenstand, das plötzliche Aufkommen politischen Bewußtseins; die Universität, eben noch eine Karriere-Schule, plötzlich als Forum. Dabei hat sich gezeigt: was die Eigentümer-Macht, bisher ihrer Autorität gewiß, anzubieten hat außer einer Fülle von Konsumgütern, welche Perspektive für eine humanere Welt, welche sittlichen Werte, die nicht durch ihre Praxis annulliert werden, welche Hoffnung für alle oder auch nur was sie selbst beseelt, abgesehen von dem Glauben an die freie Marktwirtschaft, ist dürftig. Profit als Wonne der Persönlichkeit? Es hat sich gezeigt, meine ich, eine Leere. Inzwischen gibt es, außer der Polemik in der großen Presse, die der Eigentümer-Macht gehört, eine konservative Utopie-Kritik von wissenschaftlicher Statur. Gibt es (ich muß fragen, da ich nicht Fachmann bin) eine Sozial-Ethik, die der Macht durch Eigentum, zum Beispiel einem Nestlé-Konzern oder Hoffmann-La Roche, Autorität einbringt? In Verbindung mit dem Versuch, die Intellektuellen zu diskreditieren, hören wir die laute Sorge um die Rechtsstaatlichkeit, die verletzt worden ist; in der Tat, durch einige Verzweifelte und Verirrte – wobei die Rechtsstaatlichkeit, Voraussetzung einer gesitteten Gesellschaft, zum Wert an sich erhoben wird: als lebten wir, wie auch immer, für den Rechtsstaat schlechthin. Gemeint ist wohl, daß die Besitzverhältnisse unantastbar sein sollen. Es hilft nichts zu sagen: Ihr sollt euer Haus und euren Garten behalten und dies und das, nur nicht die Möglichkeit, daß Macht durch Eigentum eine vom Volk gewählte Regierung aus dem Sattel stoßen kann, indem sie, zum Beispiel, Krisen veranstaltet und dazu Waffen liefert wie im Fall von Chile, wo seither gefoltert wird. Es hilft nichts, denn es geht nicht um Haus und Garten und was jedermann zu gönnen wäre, sondern um ein Axiom: daß ein Dasein ohne Macht über andere ein menschenunwürdiges Dasein sei und eine andere Art von Selbstverwirklichung (wobei man vielleicht ohne Psychiater auskäme) undenkbar. Die in dieser Vorstellung von Menschenwürde erzogen und befangen sind, bekleiden sich mit der Rede von ihrer Verantwortung. Haben sie infolgedessen eine Hoffnung auf Menschenwürde für alle nicht anzubieten – denn solange Menschenwürde darin besteht, daß wir

Macht über andere haben, muß es ja auch diese andern geben –, so bleibt, will man die Mehrheit im Parlament, als gemeinsamer Nenner die Angst: vor der Krise, vor der Arbeitslosigkeit, vor dem äußeren Feind, dessen militärische Rüstung in der Tat bedrohlich ist. Nur entwaffnen wir ihn nicht durch Unterbindung von Reformen im eignen Land. Die Eigentümer-Macht; dabei denke ich an Personen, die zu treffen man Gelegenheit hat als Schriftsteller in Ehren und die, wenn ich manierlich zuhöre, schon beim Aperitif einen lapidaren Konsensus erwarten; Sätze wie diese: ›Eine einzige Atombombe auf Hanoi hätte den Amerikanern all diese Schwierigkeiten erspart‹/ oder zur Lage in Argentinien: ›Solche Leute können ja nur zerstören, das sind nicht Menschen wie Sie und ich, Herr Doktor, die haben noch nie ein Buch gelesen, man muß sie ausrotten wie früher einmal die Indianer‹/ oder in Zürich: ›Daß da Säuglinge massenhaft sterben, mag sein, sie sterben auch ohne dieses Milchpulver, aber es geht diesen jungen Akademikern ja nicht um Säuglinge und Mütter in der Dritten Welt, das ist doch rein politisch, das sind linke Romantiker‹, Sätze wie diese sind nicht zu erfinden und fallen beiläufig, bevor man zu Tisch geht und zur eigentlichen Konversation. Das Ressentiment gegen die Linke, das zur Zeit das öffentliche Klima in unsern Ländern prägt und nicht zerstört, jedes linke Projekt gleichzusetzen mit Gulag oder Baader-Meinhof, ist als Ressentiment der Eigentümer-Macht plausibel, aber auch andern Leuten gefällig, da Ressentiment allemal bequemer ist als Exerzitien politischen Bewußtseins. Daß längst eine Selbstkritik der Neuen Linken eingesetzt hat, kommt kaum zur Diskussion. Plausibel ist auch, daß die multinationale Eigentümer-Macht, traumatisiert durch die späten sechziger Jahre, die Evidenz nämlich, daß Eigentum zwar Macht gibt, aber keine Autorität, die diese Defacto-Macht legitimiert, in ihrer Terminologie sich besonders vaterländisch gibt: sie erhofft sich eine irrationale Autorität, indem sie, multinational im Geschäft, uns zu Hause lehrt, was SCHWEIZERISCH ist oder AMERICAN oder DEUTSCH. Einer Macht ohne Autorität bleibt die Arroganz, die Verkündung etwa: Sozialismus (den es noch gar nicht gibt) gehöre der Steinzeit an – um nicht einzugestehen, daß sie zum Zustand der Welt, der für alle, inbegriffen die Eigentümer, bedrohlich ist, ihrerseits keine Alternative hat, allenfalls noch die defensive Fiktion, es sei die Umwelt (als Erdganzes) durch Management so einzurichten, daß der Mensch bleiben kann, wie er ist, die Gesellschaft, wie sie ist.

Etwas über den Frieden sagen

Die Prognose, daß für das Menschengeschlecht dank seiner Technologie, die unwiderrufbar ist, der Konflikt mit der Umwelt größer wird als jeder denkbare Konflikt zwischen Nationen oder Machtblöcken, ist bekannt. Während die Abschreckungsstrategie es den Völkern erschwert, der Vernichtung ihrer Lebensmöglichkeit auf diesem Planeten gemeinschaftlich zu begegnen, ist diese Vernichtung trotz Nicht-Krieg bereits im Gang. Was zur Zeit die Diplomatie erreicht unter dem labilen Gleichgewicht der Raketen-Arsenale, ein von Fall zu Fall unkriegerisches Arrangement zwischen den Machtblöcken, wobei die kleineren Staaten jeweils die Opfer zu bringen haben, ist nicht wenig: Erhaltung des Nicht-Krieges, eine Verlängerung der Gnadenfrist. Voraussetzung für den Frieden wäre der Abbau der Feindbilder. Wer kann sich das innenpolitisch leisten? Auf der andern Seite: Gäbe man nicht die stereotypen Hinweise auf die inhumane Praxis im Privatkapitalismus, die schale Schadenfreude über Arbeitslosigkeit anderswo, Kriminalität anderswo usw., wie trüge die Bevölkerung arbeitsam und stumm die Mißwirtschaft des Staatskapitalismus und die totale Entmündigung des Staatsbürgers? Auf unserer Seite:

Wie ließe sich Herrschaft erhalten ohne das Feindbild, das die Existenzangst des Einzelnen in einer Gesellschaft mit rechtsstaatlich geschützter Ausbeutung ummünzt in die gemeinschaftliche Angst vor der Sowjetunion? Also Feindbilder, die innenpolitisch benötigt werden. Zum Teil (aber nur zum Teil) haben die Feindbilder eine historische Berechtigung; Völker haben mit andern Völkern ihre leidvolle Erfahrung gemacht, die Polen und die Tschechoslowaken zum Beispiel mit den Deutschen und mit den Russen, und es besteht ein natürliches Mißtrauen, das nur langsam abzutragen ist durch eine neue Erfahrung miteinander. Das ist möglich; die Bundesrepublik Deutschland ist nicht Hitler-Deutschland. Die Sorge, eine Politik der Entspannung (einer neuen Erfahrung miteinander) führe nicht zum Frieden, sondern lediglich zur Schwächung der eignen Machtposition, ergibt sich aus der Logik der Machtpolitik: sie sucht Machtexpansion zwar ohne Krieg, aber durch Drohung mit dem Krieg. Dafür braucht sie vor allem ein Feindbild andrer Art: das Feindbild, das nicht auf Erinnerung beruht, sondern auf Antizipation. Die Sowjetunion, zum Beispiel, hat das amerikanische Volk nie überfallen; man war sogar verbündet. Merkwürdigerweise sind es die antizipatorischen Feindbilder, die am allerschwersten sich auflösen lassen; sie sind in die Zukunft gestellt. Wo es um System-Hegemonie geht, ist das Feindbild nicht mehr nationalistisch: Die welsche Tücke, Das perfide Albion, Die Germanischen Horden usw., das mobilisiert nicht mehr. Die verbissenste Feindbild-Paarung in Europa (wenn wir absehen von den tragischen Iren) besteht zwischen den beiden deutschen Staaten, eine demonstrative Animosität, schmerzlich durch verwandtschaftliche Bindung und durch Vernunft kaum abzubauen, da sie, so vermute ich, mit einer Identitätsnot zu tun hat; wie Karl Jaspers es 1958 an dieser Stelle ausgesprochen hat: »Beide Regime haben ihren Grund im Willen der Besatzungsmächte.« Es wäre nachzutragen: beide sind die Musterschüler ihrer System-Schutzmächte geworden, beide im Begriff, ihren System-Bundesgenossen gegenüber sich als Präzeptor zu sehen.

Unsere Frage:
Wenn wir von Frieden reden, und gesetzt den Fall, wir glauben an seine Möglichkeit: wie stellen wir uns den Frieden vor? 1946 in Frankfurt am Main, als Gast bei ausgebombten Deutschen, verstand ich unter Frieden ganz einfach: Keine Bomben mehr, keine Siege mehr, Entlassung von Kriegsgefangenen. In Prag, wo es kaum Trümmer gab, nach einem Besuch in Theresienstadt, wo ich noch den Galgen sah und Tausende von Tüten mit menschlicher Asche, schien die Antwort auch einfach: Friede als Ende der Angst, keine Uniformen der Fremdherrschaft. In Warschau, 1948, hörte ich nach einem stundenlangen Gang durch Trümmerstille plötzlich das Gedröhn von Niethämmern an den ersten Pfeilern einer neuen Brücke über die Weichsel: Der Friede! Dort wie hier das Gespräch (bei halben Zigaretten) mit Zeitgenossen, die nichts besaßen außer der großen Hoffnung: aus den Ruinen werde hervortreten der neue Mensch. Die einen erwarteten ihn als Kommunisten, die andern als Christen. Nun wissen wir: Der neue Mensch ist nicht angetreten. Unsere vernunftmäßige Ablehnung des Krieges als Mittel der Politik besagt noch nicht, daß wir friedensfähig sind. Gesellschaften mit Gewaltstruktur mögen sich den Nicht-Krieg wünschen; der Friede widerspräche ihrem Wesen. Da keine Herrschaft je eingestehen wird, daß sie eine Armee auch braucht, um sie unter Umständen gegen die eigene Bevölkerung einzusetzen, ist sie zwecks Tarnung dieser Armee-Funktion gezwungen zu einer Rüstung, die das Vaterland vor aller Welt zu schützen verspricht; also durch diese Rüstung wiederum gezwungen zur Pflege des Feindbildes, das solchen Kostenaufwand und Verschleiß rechtfertigt,

was, alles in allem, keineswegs heißt, daß jemand den Dritten Weltkrieg wünscht. Nur: die Rüstung ist da, die den Nachbarn enerviert und sein Feindbild bestätigt, und damit das Wettrüsten, wobei jedes Feindbild immer auch das eigne Wesen verrät: wie soll denn ein Erpresser von Geblüt je zu dem Vertrauen gelangen, der andere sinne nicht auf Erpressung? Was in diesem Teufelskreis die wissenschaftliche Friedensforschung leistet: sie kalkuliert das Risiko solcher Terrorpolitik; unterrichtet über die technologischen Innovationen, die eine Revision der Strategie verlangen; errechnet die im Augenblick reale Chance für den Nicht-Krieg zwischen friedensunfähigen Gesellschaften, ohne allerdings eine Garantie geben zu können, daß es nicht aus irgendeinem unerforschten Grund oder auch nur durch eine platte Havarie (zum Beispiel eine plötzliche Vernunftsschwäche auf der gegnerischen Seite, eine Stupidität in der gegnerischen Kalkulation) trotzdem losgeht morgen oder übermorgen. Eine friedensfähige Gesellschaft wäre eine Gesellschaft, die ohne Feindbilder auskommt. Es gibt Phasen, wo wir nicht ohne Auseinandersetzung auskommen, nicht ohne Zorn, aber ohne Haß, ohne Feindbild: wenn wir (einfach gesprochen) glücklich sind oder zumindest lebendig – zum Beispiel durch eine Art von Arbeit, die nicht nur Lohn einbringt, sondern Befriedigung (die nichtentfremdete Arbeit), und durch eine Art des Zusammenlebens von Menschen, das Selbstverwirklichung zuläßt. Was meint Freiheit, ein so mißbrauchbares Wort, im Grunde anderes? Freiheit nicht als Faustrecht für den Starken, Freiheit nicht durch Macht über andere. Selbstverwirklichung; sagen wir: wenn es möglich ist, kreativ zu leben. Wie viele Menschen haben in den vorhandenen Gesellschaften aber die Möglichkeit, kreativ zu leben? Das ist durch Wohlstand allein noch nicht gegeben... Ob der Überlebenswille der Gattung ausreichen wird zum Umbau unserer Gesellschaften in eine friedensfähige, weiß ich nicht. Wir hoffen. Es ist dringlich. Das Gebet für den Frieden entbindet nicht von der Frage nach unserem politischen Umgang mit dieser Hoffnung, die eine radikale ist. Der Glaube an eine Möglichkeit des Friedens (und also des Überlebens der Menschen) ist ein revolutionärer Glaube.

Hochgeschätzte Versammlung,
ich danke dem Börsenverein des Deutschen Buchhandels für die Verleihung einer Würde, die zu tragen ich versuchen will. Ich danke Hartmut von Hentig mit der Versicherung, daß ich nicht bloß das Lob gehört habe, sondern auch seine erweiternden Gedanken, seinen Appell zu einer Wiederherstellung der Politik durch praktizierende Humanität. Ich danke den deutschen Lesern. Einer der ersten war Peter Suhrkamp: Zuspruch mit Maß, die Bereitschaft zur Anerkennung als Vorschuß, Kritik nie aus Geiz, sondern aus der generösen Erwartung, einmal könnte es ja gelingen, Zustimmung und Widerspruch als Herausforderung, den eignen Standort in der Zeitgenossenschaft zu suchen, dafür danke ich den Lesern in beiden deutschen Staaten. Ich danke Ihnen, Damen und Herren, für Ihre höfliche Anwesenheit heute. Ich bedanke mich herzlich.

ALEJO CARPENTIER

Strike up

Unter dem feinen Nieselregen, der den Mänteln einen gewissen Stallgeruch verlieh, ging der Indianer, ernst und in sich gekehrt, dahin, die Augen auf den Boden geheftet, als zähle er die unter der Stadtbeleuchtung blau schimmernden Pflastersteine der Gasse. Seine Gedanken gerieten nur zu einem Murmeln, das auf halbem Weg zwischen Idee und Wort hängen blieb. »Was ist Ihnen«, fragte Filomeno, »Sie sehen aus, als wären Sie bedrückt von der musikalischen Aufführung, die wir gesehen haben.« – »Ich weiß nicht«, sagte der andere endlich und vergeudete die Stimme nicht länger in unverständlichen Selbstgesprächen. »Der Priester Antonio hat mir mit seiner extravaganten mexikanischen Oper sehr zu denken gegeben. Ich bin der Enkel von Leuten aus Colmenar de Oreja und Villamanrique del Tajo, der Sohn eines Mannes, der in Estremadura zu Hause war und in Medellín getauft wurde – wie Hernán Cortés. Und dennoch geschah mir heute, an diesem Abend, vor einem Augenblick, etwas sehr Seltsames. Je mehr die Musik Vivaldis dahineilte, je mehr ich mich hinreißen ließ von den dramatischen Begebenheiten der Handlung, die sie veranschaulicht, desto größer wurde mein Wunsch, daß die Mexikaner triumphierten, und es wuchs das Verlangen nach einem unmöglichen Ausgang, obgleich ich, der ich dort geboren bin, besser als irgend jemand wissen mußte, wie alles geschehen ist. Ich habe mich bei der verrückten Erwartung ertappt, Montezuma werde die Überheblichkeit des Spaniers brechen, und seine Tochter, wie eine biblische Heroine, den angeblichen Ramiro ermorden. Und plötzlich wurde mir klar, daß ich auf der Seite der Amerikaner stand, mit ihnen den

Bogen spannte und den Untergang derer wünschte, die mir das Blut und den Namen gegeben haben. Wäre ich der Don Quijote im Retabel des Maese Pedro gewesen, wäre ich mit Lanze und Schild über meine Leute in Panzerhemd und Pikkelhaube hergefallen.« – »Und was soll die Theaterillusion anderes bewirken, als daß wir von da, wo wir sind, dorthin versetzt werden, wohin wir aus eigenem Willen nicht gelangen können?« fragte Filomeno: »Dank dem Theater können wir uns in die Zeit zurückversetzen und – etwas für unser gegenwärtiges Fleisch ganz Unmögliches – in Epochen leben, die für alle Zeiten entschwunden sind.« – »Es dient aber auch dazu – das hat ein alter Philosoph geschrieben –, uns von Ängsten, die im Tiefsten und Geheimsten unseres Seins verborgen sind, zu reinigen ... Vor dem künstlichen Amerika des schlechten Dichters Giusti hörte ich auf, mich als Zuschauer zu fühlen, um Mitspieler zu werden. Ich beneidete den Massimiliano Miler, weil er ein Montezuma-Kostüm trug, das plötzlich unabdingbar meines war. Es kam mir vor, als spielte der Sänger eine Rolle, die für mich bestimmt gewesen wäre, die ich aber aus Trägheit oder aus Feigheit unfähig war zu übernehmen. Und auf einmal fühlte ich mich fremd in dieser Situation, exotisch an diesem Ort, fehl am Platz und fern von mir selbst und allem, was wirklich mein ist ... *Manchmal muß man sich von den Dingen entfernen*, ein Meer dazwischen legen, *um die Dinge aus der Nähe zu sehen.*« In diesem Augenblick hämmerten die »mori« dell' Orologio, wie sie es seit Jahrhunderten taten. – »Diese Stadt mit ihren Kanälen und Gondolieri kotzt mich jetzt an. Ich habe die Ancilla gehabt, die Camilla, die Zulietta, die Angeletta, die Catina, die Faustolla, die Spina, die Agatina und viele andere, deren Namen ich vergessen habe, und – jetzt ist Schluß. Noch heute nacht kehre ich zu dem Meinigen zurück. Die Luft, die mich prägt und die mir Gestalt gibt, wenn sie mich umgibt, ist meiner Ansicht nach eine andere.« – »Nach dem Priester Antonio ist dort alles

Märchen.« – »Aus Märchen setzt sich die große Geschichte zusammen, vergiß das nicht. Als Märchen erscheint den Hiesigen das Unsere, weil sie den Sinn für das Märchenhafte verloren haben. Märchenhaft nennen sie, was lange zurückliegt, was irrational ist, was gestern war« – der Indianer machte eine Pause. »Sie begreifen nicht, daß das Märchenhafte in der Zukunft liegt«... Sie gingen jetzt durch die heitere Calle della Merceria, die heute weniger belebt war als sonst wegen des Nieselregens, der so anhaltend fiel, daß er schon von den Hutkrempen tropfte. Da erinnerte sich der Indianer der Aufträge, die seine Freunde und Tischgenossen ihm am Abend vor seiner Abreise in Coyoacán mitgeteilt hatten. Natürlich hatte er nie daran gedacht, die erbetenen Marmorproben, den Spazierstock aus polnischen Bernstein, die seltenen Folianten des chaldäischen Bibliothekars zu besorgen noch wollte er sein Gepäck mit Fäßlein Maraschinolikör oder mit römischen Münzen beschweren. Und was die Mandoline mit Perlmuttintarsien betraf..., die sollte die Tochter des Inspektors der Maße und Gewichte auf ihrem eigenen Fleisch spielen, wohltemperiert und darauf abgestimmt war es! Aber hier, in diesem Musikalienladen, sollten sich die Sonaten, Konzerte und Oratorien finden lassen, die der Gesangs- und Gitarrenmeister des armen Francisquillo so bescheiden erbeten hatte. Sie traten ein. Der Verkäufer brachte ihnen als erstes ein paar Sonaten von Domenico Scarlatti. »Prima Kerl«, sagte Filomeno in Erinnerung an jene Nacht. »Es heißt, daß er in Spanien ist, der Gauner, und erreicht hat, daß die großzügige und liebevolle Infantin Maria Barbara seine Spielschulden bezahlt, die anwachsen werden, solange eine Karte auf dem Tisch des Spielhausbesitzers liegt.« – »Jeder hat seine Schwächen. Der da ist immer auf die Frauen aus gewesen«, sagte Filomeno und zeigte auf die Konzerte ›Frühling‹, ›Sommer‹, ›Herbst‹ und ›Winter‹ des Priesters Antonio, deren jedem ein schönes Sonett zur Erklärung vorangestellt war. »Der wird immer im Frühling leben, auch wenn ihn der Winter überkommt«, sagte der Indianer. Aber jetzt pries der Ladengehilfe die Verdienste eines bedeutenden Oratoriums: ›Der Messias‹. »Nichts Geringeres als der Messias!« rief Filomeno aus, »darunter tut es der Deutsche nicht.« Er schlug die Partitur auf. »Donnerwetter! Das heißt für Trompete schreiben! Bis ich das werde spielen können!« und er las wieder und wieder voll Bewunderung die Baßarie, die Georg Friedrich auf zwei Sprüche des Korintherbriefs geschrieben hatte. »Und zu Tönen, die nur ein Trompeter allererster Güte aus seinem Instrument holen kann, Worte, die aus einem *spiritual* stammen könnten:

The trumpet shall sound
and the dead shall be raised
incorruptible, incorruptible,
and we shall be changed,
and we shall be changed!
The trumpet shall sound,
The trumpet shall sound!«

Als sie das Gepäck zusammengetragen und die Noten in einem festen Lederkoffer verwahrt hatten, auf dem als Schmuck ein aztekischer Kalender prangte, machten sich der Indianer und der Neger auf den Weg zum Bahnhof. Da bis zur Abfahrt des Expreß noch einige Minuten Zeit war, lehnte sich der Reisende aus dem Fenster seines Abteils in den *Wagons-Lits-Cook:* »Es tut mir leid, daß du hier bleibst«, sagte er zu Filomeno, der, leicht fröstelnd wegen der Feuchtigkeit, auf dem Bahnsteig wartete. »Ich bleibe noch einen Tag. Für mich ist das heute nacht eine einmalige Gelegenheit.« – »Das kann ich mir denken... Wann kehrst du in dein Land zurück?« – »Ich weiß es nicht. Vorerst werde ich nach Paris fahren.« – »Die Weiber? Der Eiffelturm?« – »Nein, Weiber gibt es überall. Und der Eiffelturm ist schon lange kein Wunder mehr. Allenfalls noch ein Motiv für Briefbeschwerer.« – »Weshalb also?« – »In Paris werden sie mich *Monsieur Philomène* anreden, so mit ph und einem schönen *accent grave* auf dem e. In La Habana wäre ich nur der ›*negrito Filomeno*‹.« – »Das wird sich eines Tages ändern.« – »Eine Revolution müßte kommen.« – »Ich mißtraue Revolutionen.« – »Weil Sie zu Hause in Coyoacán viel Geld haben, und wer Geld hat, mag keine Revolutionen... Während die *Ichs* – und wir sind viele und werden jeden Tag mehr sein«... Wieder einmal – wie oft schon in Jahrhunderten und Jahrhunderten? – hämmerten die »mori« del' Orologio. »Vielleicht höre ich sie zum letzten Mal«, sagte der Indianer. »Ich habe auf dieser Reise viel bei ihnen gelernt.« – »Auf Reisen lernt man überhaupt viel.« – »Der große Kapadozier Basilius, ein Heiliger und Kirchenlehrer, hat in einem ausgezeichneten Traktat behauptet, daß Moses viele Kenntnisse seinem Leben in Ägypten verdankte und daß Daniel nur deshalb ein so guter Traumdeuter geworden sei – und wie wird das heute geschätzt! –, weil die Magier von Chaldäa ihn vieles gelehrt hatten.« – »Profitieren Sie also von den Ihrigen«, sagte Filomeno, »ich werde mich mit meiner Trompete abgeben.« – »Da bist du in guter Gesellschaft: die Trompete ist aktiv und entschlossen, ein Instrument mit Wut im Bauch und Haaren auf den Zähnen.« – »Deshalb erschallt sie so oft bei den Gerichten der Höchsten Instanz, wenn mit den Hahnreis und Hurensöhnen abgerechnet wird«, sagte der Neger. »Bis die aussterben, wird man das Ende der Zeiten abwarten müssen«, sagte der Indianer. »Komisch«, sagte der Neger, »immer höre ich vom Ende der Zeiten reden. Warum spricht man nicht lieber vom Beginn der Zeiten?« – »Das wird der Tag der Auferstehung sein«, sagte der Indianer. »Ich habe keine Zeit, so lange zu warten«, sagte der Neger... Der große Zeiger der Bahnsteiguhr übersprang die Sekunde, die ihn von 20^{00} trennte. Der Zug setzte sich fast unmerklich auf die Nacht zu gleitend in Bewegung. »Adios!« – »Bis wann?« – »Bis morgen?«

– »Oder bis gestern« … sagte der Neger, doch das Wort gestern verlor sich in einem langgezogenen Pfiff der Lokomotive … Filomeno wandte sich den Lichtern zu, und mit einemmal schien es ihm, als sei die Stadt unglaublich gealtert. Runzeln traten in den Gesichtern ihrer müden Mauern hervor, Risse, Sprünge, Flecken von Zoster und Pilzen, die, schon ehe es Menschen gab, die Dinge befielen, sobald sie erschaffen waren. Die Glockentürme, griechischen Pferde, syrischen Pilaster, Mosaiken, Kuppeln und Wahrzeichen, wieder und wieder vorgezeigt auf Plakaten, die um die ganze Welt wanderten, um die Leute mit *travellers checks* anzulocken, hatten bei dieser Vervielfachung von Bildern das Prestige jener Heiligen Stätten eingebüßt, die nur schauen darf, wer den Beweis einer von Hindernissen und Gefahren strotzenden Reise erbracht hat. Der Wasserspiegel schien gestiegen zu sein. Der Motorbootverkehr vermehrte die Angriffslust der winzigen, aber emsigen und beharrlichen Wellen gegen das Pfahlwerk, die Holzbeine, die Krücken, auf denen die Paläste noch immer ruhten, hier und dort kurzlebig aufgeschminkt durch Maurerkünste oder verschönert durch die kosmetischen Operationen moderner Architekten. Venedig schien Stunde für Stunde in den trüben, aufgewühlten Wassern zu versinken. Eine große Traurigkeit lag in jener Nacht über der kranken, unterhöhlten Stadt. Aber Filomeno war nicht traurig. Er war nie traurig. Heute nacht, in einer halben Stunde, sollte das Konzert sein, das sehnlich erwartete Konzert Eines, der die Trompete schmetterte wie der Gott des Zacharias, der Herr des Isaias, oder wie der Chor des frohlockendsten Psalmliedes der Heiligen Schrift es forderte. Und da er noch viele Aufgaben zu erfüllen hatte überall, wo Musik sich in Rhythmuswerten bestimmt, ging er leichten Schrittes zum Konzertsaal, wo die Plakate ankündigten, daß binnen eines Augenblicks die unvergleichliche Trompete des Louis Armstrong erschallen würde. Und es schien Filomeno, das einzige in die Zukunft weisende und auf sie abgezielte Lebendige und Wirksame, das ihm in der Lagunenstadt blieb, sei letzten Endes der Rhythmus, seien die elementaren und zugleich pythagoreischen Rhythmen, die dort drüben da waren, aber nicht an anderen Orten, wo die Menschen – erst in jüngster Zeit freilich – nachgewiesen hatten, daß die Sphären keine andere Musik hätten als die ihrer eigenen Sphären: monotoner Kontrapunkt rotierender Geometrien – hatten doch die mühseligen und beladenen Erdenbürger beim Erklimmen des von Ägypten, Sumer und Babylon einst als Gottheit verehrten Mondes nichts gefunden als einen siderischen Schuttabladeplatz mit unbrauchbarem Gestein, einen Trödelmarkt für Geröll und Staub, der auf andere, größere, in entlegeneren Umlaufbahnen kreisende Trödelmärkte verwies, die bereits in Aufnahmen vorgezeigt wurden und, entschlüsselt, Aufschluß darüber gaben, daß diese Erde summa summarum, mochte sie auch manchmal ziemlich verratzt sein, doch nicht so beschissen und Dankes unwert war, wie manche behaupteten – daß sie vielmehr, man mochte sagen, was man wollte, das bewohnbarste Haus des Systems war – und daß der uns bekannte Mensch, war er auch in seiner Art höchst ruchlos und vorwitzig, und da er (vielleicht dazu auserwählt, nichts beweist das Gegenteil) keine anderen Menschen hatte, an denen er sich auf seinem Roulett aus Sonnenmechaniken messen konnte, keine bessere Aufgabe hatte, als sich mit seinen persönlichen Aufgaben zu befassen. Ob er die Lösung seiner Probleme bei den Waffen und Werkzeugen Oggúns oder auf den Wegen Eleguas, bei der Bundeslade oder bei der Austreibung der Händler, in dem großen Bazar der platonischen Ideen und Konsumgüterartikel oder in der berühmten Wette der Pascal & Co. Versicherungsgesellschaft, ob er sie im Wort oder bei der Fackel suchte, das war seine Sache. Filomeno befaßte sich vorerst mit der irdischen Musik, denn die Sphärenmusik kümmerte ihn nicht. Er zeigte am Eingang des Theaters sein *ticket* vor, eine Platzanweiserin mit einem phantastischen Hintern – der Neger sah ihn ganz, unter Wahrnehmung allein des Unmittelbaren, Greifbaren – führte ihn zu seinem Sessel, und unter Donnern, gewaltigen Donnern, denn das waren die Beifalls- und Jubelkundgebungen, erschien der wunderbare Louis. Er hob die Trompete an den Mund und setzte mit der Melodie zu *Go down Moses* ein, wie nur er es verstand, dann stimmte er die Melodie zu *Jonah and the Whale* an, die durch den Messingtrichter in den Theaterhimmel emporgetragen wurde, wo schwebende zartrosa Engel, Sänger einer Himmelskantorei, auf ihrem Durchflug vielleicht von den hellen Pinseln Tiepolos festgehalten worden waren. Und die Bibel wurde wieder zum Rhythmus und wohnte wieder unter uns mit *Ezekiel and the Wheel* und ströhmte aus in einem *Hallelujah, Hallelujah*, das für Filomeno plötzlich die Gestalt Jenes heraufbeschwor – des Georg Friedrich in *jener Nacht* –, der unter einer barockisierenden Statue von Roubillac in dem großen Marmorclub der Westminsterabtei lag neben Purcell, der sich ebenfalls so gut auf Mystik und triumphale Trompeten verstand. Und schon konzertierten in einem neuen Vortrag die hinter dem Virtuosen auf der Bühne versammelten Instrumente: Saxophone, Klarinetten, Kontrabässe, elektrische Gitarren, kubanische Trommeln, Maracas (sollten das vielleicht die von dem Dichter Balboa gelegentlich erwähnten »tipinaguas« sein?), Cymbeln, Claves, die wie die Hämmer der Silberschmiede klangen, Vibraphone, Schellenbäume, Rasseln und Triangel und das Klavier mit dem aufgeschlagenen Deckel, das sich nicht im Traum mehr daran erinnerte, daß es in früheren Zeiten einmal »wohltemperiertes Klavier« geheißen hatte. ›Das Orchester mit Posaunen, Drommeten, Harfen, Geigen, Psaltern und Lauten, von dem der Prophet Daniel sprach, derselbe, der in Chaldäa so viel gelernt hatte, muß diesem hier sehr ähnlich gewesen sein‹, dachte Filomeno… Aber jetzt legten hinter der

Trompete Louis Armstrongs alle zusammen los in einem energischen *strike up* brillanter Variationen über das Thema *I Can't Give You Anything But Love, Baby* – ein neues Barockkonzert, in das sich unerwartet und wunderbar, durch das Oberlicht einfallend, die von den Mohren der Torre dell' Orologio gehämmerten Stundenschläge mischten.

Havanna – Paris, 1974

ERNST AUGUSTIN

Der Fall der Evelyne B.

Es gehört zu meinem Plan, daß ich nicht auffalle, oder doch kaum. Ich wohne in einem bürgerlichen Stadtteil Münchens, wo die Leute auf der Straße zum nahegelegenen Nymphenburger Kanal wandern, Handwerksmeister, Beamte, wenig Ausländer. Und ich wohne in einer Straße mit kleinherrschaftlichen Häusern, die auch heute noch so aussehen, von denen meines das schmalste ist, zwei Stockwerke, rechts und links von Viergeschossigen eingebaut. Ich habe einen wenig auffallenden sechs Meter breiten und drei Meter tiefen Vorgarten mit einem Schneeballbaum. Das Haus ist nett angemalt, weiß und dunkelrot, wobei die Breite der Vorderfront durch die Eingangstür sowie ein Zimmerfenster im Parterre ausgemacht wird. Im ersten Stock sind zwei Zimmerfenster zu sehen, dann noch knapp über dem Blumenbeet ein vergittertes Kellerfenster. Ich habe ein unauffälliges Emailleschild, dessen Größe sowieso von der Ärztekammer beschränkt ist, meines ist aber eher noch kleiner, und ich habe im Parterre weiße, im ersten Stock rotbraune Fenstervorhänge, die fast immer geschlossen sind, auch außerhalb meiner Sprechstunden, um die Leute nicht auf Veränderungen aufmerksam zu machen. Das Parterrefenster ist ebenfalls vergittert, aber so daß man von außen nichts bemerkt, weißlackierte in das Fenster eingelassene Stahlrahmen, welche direkt mit kleinen Scheiben verglast sind, dazu darf ich erklären, daß ich niemanden im Haus festhalten will, sondern umgekehrt – das mag man jetzt deuten wie man will. Und hinter diesem Fenster schreibe ich die Bücher, die ursprünglich immer den einen Titel tragen sollten: die Entdeckung der Schizophrenie,

während ich dann aber doch davon Abstand nehme, da ich die Reaktion der Fachwelt voraussehe, die dann schließlich ohnehin eintritt. Welches voraussetzt, daß die Schizophrenie bis dahin noch nicht entdeckt ist.
Sie begreifen, heißt aber, den eigenen Körper nicht begreifen. Sich über die Unmöglichkeit (aber die totale Unmöglichkeit!) zu entsetzen, die im Wachstum auch nur eines Fingernagels liegt, falls dieses wirklich stattfinden sollte. Außerdem: Ich liebe und bewundere die Tiere, wie sie mit ihren kleinen Werkzeugen sich unter einem Stein einrichten, wie sie an einen schönen braunen Pelz glauben und ihn auch bekommen, und wie sie in ihrem Pelz unter dem Stein sitzen, in tiefer Selbstbesinnung selbst zum kleinen Gott werdend. Wieso? Weil man es deutlich sehen kann.
Heute sitze ich hinter meinem Fenster und warte auf die Dame, die sich für halbvier angesagt hat. Sie kommt drüben auf der anderen Straßenseite, so daß ich sie sofort bemerke, als sie von der Ruffinistraße her einbiegt. Erstaunlich pünktlich. Sie trägt einen kurzen Mantel aus dünnem schwarzen Stoff, darunter am Saum sichtbar, der über die Knie reicht, ein schwarzes kleingemustertes Kleid, dazu dunkle Strümpfe und einen Hut, dessen Krempe vorn etwas herabhängt, so daß ihr Gesicht im Schatten liegt. Zweifellos eine Dame, eine, die bis Ecke Waisenhausstraße mit der Straßenbahn fährt, was für sie vor halbfünf noch möglich ist, später wird sie dann ein Taxi nehmen. Und was ihre Figur betrifft: Sie ist schlank, das sieht man, und der Gang verrät sie, so wie sie leicht beim Gehen die Schenkel vorschiebt, oder leicht vorwölbt, das sieht man auch. Sie hat – wenn ich einmal taxieren sollte – eine sehr gute Figur. Ja. Vielleicht wäre es mir lieber, sie nicht so pünktlich zu sehen, da hierin ein Akt des Respekts zu erkennen ist, den ich gar nicht will.
Als sie sich fast auf der Höhe meines Hauses befindet, blickt sie auf, kommt dann herüber, bestimmt und doch sanft

blickt sie geradewegs auf die Gardine, ohne mich aber sehen zu können, wie alt? Vierzig. Vielleicht. Sanfte süße vierzig vielleicht, mit einem weichen Gesicht, man errät, daß ich entsprechend erregt bin.

Ihre Stimme ist eher klein, so als ob sie aus einem sehr kleinen Mund käme, nachgiebig, und als ich sie hereinführe, zögert sie. Ich sage: Sie zögern? Wissen Sie denn, was Sie erwartet? Und ich füge noch hinzu: Liebe gnädige Frau, denn das ist ganz sicherlich angebracht. Sie lächelt infolgedessen auch ungeheuer hübsch, mit dieser knappen Perlenkette um den Hals.

Nein, sagt sie, indem sie meinen Korridor ganz schnell mustert, ich weiß zunächst nicht, was mich erwartet.

Zunächst, erwidere ich – indem ich ihr den Mantel abnehme und nach kurzem Einatmen auf den Bügel hänge –, erwartet Sie die bescheidene Behausung eines Mannes, der offensichtlich Wert darauf legt, möglichst häßliche Möbel zu besitzen.

Oh bitte, sagt sie, so häßlich sind sie nicht, sie betrachtet die Flurgarderobe und in der offenen Tür die Sesselgruppe sowie die Schrankwand, Eiche hell, sie sind – nun ja – doch sehr hübsch, vor allem geschmackvoll mit der Tapete und dem Teppich.

Ich sage: Geben Sie sich keine Mühe, es sind Reproduktionen der sechziger Jahre.

Reproduktionen? lächelt sie.

Nun ja, gebe ich zu, es sind Originale, zusammengestellt, um den Eindruck absoluter Mittelmäßigkeit zu erwecken. Beachten Sie in diesem Zusammenhang auch die Abmessung des Raumes, etwas unter mittelgroß und gerade so vollgestellt, um die Enge zu vermitteln, die ich hier benötige.

Ich glaube, Sie wollen, daß ich unsicher werde.

Aber liebe gnädige Frau, versichere ich sie, genau das ist beabsichtigt. In meiner flotten Art. Und nun zeige ich Ihnen

noch die Küche, und oben ist das Schlafzimmer und das Bad, beides in ordentlichem Zustand, glauben Sie mir, für eine Person reicht es aus.
Und nun?
Und nun nichts. Das Wohnzimmer benutze ich außerdem zur Ordination, ich habe hier ein Wandschränkchen, welches aufgeklappt ein rotes Kreuz sowie auf weißem Grund eine Reihe von medizinischen Instrumenten zeigt. Die Couch hat einen Bezug, den ich entferne, – ich entferne ihn –, woraufhin sie mit schwarzer Plastikoberfläche eine Untersuchungsliege darstellt. Die Radierung an der Wand stellt einen Arzt dar, der im Kampf mit dem Knochenmann diesem das Mädchen entreißt. Scheußlich?
Nicht so scheußlich.
Geben Sie es zu! sage ich, daß Sie enttäuscht sind, ich blicke meinerseits im Zimmer umher. Den einzigen Knick, sage ich, den Sie vielleicht entdecken können, mag diese Kinderbüste sein, die Sie vom Bücherregal her schräg ansieht. Ich meine den kleinen Leichnam dort auf dem Sockel. Oder lassen Sie mich nachdenken, wollen wir uns nicht setzen, vielleicht ist es die Schranktür an der hinteren Wand, die ich bisher noch nicht geöffnet habe, so daß Sie nicht wissen können, was der Schrank enthält.
Oder ist es...
Aber das spreche ich nicht aus, sollte der Knick vielleicht bei Ihnen (ich meine Sie!) selbst zu finden sein, ist es das? Doch sicherlich nicht. Es gibt eine Regel, die zu durchbrechen ich mich nie ohne Notwendigkeit entschließe: Die äußere Form ist die Haut der Dinge und hält sie zusammen wie einen Tropfen, und die »liebe gnädige Frau« ist die Haut meiner Patientin. Soll ich zu ihr sagen Hundefetzen, Saustück? Oder soll ich sagen, was hast du Anstaltsschwarte dir da für ein geblümtes Kleid übergezogen. Ist das passender? Oder Frau Soundso, wie geht's den Ferngedanken, ich weiß, daß manche Ärzte die direkte Ansprache für sinnvoll halten,

und sachlich wäre auch nichts dagegen einzuwenden, da die arme Frau tatsächlich von ferngelenkten Schweinereien belästigt wird. Ich bin aber der Meinung, daß diese Art von Wahrheiten nur taktlos und auch schädlich sind. Man sagt nicht, wie unvorteilhaft sehen Sie aus, sondern man sagt, wie vorteilhaft sehen Sie aus.

Deshalb sage ich: Welch ein angenehmer Tag, ich nehme an, auch Sie hatten einen solchen. Und wenn dann aus den Augenwinkeln meiner Patientin der Argwohn hervorkriecht – den kenne ich –, denn es war kein angenehmer Tag, es war überhaupt kein Tag, und was meine ich damit? Und wenn der Argwohn sich zum Mißtrauen verdichtet – das kenne ich auch –, Mißtrauen gegen mich und gegen diese Wohnung, zum Beispiel gegen den Schrank, denn gibt es so etwas überhaupt (einen Schrank) und vor allem Mißtrauen gegen die Tatsache, daß sie hier sitzt. Man darf sich den Vorgang nicht zu schnell vorstellen, es ist ein langsam aufkommender Magnetismus, und wenn sie dann plötzlich merkt, daß sie wirklich hier im Sessel sitzt, was ja unmöglich ist, und die grauenhafte Gewißheit Platz greift und die aufkommende Angst, aber soweit lasse ich es gar nicht kommen. Dann sage ich: welch ein angenehmer Tag, *gnädige Frau*.

Und das versteht sie, ach ja, das ist dann die richtige Bezeichnung, und der Tag ist ja wirklich angenehm, das stimmt. Und sie ist wohlkomponiert, sie trägt dieses schwarze, kleingemusterte Kleid, das an gewissen, mir nicht verständlichen Stellen zusammengenommen und an anderen Stellen ausgelassen ist, so daß es sowohl sitzt als auch abfällt, anders kann ich es nicht ausdrücken. Wohl teuer, nehme ich an. Und sogar in gewissem Sinne einschüchternd. Ihre Fingernägel sind vollkommen oval, glatt und farblos. Dann stimmt es, dann konsultiert die Dame hier am Nachmittag den Nervenarzt, der vielleicht die eine oder andere Behandlungsmethode vorschlagen, das eine oder andere harmlose Experiment durchführen wird?

Und harmlos, erkläre ich, wird es in jedem Fall sein. Um aber mit einer Vorübung zu beginnen, setzen Sie sich zurück und entspannen Sie sich, legen Sie Ihre Befürchtungen, die Sie haben sollten, für einen Moment ab. Bedenken Sie, daß dieses so mittelmäßig eingerichtete Zimmer, in dem Sie sich befinden, nur ein Beispiel ist. Ein Beispiel Ihres eigenen Ichs, in dem Sie sich befinden. Nein, sage ich, denken Sie nicht darüber nach, sondern lassen Sie sich entspannen. Ich will Ihnen ein Hilfsmittel geben, lauschen Sie auf den Ton, nicht den des Autos, das vorbeifährt, sondern auf den Ton in Ihrem Ohr. Hören Sie ihn, ist er gut.
Ganz gut, sagt sie nach einer Weile.
Aber nicht gut genug, wie? sage ich aufmunternd, es genügt aber, wenn Sie ihn überhaupt hören. Als ich elf war, noch vor dem Krieg, lassen Sie mich nachdenken, habe ich ihn deutlich gehört, wenn die Eltern im Kino waren und ich mich im dunklen Haus fürchtete. Vor mir selber, nehme ich an. Dann nahm ich alle Kraft zusammen und horchte auf den Ton in meinem Ohr. So gut ich vermochte. Der aber nicht in meinem Ohr war, sondern um mich herum wie ein Gewölbe, in dem ich lag, oh, ein großes braunes Gewölbe, verstehen Sie das, ein Haus, in dem ich lag und mich nicht mehr fürchtete. Ich habe, wenn die Eltern im Kino waren, daran gebaut, hier noch einen Gang und Säulen, und dort einen inneren Teich, und oben noch eine Galerie, und alles in vollkommener Sicherheit, können Sie das verstehen.
Kann sie es verstehen? Ich sage: Sie sind so wohlkomponiert. Sie tragen dieses schwarze kleingemusterte Kleid, nicht, daß es mir nicht gefiele, im Gegenteil, es gefällt mir sogar sehr gut. Aber Sie wissen nicht, Sie können noch nicht wissen, daß Sie das werden ablegen müssen, wie Sie überhaupt alles werden ablegen müssen – das ist jetzt im weitesten Sinne gemeint –, bevor ich mit Ihnen fertig bin. Oder freundlicher: Bevor die Behandlung abgeschlossen ist.
Und wenn ich jetzt gehen will.

Meine Patienten dürfen immer gehen, erwidere ich, zu jedem Zeitpunkt und wann sie wollen.

Soll ich Ihnen meine Definition eines Tieres geben? Ein Tier ist ein Wesen, das noch nicht gespalten ist, in eine Innenwelt und eine Außenwelt. Oder wenn Sie wollen, eines, das sich wieder zusammengefunden hat. Und wenn ich Ihnen zeigen soll *wie*, dann gehen Sie nicht, nehmen Sie Ihre Kraft zusammen, und öffnen Sie diesen Schrank.
Von dem Sie nicht wissen, was er enthält.

Mit dreizehn erfuhr ich es zum ersten Mal, in Velten bei Berlin, auf Besuch bei Verwandten. Eine an sich belanglose Situation: Ich saß in dem Eßzimmer, wo selten jemand hinkam und wo der Plattenspieler stand, hatte gerade die Tanzplatte »noche de Biaritz« gespielt, das Zimmer roch nach Zigarettenrauch vom Vorabend, und draußen vor der halbgeschlossenen Markise konnte man – konnte man natürlich nicht, dazu war es zu weit entfernt – den S-Bahnzug nach Berlin rollen hören. Im Sommer, wenn die Chausseebäume vor den Markisen dunkelgrün sind und die sommerlichen Motorradfahrer Sehnsucht erwecken, wonach? Nach Berlin. Und dann wiederum, Sehnsucht, aus Berlin im Sommer rauszukommen; das widerspricht sich nicht, wenn man Berlin kennt. Ich verwende hier ein wenig Sentimentalität, um die an sich belanglose Situation zu kennzeichnen. Saß also neben dem Plattenspieler im Sessel und sah in das dunkelgrüne Licht nach draußen. Es war zwei Uhr. Heiß, ruhig. Im ersten Kriegsjahr. Im Jahr zuvor hatte ich noch mit meiner Mutter in der Imperator-Diele in der Friedrichstraße einer Negerkapelle zugehört, sie spielten die Donkeyserenade mit diesen Klappstöcken – schon wieder abgeschweift. Aber so ungefähr: Heiß, ruhig, mit diesen Klappstöcken, ich überlege, ob ich baden gehen soll, auch keine Lust, ich sehe mich in diesem ruhigen graugrünen Wasser untertauchen, ich tauche nämlich nicht gerne, weil es mir in die Nase schlägt, und im Augenblick hier im Sessel kann ich mir die graugrüne Wasserwand ganz leicht vor Mund und Nase vorstellen, einen Zentimeter vor meiner eigenen Luftröhre, also ganz dicht vor dem Ertrinken. Und da fällt mir zum ersten Mal ein, daß ich ja *lebe*, ganz deutlich hier im Sessel lebe ich plötzlich und bin zutiefst erschrocken, wie denn das überhaupt möglich ist.

Denn es ist ja nicht möglich.

Das war genau der Augenblick, in dem ich abgerutscht bin, ein Motorradfahrer draußen hat mich gleich wieder zurückgeholt, indem er mich so deutlich an die Sehnsucht erinnerte, und ich konnte auch gleich darauf nicht mehr begreifen, wo und wie ich mich soeben befunden hatte, völlig unklar, aber bei allen späteren kurzen Erlebnissen – deren nächstes erst nach Jahren wieder auftrat – erinnerte ich mich an das lange Eßzimmer in Velten, an die graugrünen Wasser, die mich einschalteten, und an den Motorradfahrer, der mich wieder ausschaltete. Letzteres wird auch noch wichtig sein, insgesamt ein kleiner, kurzer Tod, und ich würde liebend gern damit als Arbeitsbegriff arbeiten, klänge er nicht zu dramatisch. Ich weiß aber, daß ich mich vorübergehend jenseits gefühlt hatte, nicht eigentlich tot, aber auch nicht lebend, etwa so, als ob ich mich an einem Ort befände, von dem aus gesehen beides wiederum bloß Einbildung wäre. Eine unkindliche Perspektive. Und das Ganze mit der Angst verbunden, nicht wieder zurückzukommen, logischerweise sogar, denn ist man ohne sein Zutun hinaus, was soll man tun, um wieder zurückzukommen? Dazu darf ich hier schon einmal bemerken, daß genügend Fälle bekannt sind, die *nicht* wieder zurückgekommen sind und heute unter gewissen Diagnosen die Heilanstalten bewohnen. Und was nun auch noch das »Zutun« anlangt, wir Abendländer sind auf diesem Gebiet von jeher schwer von Begriff, wir sagen: Tod, oder wir sagen: Ich werde einmal sterben, und horchen daraufhin, und es bedeutet gar nichts. Wir sagen: So gewiß wie das Schwein im Schlachthof werde ich sterben, ganz sicher, es ist schon alles vorbereitet, oder wie das Huhn auf dem Hühnerhof. Löst das etwas aus? Allenfalls eine Leere im Hirn, keine Angst, gar nichts. Und dann eines Tages in dem langen Zimmer in Velton dösen wir vor uns hin, und die Gedanken laufen einfach herum, und da ist es geschehen, da sind sie darauf gestoßen. Ich will hier kein Wort über »Techniken« verlieren, denn mit Dreizehn gibt es keine Techniken, es fehlte noch der Zeitraum, welcher in dem Eckzimmer in Velten begann und ungefähr dort endete, wo ich in Berlin in der Charité in einem überwachsenen Innenhof der Nervenklinik einen Brief in Händen hielt, den mir Freund Vieweg ausgerechnet aus Afghanistan schrieb. Der Hundling, dachte ich damals anerkennend, hat er es wieder geschafft! Dazwischen lagen aber siebzehn Jahre.

Dazwischen lag jener schwärzeste Spätherbst (der heute schon in die Geschichte zurückreicht), 1944, kurz vor der Einberufung, wenn der lange dunkle Gang zum Kino von einer ungeheuerlichen Süße erfüllt war, wegen der Mädchen, die auch im Dunkeln ins Kino gingen, und wegen Johannes Heesters, der von Freund Mittag imitiert wurde. Die autoleeren Straßen. Die Lübecker Straße in Schwerin – man ging auf dem Fahrdamm, um nicht an die Hauswände zu streifen –, und die junge Margot Hielscher, mein Gott. Tagsüber erwartete ich über dem Stadtplan von Rio zweimal die Post, vormittags und nachmittags, die Einberufung, die immer noch nicht kam. Vorläufig gingen noch der Oktober und dann der November darüber hin, und Freund F. C. Mittag äußerte die damals wahnwitzige Hoffnung, daß es noch bis zum Frühling dauern könnte.

Ich besaß fünf Milreis: echtes brasilianisches Geld sowie eine Mappe gesammelter Zeitschriftenbilder von der Copacabana, dem Strand mit dem Zuckerhut. Im November wurde ich siebzehn. Sollte man meinen, daß ich ein genaues Ziel vor Augen hatte, etwa die Rua do Quvidor mit aufsehenerregenden Hochkonstruktionen zu bestücken? Durch lichtdurchlässige Dachgärten eine Art sinnvolle Amazonasdämmerung schaffend? Ich hatte es vor Augen, und zwar so sehr, daß ich ganz unten begann, als Zeitungsjunge, als Erdnußverkäufer – noch tiefer, als Siebzehnjähriger 1944 in Schwerin.

Ich wohnte mit meinen Eltern in der Richard-Wagnerstraße, die mit der Sebastian-Bachstraße sowie der Lessing- und der Wittenbergerstraße ein asphaltiertes Rechteck von insgesamt 1 km Straßenlänge bildete. Um sieben Uhr wurde es Nacht, kein Auto, kein Radfahrer, alle Fenster streng verdunkelt, nur das Mondlicht. Und jeden Abend zwischen sieben und acht lief ich diese Strecke dreimal, viermal – es gab Nächte, in denen ich sie bis zu sechsmal lief. Mein Brustkasten brennend vor Anstrengung, voran, voran, Warschau hinter mir lassend, die Städte Boguslav und Pritschnoje, durch Schenoje und die tödliche Landstraße von Pritschlaw bis Sternekoje. Am Ende meiner Kräfte schleppte ich mich durch das Gartentor, mit diesem sengenden Schmerz in meinem Brustkasten. Aber geschafft, geschafft, geschafft.

Es ging ums Leben.

Mein Freund Mittag fragte: Was trainierst du, Laufen? Ja, sagte ich, je dünner man wird, desto schneller kann man laufen, wie eine Feder, wie ein ganz leichtes Tier, den ganzen langen Weg bis nach Dänemark. Aber darauf ist selbst Mittag nicht gekommen. Niemand. Nach sieben zog ich mir die leichten Schuhe an, ich lief in Turnhose und Hemd, in einem von mir selbst erfundenen Stil, der meinem Körperbau entsprach, sicherlich falsch, ich dachte aber: Mit den langen Beinen mußt du lange Schritte nehmen, bei jedem Schritt das Gewicht des Körpers eine Spur zu weit voran, immer etwas im Vornüberstürzen begriffen. Auf diese Weise er-

reichte ich ein schönes langgezogenes Tempo – sicherlich technisch ganz unzureichend, aber, wie gesagt, effektvoll in einem fortwährenden Fall nach vorn, und dazu gebrauchte ich meine Arme wie Vorderläufe. Es muß fürchterlich ausgesehen haben, immerhin war ich aber auf drei, sogar auf fünftausend Meter ganz gut. Außerdem verwandte ich eine Menge Konzentration auf rationelles Atmen, mein geringes Körpergewicht spielte eine Rolle und möglicherweise auch diese ausgreifenden Handbewegungen zur Unterstützung. Dann mag noch die kühle Jahreszeit förderlich gewesen sein, die klare Luft; geschwitzt habe ich niemals.
Ich beschreibe diesen Vorgang so ausführlich, weil ich heute folgendes träume: Ich werde irgendwo in der Stadt erwartet und bewege mich durch die Straßen mit großer Geschwindigkeit, und zwar laufe ich auf allen vieren, indem ich die Erde mit den Händen unter mir wegstoße, was bedeutet das? Ich bin selbst Psychiater genug, um eine Deutung zu finden, meine Psychiaterfreunde wollen mir unbedingt eine kollektive Rückerinnerung unterlegen, ein Centaurensyndrom, ein Laufvogel-Totem-Tabu oder was immer. Das ist mir zu weit hergeholt. Etwas Sexuelles meinetwegen, aber wieso gerade auf allen vieren?
Soviel zum Mißverständnis.
Im Ernstfall lief ich dann nur von Müß bis Zippendorf.
Dazu fällt mir noch etwas ein: In diesem November und später im Dezember 44, als ich das Überleben trainierte, begann ich, kalt zu schlafen. In der eisigen Dunkelheit zusammengerollt, stellte ich mir vor, im Laub versteckt vor Mensch und Tier, in den tiefen Wäldern Wolhyniens, ein Quentchen Wärme bis zum Morgen hinüberrettend; das erschien mir jetzt als allerwichtigstes Ausrüstungsstück. Ich trainierte schrittweise: Ich stellte das Bett unter das geöffnete Fenster, das Federbett vertauschte ich nacheinander gegen ein leichtes, später gegen zwei Wolldecken und noch später gegen eine einzige. Im November war die Sache kein

Problem, aber gegen Ende Dezember gab es nachts Frost. Ich deckte mich sorgfältig nach einem System ein, die Dekkenkanten untergeschlagen, so daß ich wie in einem Sack lag; dazu durfte ich mich aber nachträglich nicht mehr rühren, denn um Zuglöcher zu schließen hätte ich die Hand freimachen müssen, und das hieß wiederum, den ganzen Verband zu zerstören. Es hieß aber auch eiserne Disziplin während des Schlafes, jedes Körperglied unter Kontrolle, den Erfolg sah ich am Morgen, wenn die Hand noch an der gleichen Stelle lag wie am Vorabend. Aber wehe, wenn ich im Traum in die Eiskammer kam. Etwa beim Besuch von Verwandten in deren ungeheizter Wohnung, man hat seinen Mantel verloren oder, gefährlicher, man liegt schlecht zugedeckt im Bett und träumt: Man schläft und friert, man weiß, daß es nur ein Traum ist und wacht deshalb nicht auf. Das sind die allergefährlichsten Träume, die sich so anlegen, daß beides erklärt wird, die Kälte und der Traum noch dazu, so kann man erfrieren.

Einmal fuhr ich mit der Straßenbahn von Schwerin nach Zippendorf durch ein schluchtenreiches Waldstück. Ich fuhr aber nicht im Wagen, sondern auf einem vor dem Fahrersitz befindlichen Gestänge, direkt über den Schienen, wobei es sich nicht um einen Straßenbahnwagen, sondern um eine Draisine handelte, die auch hinten offen war, und ich saß da im Unterzeug oder überhaupt nur im Hemd, es war Winter, die Strecke war vereist, das Eisen klebte, und in den Schluchten türmten sich erstarrte weiße Kaskaden auf. Das reicht wohl. Außerdem wehte von vorn ein scharfer Wind punktförmig auf meine Hüfte.

Wie aber nun im Traum: Ich fror zwar erbärmlich, aber nicht mehr, als daß ich mich auf meinem Gestänge nicht hätte einrichten können, ich sagte mir, daß ich unter den gegebenen Umständen noch relativ wenig fror, eigentlich gar nicht, nur die Hüfte war verletzt und schmerzte, und Hilfe gab es allein in Zippendorf, das schließlich bald kommen müßte, und auf diese Weise wachte ich nicht auf. Weil ich sowieso unterwegs war. Zippendorf kam dann gegen sechs Uhr morgens, und bis dahin war ich unter dem Fenster fast gefährlich durchgefroren – meine ganze linke Seite lag bloß.

Was sonst noch? Ich ließ mir beim Zahnarzt die Zähne nachsehen und eine Plombe einsetzen. Den linken vorderen Schneidezahn, der etwas schartig war, ließ ich glattschleifen. Und dann meine Senkfüße, ich ließ mir ein paar gute Einlagen machen, die ich dann aber nicht brauchte. Als Beitrag meiner Mutter bekam ich ein winziges Daunenkissen von der Größe einer Postkarte, genauso eines, wie es mein Vater seinerzeit vor dem Einrücken bekommen hatte – es war graubraun gemustert, ähnlich dem seinen, und ich benutzte es, um unter den richtigen Bedingungen zu schlafen.

TILMANN MOSER

Gottesvergiftung

Lieber Gott, ich möchte mit einem Fluch beginnen, oder mit einer Beschimpfung, die mir bald Erleichterung brächte. Eine Art innere Explosion müßte es werden, die dich zerfetzte. Ich wäre dann nicht nur dich, sondern auch diese elende Beschämung los, mich noch einmal mit dir beschäftigen zu müssen. Ich dachte, du wärst tot, begraben, zumindest aber vergessen oder wärst mir gleichgültig geworden. Du warst eine solche Enttäuschung, ein solcher Betrug in meinem Leben, daß ich, als ich ganz allmählich und unter Qualen dahinterkam, dich links liegen ließ. Nicht daß du als Person überlebt hättest, als ein faßliches Gegenüber. Du warst einst so fürchterlich real, neben Vater und Mutter die wichtigste Figur in meinem Kinderleben. Nein, obwohl es mich wundert, wie leicht es mir fällt, dich immer noch so direkt anreden zu können. Du hast überlebt in meiner seelischen Struktur: ganze Gewölbe, Verehrungsthrone, innere Zimmer- und Kapellenfluchten wurden für dich angelegt. Du haustest in mir wie ein Gift, von dem sich der Körper nie befreien konnte. Du wohntest in mir als mein Selbsthaß. Du bist in mich eingezogen wie eine schwer heilbare Krankheit, als mein Körper und meine Seele klein waren. Beide wurden, entgegen einer freieren Bestimmung, zu deiner Wohnung gemacht, und ich war so stolz, daß du auch in mir kleinem Jungen Wohnung nehmen würdest. Es gab Jahre, wo ich dir mein Leben weihen wollte, wo zwischen dir und mir verhandelt wurde über einen Erwählungsvertrag. Du hast schon ganz früh mit meinem Größenwahn gespielt, ihn genährt, ihn an geheiligten Vorbildern gesteigert, die mir in deinem Namen vor Augen gehalten wurden. Ich habe dir so schreckliche Opfer gebracht an Fröhlichkeit, Freude an mir und anderen, und der Lohn war, neben der Steigerung des Erwähltheitsgefühls, oder dem Kampf darum, ein Quentchen Geliebtsein vielleicht, vielleicht ein Quentchen weniger Verdammnis.

Weil ich dich insgeheim haßte um der Demütigungen willen, die ich auf mich nahm, um dir zu gefallen, um deine Gunst zu erwerben oder auch nur um deine Ungunst zu vermeiden, mußte ich dich immer mehr verehren, dich immer inständiger anflehen, an mir doch ein wenig Wohlgefallen zu finden. Und so bist du immer wirklicher geworden, einfach deshalb, weil du mich, aus vielen Gründen, nicht gemocht hast. Ich habe unter niemandem so gelitten in meinem Leben wie unter deiner mir aufgezwungenen Existenz. Indem ich dir zeige, wie du als Krankheit in mich eingezogen bist, und als Krankheit fast über mich hinweggewachsen wärst, hoffe ich, mich ein Stück weit von dir heilen zu können. Ich weiß, daß du in den Narben, falls ich dich aus mir vertreiben kann, bis zu meinem Tode hausen wirst. Sie werden mich beißen, und du wirst mich noch mit Phantomschmerzen quälen, wenn du längst wegamputiert bist.

Ein Teil meines Hasses auf meine Familie rührt daher, daß sie mir die Gotteskrankheit eingegeben hat. Du wurdest mir eingeträufelt, kaum daß die ersten Zeichen der Empfänglichkeit, der Verwundbarkeit sichtbar wurden. Das Anwachsen der Krankheit wurde, alter Familientradition gemäß, mit Freude betrachtet. Sie haben das Wuchern der Tumore in meiner Seele nach dem Kalender des Kirchenjahres verfolgt und gefeiert. Die Feste waren die Höhepunkte des Krankheitsverlaufs. Und ich will dir auch gleich sagen, warum ich so gierig war nach dir, oder wehrlos gegen dieses Wuchern. Der Humus, auf dem du wachsen konntest, war kindliches Unglück. Und wäre auch nur ein Hauch von Ehrgefühl in dir, du würdest schamrot werden, wenn ich dir klarmache, was die wirklichen Bedingungen deines Wachstums in mir waren, du Konkursverwalter der Liebe, des Unglücks, der mißlingenden Menschlichkeit.

Es gab unerkannte Zeichen der Auflehnung gegen dich. Meine Blase, die ich Dummkopf dafür verachtet habe, war ein Herd des Widerstands. Dutzende von Malen hat sie es geschafft, daß ich, natürlich in panischer Beschämung statt in trotziger Weigerung, während der Predigt aus dem Gottesdienst rennen mußte. Und einige Male habe ich es nicht mehr geschafft oder nicht mehr schaffen wollen, und habe während irgendeines hochgemuten Chorals oder einer eindringlichen Predigt aus vollem Rohr in die Hose gepißt, daß eine Lache unter mir entstand und man mich hinausbringen mußte, weg von den irritiert dreinblickenden Lobe-den-Herrn-Sängern. Ich hätte die Wahrheit, daß es dir und all den Ansteckungsgehilfen galt, nicht ertragen; denn ich hätte mich, ohne jeden verstehenden Bundesgenossen, nur noch verlassener und der ewig lauernden Verdammnis näher gefühlt. Und soll ich dir verraten, daß es im weiteren Kreise deiner mir bekannten Verehrer noch viele gibt, die den feierlichen Dienst an dir nur mit großen Blasensorgen überstehen? Stunden vor dem Gottesdienst trinken sie nichts mehr und können sich bei der Predigt oder beim Gesang nicht konzentrieren, weil ihre feierlich-ängstliche Aufmerksamkeit, die sie auf den Gesichtern tragen, viel weiter unten versammelt ist.

Aber weißt du, was das Schlimmste ist, das sie mir über dich erzählt haben? Es ist die tückisch ausgestreute Überzeugung, daß du alles hörst und alles siehst und auch die geheimen Gedanken erkennen kannst. Hier hakte es sehr früh aus mit der Menschenwürde; doch dies ist ein Begriff der Erwachsenenwelt. In der Kinderwelt sieht das dann so aus, daß man sich elend fühlt, weil *du* einem lauernd und ohne Pausen des Erbarmens zusiehst und zuhörst und mit Gedankenlesen beschäftigt bist. Vorübergehend mag es gelingen, lauter Sachen zu denken oder zu tun, die dich erfreuen, oder die dich zumindest milde stimmen. Ganz wahllos fallen mir ein paar Sachen ein, die dich traurig gemacht haben, und das war ja immer das Schlimmste: dich traurig machen – ja, die ganze Last der Sorge um dein Befinden lag beständig auf mir, du kränkbare, empfindliche Person, die schon depressiv zu werden drohte, wenn ich mir die Zähne nicht geputzt hatte. Also: Hosen zerreißen hat dir nicht gepaßt; im Kindergarten mit den anderen Buben in hohem Bogen an die Wand pinkeln, hat dir nicht gepaßt, obwohl gerade das ohne dich ein eher festliches Gefühl hätte vermitteln können; die Mädchen an den Haaren ziehen hat dich verstimmt; an den Pimmel fassen hat dich vergrämt; die Mutter anschwindeln, was manchmal lebensnotwendig war, hat dir tagelang Kummer gemacht; den Brüdern ein Bein stellen brachte tiefe Sorgenfalten in dein sogenanntes Antlitz. »Herr, erhebe dein Antlitz über uns…«, so haben wir am Ende jedes Gottesdienstes gefleht, als gäbe es keine größere Sehnsucht, als immerzu dein ewig-kontrollierendes bigbrother-Gesicht über uns an der Decke zu sehen. Du als Krankheit in mir bist eine Normenkrankheit, eine Krankheit der unerfüllten Normen, die Krankheit des Angewiesenseins auf deine Gnade, die von beamteten Herabflehern zusätzlich zu meinem Geflehe bei dir erbettelt werden mußte. Ein Wucherer warst du mit deiner Gnade, oft nur hast du sie gegen Menschenfleisch, doch immer nur provisorisch, mit dauernden Widerufsrecht, vergeben. »Jeden Tag neu müssen wir den Herrn um Gnade bitten, uns von seiner Gnade beschenken lassen. Amen.« Dabei wurde erzählt, daß deine Gnade wunderbar und unerschöpflich sei, und wie froh wir sein müßten, wenn wir trotz unserer immer wiederkehrenden Sünden immer wieder Chance hätten, sie zu erwerben; daß du dein Antlitz nie endgültig abwenden würdest, aber doch lange genug, um Angst zu erzeugen und uns in der Furcht des Herrn zu halten. Weißt du: es ist mir längst klargeworden, daß ich niemanden fürchte, ohne daß ich ihn nicht auch um der Demütigung willen, mich fürchten zu müssen, haßte. Wieso sollte es mit dir anders und die Furcht vor dir nicht mit Haß verknüpft sein? Nur bewußt durfte es nicht werden, weil Gotteshaß das Unvorstellbarste, das unmittelbar zu Verdammnis Führende war. »Wir sollen Gott fürchten und lieben...« war mir eingebleut worden, als ob nicht das erste das zweite fast unmöglich macht. Und weil deine irrsinnige Daseinsbedingung, als einer, den man fürchten und lieben soll, gleichzeitig Haß erzeugt hat, mußte man wiederum um so mehr Angst haben, um so demütiger, um so dankbarer für den Aufschub sein, noch nicht verworfen zu werden. Ich weiß, längst nicht allen bist du so wesentlich als Krankheit erschienen wie mir. Es gibt da ein paar Spezialbedingungen, warum ich dich vor allem als Vergiftung und Geschwür erlebt habe. Es hängt mit dem jahrhundertealten Komposthaufen christlicher Familientradition zusammen, auf dem du deine Kulturen in Ruhe züchten konntest. Die Intensivierung des Giftes war ein generationenlanger Prozeß: da ist die wahre Gottessäure entstanden, die sich eingeätzt hat in mein Fleisch.

Fast zwanzig Jahre lang war es mein oberstes Ziel, dir zu gefallen. Das bedeutet nicht, daß ich besonders brav gewesen wäre, sondern daß ich immer und überall Schuldgefühle hatte. Belustigt haben mich Freunde immer wieder auf einen Mechanismus hingewiesen: ich war zu Besuch, fühlte mich wohl, hatte aber ein schwer greifbares Gefühl, vielleicht doch Fehler gemacht zu haben, und nur wenige Stunden oder Tage später trieb es mich anzurufen oder zu schreiben, um eine gewundene Entschuldigung abzugeben oder zu erkunden, ob ich nicht doch schweren Anstoß erregt hätte. Es war eine fundamentale Unsicherheit in mir, ob ich nicht etwa mir gar nicht ganz einsehbare Normen verletzt hätte, ob nicht binnen kurzer Zeit eine nicht berechenbare Strafe erfolgen würde, ob ich nicht Sympathien verloren oder mir bei dem oder jenem starken Unmut zugezogen hätte. Du hast mir so gründlich die Gewißheit geraubt, mich jemals in Ordnung fühlen zu dürfen, mich mit mir aussöhnen, mich o. k. finden zu können.

Neulich war ich auf einem gruppentherapeutischen Training, und es ging um das Ausmaß von Hemmungen, das jeder mit sich herumträgt. Da fragte der Trainer, welche Sätze uns in unserem Leben am meisten eingeschüchtert hätten. Weißt du, was bei mir zum Vorschein kam als die mich domestizierende, einengende, schachmatt setzende stereotype Phrase: »Was wird der liebe Gott dazu sagen?« Durch diesen Satz war ich früh meiner eigenen inneren Gerichtsbarkeit überlassen worden.

WOLFGANG KOEPPEN

Jugend

Ich glaubte damals, aufzuwachen, aber die Wahrheit ist wohl, daß mein Schlaf sich in einem Traum verlor. Ich sah mich in diesem Traum agieren, ich handelte folgerichtig nach einer ihm innewohnenden Logik; doch hätte ich zu keiner Zeit sagen können, wovon ich träumte, oder auf welches Ziel hin ich mich bewegte. Dies läßt sich auch nicht damit erklären, daß mein Ziel die Ziellosigkeit war. Manchmal behauptete ich so etwas (zu wem? mit wem sprach ich?) doch es stimmte nicht. Ich hatte mir nichts vorgenommen, nicht einmal die Ziellosigkeit; nur steuerte ich beharrlich von den anderen fort, und das war es, worauf es mir ankam.

Der Raum ist groß, er ist kalt, er ist auf eine kalte Art warm, er ist dunkel, die schwarzen Möbel machen den Raum dunkel, die schweren schwarzen Möbel machen den Raum nicht klein, sie machen ihn zu einem Gebirge, die schweren schwarzen Möbel bilden Fronten, der Schrank droht dem Tisch, der Tisch bockt gegen den Sessel, die schweren schwarzen Möbel sind Festungen aus festem schwarzspiegelndem Holz, große schwarze Ritter und kleine schwarze Gefangene spiegelfechten, kleine schwarze Ritter und große schwarze Ungeheuer spiegelfechten, der schwarze Schreibtisch steht auf schwarzen Löwenfüßen, die gedrechselten schwarzen Löwenfüße krallen sich in den schwarzen Teppich ein, gerissen liegt die Wolle des schwarzen Lamms unter den schwarzen Füßen, die schwarze Polstertür schließt das schwarze Universum, draußen bleibt die leiernde lernende leidende Stimme der Klassen, bleibt das Geleier des ABC, bleibt das Geleier des Einmaleins, bleibt der geleierte unbegriffene Lehrsatz der Mathematik, bleibt das geleierte schon durchlöcherte Gesetz der Natur, bleibt der geleierte zusammengesetzte Satz der nichts sagt, bleibt das geleierte von keinem Gott vernommene Kirchenlied, bleibt der geleierte vaterländische Gesang der den Sänger berauscht, bleiben die geleierten Siege Friedrichs des Großen, bleiben geleiert die Siege Bismarcks, bleiben geschmettert die Siege des Kaisers, bleibt ungeleiert das Schweigen über dem Was nun, bleibt eingeleiert der Haß gegen das Jetzt, das ist die Republik, das ist Weimar, das ist Versailles, das ist die schwarze und die rote und die deutsche Schmach, bleibt der abgerissene doch immer fortfließende Strom zu den gefährlichen Stromschnellen dem drohenden Stromfall da die Zeit endet oder sich auflöst oder nie gewesen ist oder wieder anfängt oder wie heute ist, bleibt das große Ungenügend, das dem Kind als Zeugnis mit auf den Weg gegeben wird, draußen bleiben die Gerüchte, die das Kind kennt, die es flieht, die es nicht fliehen kann, der Geruch der dicken Zwiebelschmalzstulle, der Blutwurst zwischen den mehlbestreuten Salzkuchen, die es nicht bekommt und nicht will, und die es in den Staub wirft, wenn Hochmut sie ihm reicht, bleiben die strengen Schweiße der Schulangst, die sauren Lerneiferdünste der Streber, die stolzen zerschundenen Knie der ungezogenen Jungen, die sie im Winter dem Frost zeigen.

Ich stehe vor dem Rektor, ich bin ein Körper, ich habe eine Seele, aber ich verliere meine Seele, ich muß aufpassen, daß sie mir nicht entwischt, doch mein Körper hat auch seine Seele, er hat sie neuerdings und mit dieser Seele meines Körpers, die meine andere, meine wahre Seele bedrängt, fühle ich meinen Körper und stehe als Körper in der Welt. Ich trage keine Unterwäsche, obwohl meine Mutter will, daß ich sie anziehe, auch wenn das Hemd und die Unterhose zerrissen sind, ich habe nur meine gestreifte Kieler Bluse an, ich trage sie auf dem nackten Leib und eine kurze blaue

Waschhose, ich bin aus diesen Sachen hinausgewachsen, es ist Sommer, doch am liebsten möchte ich auch bei schneidender Kälte mitten im Winter so bloß gehen, mit nackten Beinen, nackten Schenkeln, um den Frost auf der Haut und mit dem Frost meinen Körper zu fühlen, der sich an den zu engen Nähten der Bluse und der Hose reibt und diese Begrenzung besagt mir, daß ich etwas besitze, mich, und diese Erkenntnis macht mich mächtig, auch über den Rektor. Der Rektor ist ein schwerer Mann. Er trägt sein Haar wie Hindenburg. Er könnte auch Schaftstiefel tragen, einen Küraß und einen Adlerhelm. Er sitzt schwer hinter seinem schweren Schreibtisch, und sieht mich aus kleinen trüben Augen teilnahmslos an. Er riecht nach kaltem Zigarrenrauch. Das ist die Ausdünstung der Macht. Auch Kohlenhändler Kleuke riecht so. Auch Kaufmann Susemihl. Die alten Rechnungen sind nicht beglichen. Die neuen Konten werden nicht eröffnet. Der Rektor fragt mich nach meinem Namen.

Es empört mich, er muß meinen Namen doch kennen, ich gehe in seine Schule, ich versuche, nicht in seine Schule zu gehen, seine Schule quält mich, ich hasse sie, ich hasse ihn, und er kennt meinen Namen nicht. Habe ich einen Namen? Habe ich ihn verloren? Werde ich mir einen neuen Namen suchen müssen? Es strengt mich an, es treibt mir den Schweiß auf die Haut, dem Rektor meinen Namen zu sagen. Der Rektor grunzt, wie irgendein Tier, das mit dem Rüssel die Erde aufwühlt. Wer weiß, welche Nahrung er sucht. Daß er einem Tier ähnelt, macht ihn erträglich. Ich hasse den Rektor lange nicht so sehr, wie ich Herrn Krüger, meinen Klassenlehrer hasse. Herr Krüger hat mich nie teilnahmslos angesehen. Er hat nie meinen Namen vergessen. In seinen Augen funkelt das Licht des Jägers, der die Spur aufgenommen hat und das Wild verfolgt. Ich bin drei Jahre vor Herrn Krüger geflohen und jetzt hoffe ich, ihm zu entkommen. Oft schien Herr Krüger mich einzuholen, mich gefangen zu haben, er wollte mich zu Boden werfen, aber immer gelang es mir, in ein Revier zu entkommen, das ihm unerreichbar war. Gestehe, wo bist du, was denkst du, forderte er, seine Lippen preßten sich zusammen, die bräunlichen Muskeln seiner hageren Wangen zuckten, und ich sah ihn an, fest, kalkweiß im Gesicht vor Haß, doch festen Blikkes, und schwieg. Herr Krüger hat mich nicht in seine Herde getrieben, er hat mir nicht den Stempel der Nützlichkeit in die Haut gebrannt, er hat mich nicht für den Bismarckbund geworben oder für den Unterseebootbund, er hat mich zu keiner seiner festen Anschauungen bekehrt.

Der Rektor greift ein Bündel Papier, ein Aktenstück aus einer Lade seines Schreibtisches, er schlägt den Aktendeckel auf, er blickt mich an, er lächelt nicht, wie er mich vor sich stehen sieht, er sagt ruhig, daß es nicht nach meinem Willen gehe, sondern daß meine Mutter mich vom Schulbesuch abmelden müsse.

Ich meinte, meiner Mutter drohen und ihr zugleich etwas versprechen zu müssen, damit sie mich aus der Schule nähme, und meine Drohung war, daß ich im Bett liegen bleiben und nie wieder aufstehen würde, und mein Versprechen war, daß ich von der Schule befreit, Geld verdienen würde, um ihr zu helfen. Es wäre aber gar nicht nötig gewesen, meiner Mutter zu drohen und ihr etwas zu versprechen, denn sie war sich weniger als ich der Bedeutung dieses Schrittes bewußt und sie war vielleicht, allzu ermüdet vom Kampf um die Erhaltung unseres Lebens, bereit mich irgendetwas sein zu lassen, das sich selbst ernähren konnte, nur das, sie war gewillt, wenn auch entgegen der manchmal und besonders früher ihr erscheinenden Träume über meine Zukunft, mich etwas werden, mich in einen Stand gleiten zu lassen, auf dessen Angehörige sie als Mädchen, selbst noch als Frau, hochmütig herabgesehen hatte. Sie begriff nicht, daß ich ohne Standesbewußtsein war, weder zu den einen auf, noch zu den anderen hinunter blickte, sondern in allen möglichen Daseinsformen nur Verkleidungen sah, die mir nicht stehen würden. Schließlich aber glaubten wir beide, als wir darüber sprachen, an meine Behauptung, ich würde Geld verdienen. Und so meinte ich, in das Leben einzutreten und die Kindheit abzulegen wie einen unbequemen zu klein gewordenen Mantel.

JUREK BECKER

Dann ist es wieder Tag, endlich wieder Tag

Dann ist es wieder Tag, endlich wieder Tag, wir laufen auf dem Güterbahnhof kreuz und quer mit unseren Kisten, wenige Jahre früher hätte man es ein munteres Treiben genannt. Die Wachen benehmen sich ganz normal, sie schreien oder dösen oder stoßen wie immer, sie zeigen keine Angst oder kennen sie noch nicht. Mag sein, daß ich mich täusche, aber ich bilde mir ein, daß ich selbst mich an diesen Tag gut erinnern kann, obwohl sich nichts Ungewöhnliches an ihm zugetragen hat, jedenfalls nicht für mich. Ich stehe heute, glaube ich, auf einem Waggon und habe die Kisten entgegenzunehmen und so zu stapeln, daß möglichst viele hineingehen. Zusammen mit einem anderen Mann, mit Herschel Schtamm, und das ist an und für sich doch etwas Besonderes. Denn Herschel Schtamm hat einen Bruder, nicht nur das, er hat einen Zwillingsbruder, Roman, und die beiden arbeiten und stehen und gehen gewöhnlich immer zusammen. Aber heute nicht, Herschel hat gleich am Mor gen einen kleinen Unfall gehabt, er ist beim Kistentragen gestolpert, Roman konnte die Kiste alleine nicht halten, Kiste und Herschel sind auf die Erde gefallen. Herschel hat die üblichen Schläge eingesteckt, aber das war nicht das Schlimmste, er hat sich beim Stolpern einen Fuß verstaucht, konnte kaum noch laufen, konnte also auch nicht mit Roman weitertragen, und deshalb steht er jetzt mit mir auf dem Waggon.

Er schwitzt wie ein Wasserfall, ich habe noch nie jemand so schwitzen sehen, er wird erst aufhören zu schwitzen, wenn die Russen dieses verfluchte Ghetto genommen haben, keinen Tag früher. Denn Herschel Schtamm ist fromm. Zu

Lebzeiten war er Diener in einer Synagoge, wir nennen das Schamess, fromm wie der Rabbiner selbst. Und da sind die Schläfenlocken, Zierde aller strenggläubigen Juden, geh und frag Herschel, ob er bereit ist, sich von ihnen zu trennen. Für kein Geld, wird er dir sagen, er wird dich ansehen wie einen Verrückten, wie kannst du ihn so etwas fragen. Doch die Löckchen dürfen nur in den eigenen vier Wänden ans Licht, bloß da, auf der Straße und hier auf dem Bahnhof trifft man Deutsche, die nichts davon halten, wo leben wir denn, daß man in einem solchen Aufzug herumläuft. Es sind Fälle bekannt, wo einfach die nächste Schere geholt wurde, bei heimlichen Gebeten und Lachtränen hat man die Sache an Ort und Stelle erledigt, aber es sind auch schlimmere Fälle bekannt.

Herschel hat die einzig mögliche Konsequenz gezogen, er versteckt seine Löckchen, er schmuggelt sie durch die Zeit. Er trägt Sommer wie Winter eine Mütze, Mützen wird man wohl noch tragen dürfen, eine schwarze Fellmütze mit Klappen an beiden Ohren, die unter dem Kinn zusammenzuknöpfen sind. Sie ist bei Sonne entsetzlich heiß, es war die einzige, die er sich beschaffen konnte, aber für seine Zwecke hervorragend geeignet. Wir Nichtfrommen haben nur in der ersten warmen Woche gelächelt und unsere Witzchen gemacht, sein Bruder Roman auch, dann ist unser Interesse erloschen, Herschel muß selber wissen, was er tut.

Wir stellen eine Kiste ganz oben hinauf, er wischt sich den Schweiß aus dem Gesicht, er fragt mich, während wir die nächste nehmen, was ich von der Sache halte. Mir ist klar, wovon er redet, ich sage ihm, daß ich schon ganz blöd bin vor Freude, ich kann an nichts anderes mehr denken. Alles wird mir wieder gehören, was ich früher einmal hatte, alles bis auf die erschossene Chana. Es wird wieder Bäume geben, im Garten meiner Eltern sehe ich mich auf dem Nußbaum sitzen, auf so dünnen Ästen, daß meine Mutter am liebsten in Ohnmacht fallen möchte, gleich oben freß ich mich voll mit Nüssen. Die Finger werden so braun von der Schale, daß es erst nach Wochen wieder abgeht, aber Herschel sieht mir nicht sehr begeistert aus.

Jakob und Mischa stellen eine Kiste auf den Waggonrand. Wozu die Hast, Jakob macht große Schritte zurück zum Stapel, und Mischa beeilt sich hinter ihm her. Seit gestern ist Jakob ein Glückspilz, ein Auserwählter, alles reißt sich um ihn, die Riesen wie die Kleinen, jeder will mit ihm arbeiten, mit dem Mann, der eine direkte Leitung zum lieben Gott hat. Mischa war der erste in der Schlange, der erste, der mit zugepackt hat, als Jakob eine Kiste ins Auge faßte, und jetzt läuft er hinter ihm her. Am gerechtesten wäre, man könnte ihn verlosen, soundso viel Nieten und ein Hauptgewinn, dann hätten alle die gleichen Aussichten auf das große Glück, auf Jakobs mit einemmal bedeutungsvoll gewordene Nähe. Nur Jakob macht ein mürrisches Gesicht, besten Dank für so ein Glück, fünfmal oder zehnmal ist er schon seit dem Morgen gefragt worden, was das Radio denn so plaudert, vertraulich und voller Hoffnung, sogar von wildfremden Menschen. Fünfmal oder zehnmal hat er nicht gewußt, was er antworten sollte, hat nur wiederholt, was er gestern schon gesagt hat, Bezanika, oder er hat nur die Finger auf den Mund gelegt und mit Verschwörungen »pssst!« gesagt oder gar nichts gesagt und ist ärgerlich weitergegangen. Und den ganzen Ärger hat ihm dieser lange Dummkopf eingebrockt, der jetzt so ahnungslos hinter ihm hertrottet, in unverdienter Vorfreude, das konnte sich keiner vorher ausrechnen. Sie benehmen sich wie die Kinder, sie schwirren um einen herum wie die Ausgehlustigen um die Litfaßsäule, wenn nicht ein Wunder geschieht, wird es höchstens noch Stunden dauern, bis die Posten etwas merken. So einen Andrang wünschte man sich in geregelten Zeiten, Jakobs Diele ist jeden Tag außer Schabess geöffnet, das ganze Jahr über, und ein Radio steht deutlich sichtbar hinter dem Verkaufstisch, jeder kann hören, was er will. Aber da macht ihr euch selten, da muß man jeden von euch behandeln wie einen König, sonst geht ihr und kommt nicht wieder, und jetzt behandelt ihr einen selbst wie einen König und geht nicht und kommt immer wieder, man brauchte eine Leibwache gegen euch.

Mischa hat keine Ahnung, was für zornige Gedanken sich ganz in seiner Nähe entzünden, daß es die Wut ist, die Jakobs Schritte so schnell macht. Sie tragen ein paar Kisten, Mischa bildet sich ein, das geht bis Mittag so weiter, er versäumt es, auf die unfreundlichen Blicke zu achten, die ihn von Zeit zu Zeit treffen, immer öfter. Bis der Topf überläuft, bis Jakob stehenbleibt, in der Hoffnung, daß Mischa weitergeht, möglichst weit weg. Aber Mischa bleibt auch stehen, seine Augen fragen verwundert, er weiß wirklich von nichts, soll er es also erfahren.

»Ich bitte dich, Mischa«, sagt Jakob gequält, »hier sind so viele nette Menschen. Mußt du ausgerechnet mit mir tragen?«

»Was ist denn los auf einmal?«

»Auf einmal ist gut! Ich kann dein Gesicht nicht mehr sehen!«

»Mein Gesicht?« Mischa lächelt dumm, solange hat sein Gesicht keinen gestört, Jakob schon gar nicht, höchstens diese und jene Bemerkung über seine himmelblauen Augen, wenn einem nichts Besseres eingefallen ist, und auf einmal so ein kleiner Ausbruch, fast schon ehrenrührig.

»Ja, dein Gesicht! Mit diesem Mund, mit diesem geschwätzigen«, sagt Jakob noch, weil Mischa so ganz und gar im Dunkeln tappt. Und jetzt weiß Mischa, woher der Wind weht, er ist das schwache Glied in dem Kettchen der Verschwiegenheit, Jakob hat ja recht. Wenn es auch kein Grund ist, gleich so ein Theater zu machen, da hat man weiß Gott schon Schlimmeres erlebt, Mischa zuckt mit den Schultern, es ist mir eben passiert, wir werden es nicht mehr ändern können. Bevor Jakob sich weiter aufregt, geht Mischa stumm zur Seite, was gehen den Posten unsere Angelegenheiten an, nachher oder morgen wird bestimmt Zeit sein für ein versöhnliches Wort.

Mischa geht also alleine zu den Kisten, schnell hat er einen zweiten Mann gefunden, ganz außer Kurs gekommen ist er schließlich noch nicht. Seine kräftigen Arme sind noch nicht vergessen, sie werden noch geschätzt, wenn schon nicht mit Jakob, dann wenigstens mit Mischa tragen. Und Jakob kommt auch alleine zu der Pyramide, er sieht gar nicht, wer mit ihm zusammen nach der Kiste greift, seine Augen kleben noch an Mischa, der endlich verschwindet, ohne sich umzudrehen, beleidigt oder nicht. Nach ein paar Schritten merkt Jakob aber doch, daß sein neuer Partner die Kiste nicht so fest hält wie Mischa, längst nicht so fest, und er sieht ihn an, und er sieht, daß der neue Mann Kowalski ist, und er verzieht das Gesicht und weiß, daß er aus dem Regen in die Traufe geraten ist, Kowalski wird ihn nicht lange in Ruhe lassen.

Kowalski sagt kein Wort. Das heißt, er schweigt nicht, er beherrscht sich, wie lange hält er das aus, er trägt und trägt, Jakob kann es recht sein. Aber es macht ihn irgendwie nervös, Kowalski und schweigen, die roten Punkte auf seinen Backen kommen nicht von der Anstrengung. Drei ganze Kisten werden verschwiegen, wenn Kowalski denkt, daß er ihn aushungern kann, dann irrt er sich, Jakob wird nie von alleine mit der Sprache herausrücken, er hat ja nichts zu erzählen, nur es zerrt eben an den Nerven. Wir werden dich überlisten, fällt Jakob ein, wir werden dir eine Falle stellen, ein harmloses Gespräch könnte dich die Frage, die du vorerst noch für dich behältst, vergessen lassen, worüber soll man bloß reden, dann wird zu Mittag gepfiffen werden, und dann kannst du mich lange suchen.

»Weißt du was gegen Haarausfall?« fragt Jakob.

»Wieso?«

»Jeden Morgen ist mein Kamm voll von Haaren. Kann man da nichts machen?«

»Nichts«, sagt Kowalski, und Jakob hört deutlich, daß ihn das Thema nicht interessiert.

»Irgendwas wird man doch tun können? Mir fällt ein, daß du in deinem Laden einen Kunden mit solchem Zeug eingerieben hast. Ich glaube, es war grün?«

»Alles Schwindel«, sagt Kowalski. »Ich habe viele damit eingerieben, aber ich hätte sie auch mit Wasser einreiben können. Manche wollen unbedingt was haben. Und es war nicht grün, sondern gelb.«

»Es gibt nichts, was hilft?«

»Du hörst es ja.«

Soweit, sie schleppen stumm weiter, in Jakob wächst die Hoffnung, daß er sich täuscht, daß Kowalski gar nichts von ihm will, daß er mit zugegriffen hat, einfach weil er am nächsten stand, und die roten Punkte könnten doch von der Anstrengung sein oder Wanzenstiche. Daß man oft nicht auf das Naheliegende kommt, schlechte Erfahrungen dürfen nicht alle Lauterkeit in Zweifel stellen, Kowalski hat auch seine guten Seiten, jede Menge Erinnerungen kann das belegen. Man war ja immerhin so gut wie befreundet. Jakob sieht den schwitzenden Kowalski schon freundlicher an, heimliche Abbitte im Blick, heimlich, weil auch die Vorwürfe zum Glück heimlich geblieben sind. Jede neue Kiste, die wortlos zum Waggon gebracht wird, führt ihn weg von dem Verdacht, der allem Anschein nach einem Unschuldigen gegolten hat.

Und plötzlich, nicht weit vor Mittag, stellt Kowalski seine hinterhältige Frage, ohne alle Vorbereitung und demütigend harmlos sagte er: »Na?«

Nichts weiter, Jakob zuckt zusammen, wir wissen, was gemeint ist. Im Nu ist alle Wut wieder da, Jakob fühlt sich getäuscht, die Punkte sind doch dieselben wie immer. Und Kowalski hat nicht zufällig in der Nähe gestanden, er hat auf ihn gewartet, er hat ihm aufgelauert, auf dieses schändliche »na?« hat er den ganzen Tag hingearbeitet. Er hat bis zu diesem Augenblick nicht aus Rücksicht geschwiegen, Kowalski hat keine Ahnung, was das ist, er hat geschwiegen, weil er gesehen hat, daß Jakob mit Mischa ins Streiten kam, und er hat nur auf einen günstigen Zeitpunkt gewartet, kalt und berechnend wie er ist, Jakob sollte sich in Sicherheit wiegen.

Jakob zuckt zusammen, das Schlimmste an diesem Ghetto ist, daß man sich nicht einfach umdrehen kann und weggehen, es ist nicht ratsam, dieses Spiel alle fünf Minuten zu wiederholen.

»Gibt's was Neues?« fragt Kowalski deutlicher. Er hat keine Lust, sich auf lange Blickwechsel einzulassen, wenn du mein »na?« nicht kapierst, denn eben so.

»Nein«, sagt Jakob.

»Du willst mir doch nicht im Ernst erzählen, daß im Krieg an einem ganzen Tag nichts passiert ist? Ein ganzer Tag und eine ganze Nacht?«

Sie stellen die Kiste auf dem Waggonrand ab, gehen zurück zum Stapel, und Jakob holt tief Luft, und Kowalski nickt ihm aufmunternd zu, und Jakob verliert die Beherrschung und wird lauter, als man es gutheißen kann.

»Menschenskind, laß mich endlich in Frieden! Hab ich dir nicht gestern gesagt, daß sie zwanzig Kilometer vor Bezanika sind? Reicht dir das nicht?«

Natürlich reicht es Kowalski nicht, wenn die Russen zwanzig Kilometer vor irgendeinem Bezanika sind, und er ist hier, wie sollte ihm das reichen, aber er hat keine Zeit für logische Volltreffer, im Moment nicht, er sieht sich erschrokken um, weil Jakob nicht gerade vorsichtig war. Wirklich steht ein Posten da, ganz in der Nähe, sie müssen an ihm vorbei, und er blickt schon. Die Uniform steht ihm nicht gut, er ist viel zu jung für sie, er ist schon ein paarmal aufgefallen, er hat ein großes Maul, aber er schlägt noch wenig.

»Was habt ihr Drecksäcke euch zu streiten?« fragt er, als sie an ihm vorbeigehen wollen. Jedenfalls hat er nichts Genaues gehört, nur laute Worte, die sind schnell erklärt.
»Wir streiten uns nicht, Herr Posten«, sagt Kowalski laut, »ich bin nur etwas schwerhörig.«
Der Posten hat was zu mustern und auf den Zehenspitzen zu wippen, dann dreht er sich um und geht weg. Kowalski und Jakob holen sich eine neue Kiste, der Zwischenfall wird mit keinem Wort gewürdigt.
»Ein ganzer Tag ist vergangen, Jakob. Vierundzwanzig lange Stunden. Wenigstens ein paar lumpige Kilometer werden sie doch weitergekommen sein?«
»Ja, drei Kilometer nach den neuesten Meldungen.«
»Und da tust du so gleichgültig? Jeder Meter zählt, sag ich dir, jeder einzelne Meter!«
»Was sind schon drei Kilometer«, sagt Jakob.
»Du bist gut! Für dich ist es vielleicht nicht viel, du hörst jeden Tag Neues. Aber drei Kilometer sind drei Kilometer!«
Es ist ausgestanden, für heute gibt Kowalski Ruhe, er ist wieder stumm wie Fajngold, er hat erfahren, was er wollte.
Jakob gesteht sich, daß es nicht so schlimm war, es ist ihm eigentlich leicht über die Lippen gegangen, er hat es mir lang und breit erklärt, es war ein wichtiger Augenblick für ihn, hat er gesagt. Die erste Lüge, die vielleicht gar keine war, so klein nur, und Kowalski ist zufrieden. Das ist es wert, die Hoffnung darf nicht einschlafen, sonst werden sie nicht überleben, er weiß genau, daß die Russen auf dem Vormarsch sind, er hat es mit den eigenen Ohren gehört, und wenn es einen Gott im Himmel gibt, dann müssen sie auch bis zu uns kommen, und möglichst viele Überlebende müssen sie antreffen, das ist es wert. Und wenn wir alle tot sein werden, dann war es ein Versuch, das ist es wert. Bloß es muß ihm genug einfallen, sie werden immer neue Fragen stellen, sie werden Einzelheiten wissen wollen, nicht nur Kilometerzahlen, er muß die Antworten erfinden. Hoffent-

lich macht der Kopf mit, Erfinden ist nicht jedermanns Sache, bis jetzt hat er nur ein einziges Mal im Leben was erfunden, das ist Jahre her, ein neues Kartoffelpufferrezept mit Weißkäse und Zwiebeln und Kümmel, das kann man nicht miteinander vergleichen.

»Und außerdem ist wichtig, daß sie überhaupt vorwärts kommen«, sagt Kowalski nachdenklich. »Verstehst du, lieber langsam vorwärts als schnell zurück...«

ROBERT WALSER

Eines Morgens um acht Uhr

Eines Morgens um acht Uhr stand ein junger Mann vor der Türe eines alleinstehenden, anscheinend schmucken Hauses. Es regnete. »Es wundert mich beinahe«, dachte der Dastehende, »daß ich einen Schirm bei mir habe.« Er besaß nämlich in seinen früheren Jahren nie einen Regenschirm. In der einen nach unten grad ausgestreckten Hand hielt er einen braunen Koffer, einen von den ganz billigen. Vor den Augen des scheinbar von einer Reise herkommenden Mannes war auf einem Emailleschild zu lesen: C. Tobler, technisches Bureau. Er wartete noch einen Moment, wie um über irgend etwas gewiß sehr Belangloses nachzudenken, dann drückte er auf den Knopf der elektrischen Klingel, worauf eine Person kam, allem Anschein nach eine Magd, um ihn eintreten zu lassen.

»Ich bin der neue Angestellte«, sagte Joseph, denn so hieß er. Er solle nur eintreten und hier, die Magd zeigte ihm die Richtung, nach unten ins Bureau gehen. Der Herr werde gleich erscheinen.

Joseph stieg eine Treppe, die eher für Hühner als für Menschen gemacht schien, hinunter und trat rechter Hand ohne weiteres in das technische Bureau ein. Nachdem er eine Weile gewartet hatte, ging die Türe auf. An den festen Schritten über die hölzerne Treppe und am Türaufmachen hatte der Wartende sogleich den Herrn erkannt. Die Erscheinung bestätigte nur die vorausgegangene Gewißheit; es war in der Tat niemand anders als Tobler, der Chef des Hauses, der Herr Ingenieur Tobler. Er machte ziemlich große Augen, er schien ärgerlich zu sein und war es auch.

»Warum«, sagte er, Joseph strafend anblickend, »kommen

Sie denn eigentlich heute schon? Ich habe Sie doch erst für Mittwoch bestellt! Ich bin noch gar nicht soweit eingerichtet. Haben Sie's so eilig gehabt? Wa?«
Für Joseph hatte dieses Weglassen des Schluß-s am Was etwas Verächtliches. So ein verstümmeltes Wort klingt ja auch nicht gerade wie eine freundliche Liebkosung. Er erwiderte, daß man ihn im Stellenvermittlungsbureau darauf aufmerksam gemacht habe, daß er heute, Montag früh, anzutreten habe. Wenn das ein Irrtum sei, so bitte er um Entschuldigung, er aber könne wahrhaftig nichts dafür.
»Sieh da, wie höflich ich bin!« dachte der junge Mann und mußte innerlich unwillkürlich über sein Betragen lächeln. Tobler schien nicht geneigt, sofort entschuldigen zu wollen. Er redete noch einige Male um dieselbe Sache herum, wobei sein ohnehin roter Kopf empört zu erröten begann. Er »begriff« nicht, es nahm ihn dies und jenes »wunder«, schließlich, nachdem sich sein Erstaunen über den vorgekommenen Fehler beruhigt hatte, meinte er zu Joseph schräg hinüber, er könne dableiben.
»Fortschicken kann ich Sie ja jetzt doch nicht mehr.« – »Haben Sie Hunger?« setzte er hinzu. Joseph bejahte ziemlich gleichmütig. Er wunderte sich aber sogleich über die Ruhe seiner Antwort. »Vor einem halben Jahr noch«, dachte er rasch, »würde mich die Hochbeschaffenheit einer derartigen Frage eingeschüchtert haben, und wie!«
»Kommen Sie«, sagte der Ingenieur. Mit diesen Worten führte er seinen neuangeworbenen Beamten ins Eßzimmer hinauf, das im Erdgeschoß gelegen war. Das Bureau lag unter der Erdlinie im Keller. Im Wohn- und Eßzimmer sprach der Herr folgendes:
»Setzen Sie sich! Irgendwo, das ist ganz egal. Und essen Sie, bis Sie satt sind. Hier ist Brot. Schneiden Sie soviel davon ab, wie Sie wollen. Genieren Sie sich nur nicht! Schenken Sie nur mehrere Tassen ein. Kaffee ist genug da. Und da ist Butter. Die Butter ist zum Zugreifen da, wie Sie sehen. Und

da haben Sie auch Konfitüre, falls Sie ein Liebhaber davon sind. Wollen Sie Bratkartoffeln dazu essen?«

»O ja, warum nicht, ganz gern«, hatte Joseph den Mut zu sagen. Worauf Herr Tobler nach Pauline, der Magd, rief und ihr auftrug, das Gewünschte rasch zuzubereiten. Nachdem das Frühstück beendet war, gab es unten im Kontor, inmitten der Zeichenbretter und Zirkel und umherliegenden Bleistifte, zwischen beiden Männern ungefähr folgende Auseinandersetzung:

Er müsse, sagte Tobler in rauhem Ton, einen Kopf als Angestellten haben. Eine Maschine könne ihm nicht dienen. Wenn Joseph planlos und geistlos in den Tag hineinarbeiten wolle, so solle er so gut sein und es gleich auf der Stelle sagen, damit man von Anfang an wisse, woran man mit ihm sei. Er, Tobler, benötige eine Intelligenz, eine selbständig arbeitende Kraft. Wenn Joseph glaube, er sei keine solche, so möge er so freundlich sein, usw. Hier drückte sich der technische Erfinder in Wiederholungen aus.

»Ach«, sagte Joseph, »warum soll ich denn keinen Kopf haben, Herr Tobler? Was mich betrifft, ich glaube und hoffe des Bestimmtesten, daß ich jederzeit dasjenige zu leisten imstande sein werde, was Sie glauben werden, von mir verlangen zu dürfen: Übrigens, meine ich, bin ich hier oben (das Haus Tobler stund auf einem Hügel) ja vorläufig nur probeweise. Die Art unseres gegenseitigen Übereinkommens hindert Sie in keiner Weise, mit mir, wenn Sie es für notwendig erachten, augenblicklich Schluß zu machen.«

Er wolle, fand es Herr Tobler für passend zu sagen, nicht hoffen, daß es soweit komme. Joseph möge nichts für ungut nehmen von dem, was er, Tobler, da soeben gesagt habe. Er habe eben nur geglaubt, gleich von Anfang an klaren Wein einschenken zu sollen, und er sei der Meinung, daß das für beide Teile nur von Gutem könne gewesen sein. Alsdann wisse jeder, woran er mit dem anderen sei, und so sei es am besten. – »Gewiß«, bekräftigte Joseph.

Nach dieser Rücksprache wies der Vorgesetzte dem Untergebenen den Platz an, woran er schreiben »könne«. Es war dies ein etwas zu enges, schmales und zu niedrig gebautes Sitzpult mit einer Schieblade, worin sich die Markenkasse und einige kleinere Bücher befanden. Der Tisch, denn nur ein solcher war's und gar kein wahrhaftiges Pult, stand dicht an einem Fenster und an der Gartenerde. Darüber hinaus erblickte man in der Tiefe den ausgedehnten See, weiter das anderseitige Seeufer. Das alles sah heute sehr trübe aus, denn es regnete noch immer.

»Kommen Sie«, sagte plötzlich Tobler, und er lächelte in etwas, wie es Joseph schien, unziemlicher Art zu seinen Worten, »meine Frau muß Sie doch nun auch bald endlich einmal zu Gesicht bekommen. Kommen Sie mit, ich werde Sie ihr vorstellen! Und dann müssen Sie auch das Zimmer sehen, wo Sie schlafen werden.«

Er führte ihn hinauf in die erste Etage, wo den beiden eine schlanke, hohe Frauenfigur entgegentrat. Das war »sie«. »Eine gewöhnliche Frau«, wollte rasch der junge Angestellte denken, aber er setzte sogleich in Gedanken hinzu: »und doch nicht.« Die Dame betrachtete den »Neuen« ironisch und gleichgültig, aber ohne Absicht. Beides, das Kalte und das Ironische, schien ihr angeboren zu sein. Sie streckte ihm nachlässig, ja sogar träge die Hand dar, er ergriff sie und verneigte sich vor der »Herrin des Hauses«. So nannte er sie im geheimen, nicht, um sie zu etwas Schönerem zu erheben, im Gegenteil, um sie rasch im stillen zu kränken. Diese Frau benahm sich in seinen Augen entschieden zu hochmütig.

»Ich hoffe, es wird Ihnen hier bei uns gefallen«, sagte sie mit einer seltsam hochklingenden Stimme und verzog dazu ein wenig ihren Mund.

»Ja, sag du das nur! Sehr hübsch. Ei seht mal, wie freundlich. Wollen ja sehen.« Auf diese Art hielt es Joseph für angezeigt, für sich über jene wohlwollenden Worte nachzudenken. Alsdann wurde ihm sein Zimmer gezeigt, es lag oben im kupfernen Turm, es war also ein Turmzimmer, gewissermaßen ein romantisches und vornehmes. Übrigens erschien es hell, luftig und freundlich. Das Bett war sauber, o ja, in solch einem Zimmer würde sich's wohnen lassen. Nicht übel. Und Joseph Marti, so hieß er mit seinem ganzen Namen, legte den Koffer, den er mit hinaufgenommen hatte, auf den Parkettboden ab.

Später wurde er in die Geheimnisse der Toblerschen geschäftlichen Unternehmungen kurz eingeweiht und mit den Pflichten, die er zu erfüllen hatte, im allgemeinen vertraut gemacht. Es ging ihm dabei eigentümlich, er verstand nur die Hälfte. Was denn nur mit ihm sei, dachte er und machte sich Vorwürfe: »Bin ich ein Betrüger, ein Schwätzer? Will ich Herrn Tobler hintergehen? Er verlangt einen ›Kopf‹ und ich, ich bin heute absolut kopflos. Vielleicht daß es morgen früh oder bereits heute abend besser geht.«

Das Mittagessen schmeckte ihm ausgezeichnet.

Wiederum dachte er besorgt: »Wie? Hier sitze ich und esse, wie es mir seit vielleicht Monaten nicht mehr gemundet hat, und kapiere nichts von den Winkelzügen der Unternehmungen Toblers. Ist das nicht Diebstahl? Das Essen ist wundervoll, es erinnert mich lebhaft an zu Hause. Solche Suppe hat Mutter gemacht. Wie kräftig und saftig das Gemüse ist, und das Fleisch! Wo kriegt man in der Großstadt dergleichen?«

»Essen Sie, essen Sie«, trieb Tobler an, »in meinem Haus wird tapfer gegessen, haben Sie das verstanden? Nachher wird aber auch gearbeitet.«

Der Herr sehe, er esse ja, erwiderte Joseph mit einer Schüchternheit, die ihn beinahe zornig machte. Er dachte: »Wird er mich nach acht Tagen auch noch zum Essen antreiben? Wie schmachvoll, zu empfinden, wie sehr mir dieses fremde Essen schmeckt. Werde ich diesen unverschämten Appetit durch entsprechende Leistungen rechtfertigen?«

Er nahm sich von jeder Speise noch einmal auf seinen Teller. Ja, er kam aus den Tiefen der menschlichen Gesellschaft her, aus den schattigen, schweigsamen, kargen Winkeln der Großstadt. Er hatte seit Monaten schlecht gegessen.
Ob man ihm das etwa anmerke, dachte er und errötete.
Ja, ein ganz klein wenig merkten das Toblers sicher. Die Frau betrachtete ihn mehrfach fast mitleidig. Die vier Kinder, zwei Mädchen und zwei Knaben, sahen ihn wie etwas Wildfremdes und Sonderbares von der Seite her an. Diese ungeniert fragenden und forschenden Blicke entmutigten ihn. Solche Blicke erinnern eben an die Angeflogenheit an etwas Fremdes, an die Behäbigkeit dieses Fremden, das für sich eine Heimat darstellt, und an die Heimatlosigkeit desjenigen, der nun so dasitzt und die Pflicht hat, sich möglichst rasch und guten Willens in das behagliche fremde Bild heimatlich einzufügen. Solche Blicke machen einen frieren im heißesten Sonnenschein, sie dringen kalt in die Seele, bleiben da einen Moment kalt liegen und verlassen sie wieder, wie sie gekommen sind.
»So. Jetzt an die Arbeit«, rief Tobler. Und beide verließen den Tisch und begaben sich, der Herr voran, in das Bureau hinunter, um da, wie der Befehl lautete, zu arbeiten.
»Rauchen sie?«
Ja, Joseph rauche ganz gern.
»Nehmen Sie sich einen Zigarrenstumpen aus dem blauen Paket dort! Sie dürfen während der Arbeit ruhig rauchen. Ich tu's ja auch. So. Und nun sehen Sie einmal hierher, das da, aber sehen Sie sie ordentlich an, sind die zur ›Reklame-Uhr‹ erforderlichen Papiere. Können Sie gut rechnen? – Dann um so besser. Es handelt sich nun in erster Linie – was tun Sie da? Mein junger Mann, die Asche gehört in den Aschenbecher. Ich habe gern Ordnung zwischen meinen eigenen vier Wänden – also in erster Linie handelt es sich, nehmen Sie einen Bleistift zur Hand, nun, sagen wir, um die Zusammenstellung, um die genaue Gewinnberechnung die-

ses Unternehmens. Nehmen Sie Platz hier, ich werde Ihnen sogleich die nötigen Angaben machen. Und daß Sie mir gefälligst aufpassen, denn ich sage Sachen nicht gern zweimal.«

»Werde ich taugen?« dachte Joseph. Es war wenigstens gut, daß zu einer so schwierigen Arbeit geraucht werden durfte. Ohne Zigarrenstumpen würde er jetzt an der Rechtschaffenheit seines Kopfes ehrlich gezweifelt haben.

Während der Angestellte nun schrieb, wobei ihm der Prinzipal von Zeit zu Zeit über die Schulter in die entstehende Leistung hinabblickte, spazierte dieser, eine krumme, langstilige Zigarre zwischen den schönen, blendend weißen Zähnen tragend, im Bureau auf und ab, um allerhand Zahlen anzugeben, die jeweils flink von einer heute noch ein wenig ungeübten Angestelltenhand nachgezeichnet wurden. Der bläuliche Rauch hüllte beide arbeitenden Gestalten bald gänzlich ein, draußen vor den Fenstern schien sich das Wetter aufhellen zu wollen, Joseph warf ab und zu einen Blick durch die Scheibe und merkte die Veränderung, die sich leise am Himmel vollzog. Einmal bellte der Hund vor der Türe. Tobler trat auf einen Moment hinaus, um das Tier zu beruhigen. Nach Verlauf zweier Arbeitsstunden ließ Frau Tobler durch eines der Kinder zum Nachmittagskaffee rufen. Es sei draußen im Gartenhaus gedeckt, weil das Wetter sich gebessert habe. Der Chef ergriff seinen Hut und sagte zu Joseph, er solle jetzt Kaffeetrinken gehen und nachher das flüchtig Geschriebene ins reine setzen, bis er damit fertig sei, werde es wohl Abend geworden sein.

Dann ging er. Joseph sah ihn den Hügel durch den abstürzenden Garten hinuntergehen. Welch eine stattliche Figur er hat, dachte er, er blieb noch eine ganze Weile so stehen und begab sich dann zum Kaffee in das hübsche, grünangestrichene Gartenhaus.

Während des Imbisses fragte ihn die Frau: »Sind Sie stellenlos gewesen?«

»Ja«, antwortete Joseph.

»Lange?«

Er gab ihr Auskunft, und sie seufzte jedesmal, wenn er von gewissen kläglichen Menschen und Menschenverhältnissen sprach. Sie tat das ganz leicht und obenhin, und sie behielt außerdem die jeweiligen Seufzer länger als gerade nötig war im Mund, als habe sie sich jedesmal an der Annehmlichkeit dieses Tons und Empfindens weiden können.

»Gewissen Menschen«, dachte Joseph, »scheint es Vergnügen zu machen, an bedauerliche Dinge zu denken. Wie diese Frau Nachdenklichkeit mimt! Sie seufzt, wie andere lachen, genau so fröhlich. Ist das jetzt meine Herrin?«

Später stürzte er sich in seine Reinschrift. Es wurde abend. Morgen früh würde es sich ja zeigen, ob er eine Kraft oder eine Null, eine Intelligenz oder eine Maschine, ein Kopf oder ein Hohlkopf sei. Für heute war es seines Erachtens nach genug. Er räumte seine Arbeit zusammen und ging in sein Zimmer, froh darüber, für eine kleine Zeitlang allein sein zu dürfen. Er fing nicht ohne Wehmut an, seinen Handkoffer, seine ganze Besitzung, langsam, Stück für Stück, auszupacken, wobei er der unzählbaren Umzüge gedachte, zu deren Erledigung er sich nun schon so viele Male dieses Köfferchens bedient hatte. Schlichte Sachen werden einem so lieb, das empfand der junge Angestellte. Wie es ihm bei Tobler gehen werde, fragte er sich, während er die paar Wäschestücke, die er besaß, in absichtlich säuberlichster Manier in den Schrank legte: »Gut oder schlecht, ich bin einmal da, gehe es wie es gehen kann.« Er gelobte sich im stillen, sich Mühe zu geben, indem er einen Knäuel alter Faden, Bindfadenteile, Halsbinden, Knöpfe, Nadeln und abgerissene Leinenfetzen auf den Fußboden warf. »Wenn ich nun schon einmal hier esse und schlafe, will ich mich geistig und körperlich dafür auch anstrengen«, murmelte er weiter, »wie alt bin ich jetzt? Vierundzwanzig! Das ist keine nennenswerte Jugend mehr. Ich bin zurückgeblieben im Leben.« Er hatte den Koffer geleert und stellte ihn in eine Ecke. Sobald er glaubte, daß es ungefähr Zeit sei, ging er zum Abendessen, später noch zur Post ins Dorf hinein, später schlafen.

RAINER MALKOWSKI

Der Tag um Mitternacht

Nicht der Nachmittag Streit,
nicht der Abend
einsilbiger Mund.
Heute, das war:
als ich aus dem Haus trat
die Sekunde
Erwartung des Schönen.

Notiz im November

Schlechte Tage,
an denen man in den Lexika blättert
– erstaunt
über die Fülle der Welt.

VOLKER BRAUN

Die Festtage war Karin elend zumut

Die Festtage war Karin elend zumut. Sie hing in dem Haus herum und wußte nichts anzufangen. Die Spiele der Geschwister gingen sie nichts an, in der Küche verdroß sie das betont unbekümmerte Gesicht der Mutter, daß sie erstickt hinauslief, sobald sie sich in ein Gespräch einließ. Es wurde, wie die Mutter fröhlich befahl, »auf Familie gemacht«. Sonst arbeitete sie in ihrer Lokalredaktion, von früh und manchmal bis nachts, und mußte die Kinder meist sich selbst überlassen.
Zwischen Weihnachten und Neujahr machten die Eltern einen Besuch in P., sie nahmen Karin mit. Bei der Gelegenheit ging sie zu Danny. Sie hatte ihn kennengelernt, als sie in K. gekellnert hatte, in den Ferien, in der Gaststätte meist Soldaten. Er war ihr aufgefallen, weil er »attraktiv« aussah, ein langer blonder Bursche, sie war ganz hingewesen. Er hatte sie auf der Straße angesprochen, und das war die einzige Aktivität gewesen, zu der er sich aufgerafft hatte, er hatte alles ihr überlassen. Als sie ihm erzählte, daß sie schon mit drei anderen gegangen war, hatte er sie angesehn wie: Mensch, wo kommst *du* denn her, das kannte er noch gar nicht. Bei ihm war nur alles Asche gewesen. Er war wie in sich verriegelt; er hatte sie angehimmelt, und es war kein Rankommen an ihn gewesen. Sie hätte ihn zum Reden bringen müssen, und das hatte sie nicht gekonnt. Aber als Frank sie später gefragt hatte: Liebst du ihn noch? hatte sie gleich Ja gesagt, und es war die Wahrheit gewesen. Jetzt ging sie zu ihm hin, um zu sehn, daß Frank ihr mehr gefiel. Danny saß da und redete von sich; es liege alles an ihm, weil er zu eigensüchtig sei. Da schien er ihr ein kalter Mensch, der sie nicht rührte.

Sie konnte über gar nichts sprechen. Sie dachte nur noch daran, einen Satz zu finden, eine Frage, um irgendwas zu sagen. Aber weil ihr die Situation so peinigend bewußt war, fiel ihr nichts ein. Sie wurde nur leerer, je länger sie in sich suchte. Und doch ging etwas vor zwischen ihnen, Minute für Minute, das ihr recht war und nicht mehr aufzuhalten und schließlich erreicht war. Nun war nichts mehr mit ihm.

Silvester schrieb Karin einen Brief an Frank. Sie versuchte, ihm etwas zu erklären. Aber sie sah gleich: es ging nicht. Sie konnte sich nichts denken, sie wußte nicht, was war. Aber eins wußte sie: daß sie nicht glaubwürdig gewesen war am Telefon. Sie schrieb den Abend durch; es war zwecklos. Sie kam dann, auf Drängen des Vaters, in die Wohnstube, die Haare ungemacht in langen Strähnen im Gesicht, in den verwaschenen Jeans. Ihr Aufzug wurde gerügt, sie sagte, zum Fernsehen reiche es. Die Mutter machte den Kasten aus, sie saßen zusammen am Tisch und knackten Nüsse. Der Vater zündete noch einmal die Kerzen am Weihnachtsbaum an. Kurz vor zwölf füllte er die Sektgläser, aus dem Radio kam eine Fuge von Bach. Mitterncht stießen sie an auf das GUTE NEUE JAHR.

Am 2. Januar fuhr sie nach M. Sie sollte ihr Volontariat, das sie in H. begonnen hatte, in der Bezirksredaktion fortsetzen. Sie hatte sich auf diesen Tag wie noch auf keinen gefreut, aber nun saß sie bedrückt im Bus. Sie schaute in die plane Landschaft hinaus, die großen Felder, ein dünner Schnee fiel und verschwand am Boden. Die zwei herverschlagenen Bohrtürme, wenige stille Dörfer, der Wald preußisch gerade, bis in die nächste verwinkelte Stadt hinein kannte sie jeden Fleck. Hierhin war sie zur Oberschule gefahren. Dann kamen andere Wälder, zerrissen zwischen Wiesen und Schauern Schnees, und jetzt erst ging es von zuhause fort, ihr war seltsam im Kopf. Es schneite stärker, die

Dörfer wie zugehängt, die Bäume am Straßenrand rückten ganz fern und unwirklich weg. Sie fror. Sie hielt die Masten und Schneisen in ihrem Blick, das kam ihr nun alles zu, und konnte nichts halten, es flog alles dahin, alle Gewißheiten, alle Sicherheit.

Vor M. schien Sonne, die Straße blendete, schnitt wie ein Schneidbrenner in die Brücken ein, der Fluß wie grauer Teig in den Mulden. Karin vergaß ihren Kummer, das Zentrum lag offen und breit, weggebaut über die Trümmer; sie wurde fröhlich. Sie kam an.

In der Redaktion ging alles glatt, wie immer alles glatt gegangen war in ihrem Leben. Sie könne anfangen, wenn sie ein Zimmer bekäme. Man führte sie herum, sie sah nur freundliche Gesichter. Sie war an ihrem Ziel. Sie kam auch ins Parteizimmer und wurde als Kandidatin vorgestellt, der Sekretär, ein weißhaariger Mann, ließ sich von ihr mit Du anreden, und sie genierte sich noch und war zugleich stolz. Sobald sie draußen war, rief sie Frank an.

Sie trafen sich am Fluß. Niemand, den sie kannte, sah sie. Er stand auf einer Wiese voll schwarzem Gestrüpp, den Körper vorgebeugt, ein dünner Bart um das blasse Gesicht, die Augen bohrend auf sie gerichtet. Karin erzählte, was vorgefallen war. Er sagte: Wenn du jetzt nicht gekommen wärst – Aber sie umarmte ihn. Während sie an dem vereisten Ufer langgingen, sprach er schnell und wütend allerlei Zeug: Ich habs nicht mehr ausgehalten ... ich wußte, da ist irgendwas, konnte mir das nicht erklären! Ich wußte nur du willst mich nicht mehr haben. Er sagte: »Wenn du nicht gekommen wärst – ich glaube, ich hätte den Gashahn aufgedreht.«

Er sagte das ganz ernst, und Karin war belustigt über diesen trüben Ausbruch. Sie beruhigte ihn. »Es ist ja gut. Mach nicht so Theater deswegen, wir müssen sehn, wie wir das hinter uns bringen.« Aber sie dürfe noch niemandem erzählen, was sich abgespielt habe zuhause. »Ich darf dich nicht sehn. Ich durfte dir auch nichts sagen, weil die Möglichkeit besteht, daß ich dich damit warne.« Er lachte und schaute verzweifelt drein, schüttelte den schmalen kurzgeschorenen Kopf. Sie überlegten angestrengt, was man ihm vorwerfen könnte, es fiel ihnen nichts ein. Als er ausgelernt hatte als Fernmeldeelektriker, als sie ihn zufällig wiedergetroffen hatte nach drei Jahren, war sie überrascht gewesen, wie er sich verändert hatte. Alles, was sie früher gestört hatte, das laxe brutale Gehabe, die Oberflächlichkeit, das WESTLICHE GEREDE hatte er sich abgewöhnt; es war unglaublich gewesen: er lief noch in dieser zerschabten Lederjacke herum und war ein anderer Mensch.

Sie gingen dann zu Frank nachhause. Er wohnte bei seiner Mutter in einer Neubauwohnung, in einer dieser gleichförmigen, langen, niedrigen Großblockhütten, mit denen die historische Altstadt besiedelt wurde, ein gesichtsloses Dorf. Seine Mutter war nicht da. Sie lasen noch einmal die Briefe durch, die ein früherer Schulfreund VON DRÜBEN geschickt hatte, Frank hatte davon erzählt; der war von den Grenztruppen abgehaun. In einem Brief stand, wenn Frank interessiert wär herüberzukommen, da wüßte man eine Stelle und einen Weg... Das konnte es sein – aber Frank lachte darüber, das würde er nie tun, was sollte er dort! Sie glaubte ihm. Das war zu lächerlich, sie suchten andere Sätze, aber fanden nichts, das den Verdacht erklären konnte. Das konnte es nicht sein. Karin wollte aus der Wohnung heraus, eh seine Mutter komme; Frank war verstimmt. Sie gingen durch einen dunklen Park, ohne was zu reden. Er fragte sie dann, wo sie denn bleiben wolle! Sie sagte: er solle sich keine Sorgen machen, bei ihrer Schwester, oder sie könne auf den Bahnhof gehn. Sie kamen zum Bahnhof, tranken lauwarmen Tee mit Rum. Sie lehnte sich an ihn, und er hielt sie mit beiden Armen fest. Keiner nahm Notiz von ihnen, und es war ihnen jetzt egal. Er griff um ihre Brust, und sie fuhr mit ihrem Arm durch seine Sachen an seinen nackten Rücken.

Während er eine Hand wie entschuldigend an ihr Gesicht legte, legte er die andere auf ihren Schoß. Jetzt, da es hier nichts werden konnte, hielt sie beide nichts zurück; ihre Finger berührten sich auf ihren Knien und drückten sich solidarisch und drängten, so gerechtfertigt, auf den Körper des anderen ein. Sie machten sich verrückt, sie hieltens nicht mehr aus. Sie gingen hinaus, Wind und Matsch, liefen den Platz hinüber zum Interhotel. Karin wollte nicht mit Frank auf dasselbe Zimmer eingetragen sein, sie verlangte zwei. Als die Frau an der Reception die Personalien prüfte, verweigerte sie Frank die Unterkunft. Er sei in der Stadt polizeilich gemeldet, könne also kein Hotel benutzen. Sie setzten sich ins Restaurant und aßen etwas. Dann ließ Karin Frank nach oben gehn in ihr Zimmer, mit ihrem Schlüssel, sie kam ein paar Minuten später nach. Sie legten sich ins Bett. Sie fingen wieder an zu überlegen. Karin küßte ihn auf die Brust, auf den Leib, und er legte sich auf sie und drang in sie ein. Aber er dachte sogleich wieder nach und war nicht bei sich, und fühlte plötzlich, daß er nicht mehr in ihr war und sich nur so bewegte. Er erschrak, und es war erst mal vorbei. Karin war das Bett zu weich, sie warfen die Zudecke auf den Boden und legten sich hinunter. Das Zimmer war überheizt, auf der Straße unten dröhnten die Fernlaster. Sie versuchten es wieder, sie quälten sich. Karin schlief endlich ein. Frank wälzte sich bis zum Morgen herum.

THOMAS BRASCH

Hammett

»Die Namen«, brüllt der Polizist, »wer hat ihnen das Geld gegeben?« Er sagt nichts, als die kleine Hand in sein Gesicht schlägt. »Ich habe Ihre Romane gelesen«, sagt der braungebrannte Staatsanwalt, »gute Geschichten dabei.« Er sagt nichts, als der Staatsanwalt ihm Feuer für die Zigarette gibt. »Er weigerte sich, die Tatsachen aufzudecken«, sagt der Richter, seufzt und läßt ihn abführen. Er nannte keine Namen. Er sagte nicht, was er wußte. Er wußte nichts, aber das sagte er nicht.

Zwei Gedichte von Jack the ripper

Ich habe keine Zeit euch zu erzählen
wie ich dazu kam ein Mörder zu werden
aber ihr solltet wissen, daß die Zeit zeigen wird
daß ich eine Stütze der Gesellschaft bin

Ich bin kein Fleischer
ich bin kein Jude
auch kein ausländischer Kapitän
aber ich bin euer eigener lichtherzer Freund
immer der eure: Jack the ripper.

WOLFGANG HILDESHEIMER

Mozart

DAS BÄSLE war vermutlich die erste Geliebte Mozarts. Diese Affaire wurde meist, unter Verzicht auf weitere Definitionen und in absichtlicher Verdunkelung, bagatellisiert. Bei Einstein ist sie eine »Neckerei«, bei Schurig eine »regelrechte kleine Liebelei!« – selbst hier also hat sich das Genie einer Regel zu fügen –, Paumgartner befindet, daß Mozart hier »nicht mit vetterlichen Freundlichkeiten« gespart habe. Schenk meint, die Beziehung sei ein »reizend-spaßhafter Kontakt« gewesen. »Eine recht harmlose lustige Liebelei, die sich da zwischen den beiden jungen Leuten entspann«, schreibt Abert, dem, wie den meisten, die Angelegenheit eher peinlich ist, und der sich notgedrungen zu einem beschwingten Wortschatz entschließt, mit dem er sie in den Wind werfen kann. Nach anderen – ich erspare mir die Namen – haben wir es hier mit dem »übermütigen Mozart« zu tun, dem »hanswurstigen Mozart«, dem »derb-komischen Spaßmacher«, der hier einerseits eine »verliebte Tändelei«, andrerseits »närrische Possen« betreibt. Die Wahl der Betrachtung steht dem Leser frei.

Es ließe sich argumentieren, daß, angesichts dieser Beziehung, sich vielleicht die Frage nach Diskretion erhoben hätte, die das Genie beanspruchen darf, da es sich nur in seinem Werk offenbart. Doch ist diese Frage irrelevant geworden: Wir wissen, daß wir ein großes Werk unter dem Aspekt aller Lebenselemente seines Schöpfers zu betrachten haben, selbst wenn sich aus ihnen, wie in unserem Fall, dieses Leben nicht enthüllt; ein Versuch kann nur scheitern, wenn er gemacht wird, wir lernen aus dem Scheitern. Zudem: Für die Zweifel an dem Recht, ein Leben aufzudecken, selbst

Schlafzimmergeheimnisse aufzustöbern, ist es heute zu spät, nachdem alles Geheimnis verfälschtes Allgemeingut geworden ist, Opfer jener Unwahrhaftigkeit, der Trivial-Autoren, der furchtbaren Vereinfacher, die mit der Verdrängung eigener Fehlbarkeiten beginnt und notwendigerweise mit der Zensur der Fehlbarkeit des Helden endet, sofern sie an ihm nicht gerade das rügen, was latent auch in ihnen steckt. Unter solchen Umständen dient das Nutzbarmachen allen verfügbaren Materials der Verteidigung des Betroffenen, auch dort, wo sich scheinbar »Negatives« enthüllt. Ähnlich wie im Fall Beethoven hat unser Argwohn den Eiferern für die »Reinheit« zu gelten. Denn ihr Maßstab dieser Eigenschaft ist am eigenen Ich modelliert, so wie es sich ihnen selbst darbietet. Die sinistre Tiefe dieses Ich bleibt ihnen stets verborgen und kommt als verschrobene moralische Haltung an falscher Stelle zum Vorschein. Ihre Meinung, wie ein Mensch wie Mozart zu sein habe, hat uns nicht zu interessieren.

DIE FRAGE NACH DEM WAHREN VERHÄLTNIS zwischen Mozart und seinem Bäsle würde uns in weit geringerem Maß beschäftigen – irgendwann müssen Mann und Frau den Gegebenheiten der Natur folgen, irgend jemand muß dann der Partner sein, und in diesem Fall war es eben Maria Anna Thekla –, hätte es ihn nicht zu einem Seitenzweig seiner Produktivität angeregt, der keineswegs unwesentlich ist. Er gehört zu Mozart, ist ein integrierter Teil von ihm. Die Bäsle-Briefe eröffnen die Sicht auf eine Seite Mozarts, die sich, wenn auch nicht ausschließlich in diesen Dokumenten, so doch in ihnen besonders eindeutig, wenn nicht hartnäkkig, manifestiert. In der Tat bietet sich, zumal bei oberflächlicher Lektüre, ein Bild eigentümlicher Infantilität. Damit bezeichnen wir nicht allein die oft schwelgerische Beschreibung unterleibgebundener Vorgänge und Funktionen, wenn auch sie vornehmlich die Ursache sind, daß man sie lange nicht abgedruckt hat. In den bürgerlichen Bücherschrank gehörte nur die ins Hochdeutsch übertragene gekürzte und damit verfälschte Auswahl. Gewiß sind diese Briefe nicht immer appetitlich, zumal wenn wir der Suggestion unterliegen, die entsprechende Situation nachzuvollziehen. Wir wissen sehr wohl, daß man im achtzehnten Jahrhundert und vorher die Körperfunktionen und ihre Organe nicht bei ihren lateinischen Namen zu nennen pflegte, sondern bei ihren vulgären. Und gerade die Familie Mozart hatte einen besonders starken Hang zur Fäkalkomik, vielleicht außer dem Nannerl, dessen beinah penetrante Farblosigkeit ihr selbst dieserart Äußerungen nicht gestattet zu haben scheint.

Jedenfalls an der Fäkalsprache entzündet sich Mozarts Wortphantasie: eine ungebändigte Lust an der Variation des Wortthemas, das bei ihm alsbald über das rein Begriffliche hinauswächst, doch in ihren onomatopoetischen Abwandlungen immer wieder in den Sprachschatz dieser Kategorie hineinmündet; die Assoziationskette funktioniert scheinbar rondoartig. Am Analen entfacht, findet sie immer wieder dorthin zurück, zumindest in den Bäsle-Briefen, wo sie meist unter der Gürtellinie bleibt, jedenfalls in ihrem vordergründigen Thema. Am 28. Februar 1778 schreibt Mozart an das Bäsle:

> sie werden vielleicht glauben oder gar meynen ich sey gestorben! ––ich sey Crepirt? – oder verreckt? – doch nein! meynen sie es nicht, ich bitte sie; denn gemeint und geschissen ist zweyerley! – wie könnte ich denn so schön schreiben wenn ich tod wäre? – wie wäre das wohl möglich? ––– wegen meinem so langen stillschweigen will ich mich gar nicht entschuldigen, denn sie würden mir so nichts glauben; doch, was wahr ist, bleibt wahr! – ich habe so viell zu thun gehabt, daß ich wohl zeit hatte, an das bäsle zu denken, aber nicht zu schreiben, mithin hab ichs müssen lassen bleiben.

Nun aber habe ich die Ehre, sie zu fragen, wie sie sich befinden und sich tragen? – ob sie noch offens leibs sind? – ob sie etwa gar haben den grind? –– sie mich noch ein bischen können leiden? – ob sie öfters schreiben mit einer kreiden? – ob sie noch dann und wan an mich gedencken? – ob sie nicht bisweilen lust haben sich aufzuhencken? – ob sie etwa gar bös waren? auf mich armen narrn; ob sie nicht gutwillig wollen fried machen, oder ich lass bei meiner Ehr einen krachen! doch sie lachen – – victoria! –– unsre arsch sollen die friedens-zeichen seyn! – ich dachte wohl, daß sie mir nicht länger widerstehen könnten. ja ja, ich bin meiner sache gewis, und sollt ich heut noch machen einen schiss, obwohl ich in 14 Tägen geh nach Paris. wenn sie mir also wolln antworten, aus der stadt Augsburg dorten, so schreiben sie mir baldt, damit ich den brief erhalt, sonst wenn ich etwa schon bin weck, bekomme ich statt einen brief einen dreck. dreck! –– dreck! – o dreck! – o süsses wort! – dreck! – schmeck! – auch schön! – dreck, schmeck! – dreck! – leck! – o charmante! – dreck, leck! – das freüet mich! – dreck, schmeck und leck! – schmeck dreck, und leck dreck! –– Nun um auf etwas anders zu kommen; haben sie sich diese fasnacht schon braf lustig gemacht. in augsburg kann man sich dermalen lustig machen als hier. ich wollte wünschen ich wäre bey ihnen, damit ich mit ihnen recht herumspringen könnte. Meine Mama und ich, wir empfehlen uns beyde dem H: Vater und frau Mutter, nebst dem bäsl, und hoffen das sie alle 3 recht gesund und wohlauf seyn mögen. wir sind es gott lob und danck. das glaub nicht. desto besser, besser desto. apropós: wie stehts mit der französischen sprache? – darf ich bald einen ganz französischen brief schreiben? – von Paris aus, nicht wahr? sagen sie mir doch, haben sie den spunicunifait noch? –

»Spunicunifait« gehört zu jenen Geheimwörtern, die in diesen Briefen immer wiederkehren. Die Bedeutung ist leider nicht mehr festzustellen, die Zusammensetzung klingt nach erotischer Anzüglichkeit, jedenfalls bleibt sie ein dankbares Objekt der Spekulation. Die hier enthaltene Toccata gibt beinah den Akt des Komponierens wieder, assoziative Aneinanderreihung kurzer Notenwerte. Dazwischen erscheinen rezitativische Ausrufe: »o süsses Wort« – wahrscheinlich hatte Mozart ein Libretto gelesen, in dem der Ausruf »o dolce parola« vorkam.

Infantilität, ohne Zweifel. Gänzlich ist er ihr sein Leben lang nicht entwachsen, wir finden Anklingendes noch in seinen letzten Briefen. Aber es ist mehr als das: Mozarts verbale Phantasie entzündet sich nicht zuletzt an der Konvention und an den Schemata ihrer Artikulation. Sein unmäßig entwickelter Sinn für Komik, der sich später manchmal bis ins Dämonische gesteigert hat, reagierte unmittelbar auf äußere Reize, auf Funktionen und Requisiten, auf Zustände, wie die Banalität des täglichen Lebens sie schafft. Ihre Erwähnung und ihr Gebrauch setzte bei ihm einen Mechanismus in Bewegung; eine Reaktion, dessen Ausdruck sich in einer Art Abwandlungszwang niederschlägt, so wie es ja auch passionierte Schüttelreimer gibt, die, zur Qual jener Anwesenden, die es nicht sind, diesem Reimzwang permanent unterliegen. Eine Wortkombination, eine Metapher, und sei sie auch noch so schal und abgeschmackt, erscheint plötzlich, beim Schreiben, oder laut hergesagt, im grellen Licht eines neu erwachten Bewußtseins für das Absurde, wird so lächerlich, wie eine Puppe wird, wenn man sie lange Zeit unbewegt ansieht, und eröffnet ungeahnte Möglichkeiten der Variation.

Zum Beispiel: Der Sitte entsprechend, läßt Mozart in seinen Briefen an den Vater, mit anerzogener und ödester Regelmäßigkeit, stets alle Salzburger Bekannten grüßen. Allmählich aber wird ihm die Absurdität dieser Sitte bewußt. Dieses Bewußtsein kündigt sich im Brief vom 25. Oktober 1777 an, und er schließt, hier noch in komischer Irritation:

> Nun addio, ich küsse dem papa nochmahlen die hände, und meine schwester umarme ich, und allen guten freünden und freündinnen empfehle ich mich, und auf das heisel nun begieb ich mich, und einen dreck vielleicht scheisse ich, und der nähmliche narr bleibe ich. Wolfgang et Amadeus Mozartich, augspurg den 25 octobrich, 1700 Siebenzigich.

Hier, wie oft, nimmt er also den Vorwurf der Narrheit vorweg. Bezeichnenderweise nennt er sich in solcherlei Briefen, und nur in ihnen, »Amadeus«.

Gezielt und radikal aber wird die Parodie auf die Unsitte des Grüßenlassens in der Nachschrift eines Briefes der Mutter an den Vater kurz darauf (26. November 1777). Inzwischen hat er es wirklich satt, und in einem Zustand verzweifelter Müdigkeit, die sich in grimmiger Lust am Absurden niederschlägt, komponiert er eine Liste von Freunden, Bekannten, Gönnern und fiktiven Gestalten, die in eine Stretta unterdrückter Wut mündet:

> Wenn ich noch einen Plaz findete, so schreibte ich 100 000 Complimente von uns 2, sage von uns zwey, an alle gute freünd und freündinnen; besonders an die *A.* adlgasserische, andretterische, und Arco (graf) H: *b* bullinger, barisanische, und beranitzky, *C* Czernin, (graf) Cußetti, und den drey H: Calcanten, *D* H: daser, deibl, und dommeseer, *E* Mad^selle^ Eberlin waberl, H: Estlinger, und alle Esln zu Salzburg, *F* Firmian, (graf und gräfin, und dackerl) den kleinen franzl, und an Petrischen freyhof, *G* Mad^selle^ Mad: et deux Mons. gylofsky, und auch an Conseiller, dann H: gretri, und gablerbrey, *H* den haydnischen, hagenauerischen, und der höllbrey Thresel, *J,* joli (die Sallerl) an H: janitsch den geiger, und an jacob beym hagenauer, *K,* H: und fr. v. kürsinger, graf und gräfin kühnburg, und H: kassel, *L,* Baron lehrbach, graf und gräfin litzauw, graf und gräf: Lodron, *M,* H: Meissner, Medlhammer und Moserbrey, *N,* der Nannerl, den hofnarren

Pater florian, und allen Nachtwächtern, *O*, den graf oxenstirn, den H: oberbreiter, und allen ochsen in Salzburg, *P*, den Prexischen, graf Pranck kuchelmeister, und graf Perusa, *Q*, den H: Quilibet, quodlibet, und allen quackern, *R:* den Pater florian reichsigel, Robinische, und Maestro Rust, *S*, den H: Suscipe, H: Seiffert, und alle Säü in Salzburg, *T*, H: Tanzberger unsern Mezger, der thresel, und an alle trompeter, *U*, an die stadt ulm, und uttrecht, und an alle uhren in Salzburg wen man anfangs ein h hinzusetzt, *W*, an die wieserische, wurstmacher hans, und an woferl, *X*, an die xantipe, an xerxes, und an alle die dessen Namen mit einen x anfängt, *Y* an H: ypsilon, an die H: ybrig, und alle die dessen Name mit einem y anfängt, letztens aber z, an H: zabuesnig, H: zonca, und H: zezi im schloss. addlieu, wenn ich Plaz hätte, so schreibete ich schon noch etwas, aufs wenigst doch Complimenten an meine gute freünd, so kan es aber nicht seyn ich wüste nicht wo ich hinschreiben sollte. Ich kann gescheüt nichts heüts schreiben, denn ich heis völlig aus den biel. der hapa üble es mir nicht. Müssen Paben, ich so halt einmahl heüt bin, ich helf mir nicht können. wohlen sie leb. ich gute eine wünsche nacht. sunden sie geschlaf. werdens nächste ich schon schreiber gescheiden;...

Doch ist auch diese komische Verzweiflung natürlich nur eine Ausflucht. Der Vater nämlich, inzwischen ungehalten über die Ziellosigkeit des Sohnes, hatte ihn in jedem Brief aufs neue gedrängt, er möge über seine Pläne und Aussichten berichten. Daher ist dieser Brief nicht zuletzt, in seiner mühevollen Kleinarbeit, der gewaltsamen Alphabet-Orgie, ein Zeugnis der Verdrängung. Da sich nämlich beruflich keinerlei Anlaß zu Optimismus bot, hat er die Zukunft zugunsten seiner Spielmechanismen von sich geschoben, und zwar damals noch mit temporärem Erfolg. Der Vater war natürlich ratlos, doch war er das letztlich seinem Sohne gegenüber immer.

KARL KROLOW

Warnung des Sommers

Am Laub der Bäume
tauchen gelbe Flecken auf –
eine unkorrigierbare
Warnung des Sommers.
Man geht im Regenmantel geradeaus
durch eine Gegend mit Falläpfeln
und vergessener Müllabfuhr,
die man nicht zitieren kann
in richtigen Landschaftsgedichten.
Manche Leute wollen alles haben,
sagt man. Sie bekommen
die Unfreundlichkeit der Welt umsonst,
mit Schnee im Rücken,
der morgen fallen wird.

Herbst-Gedicht

I

Es fällt nicht auf,
daß hier niemand mehr jagt
mit lustigem Gewehrfeuer
und ein Gemetzel unter Fasanen anrichtet.
Keine latente Angst der Kreatur.
Die Wolke von Dieselöl
bleibt über dem Boden hängen.

Die kleine Vergiftung
nimmt man hin.
Im Zimmer brennt Licht wie sonst
wenn es soweit ist –
ziemlich frühes Dunkel mit seiner
libidinösen Moral.
Man liebt sich gründlicher
ohne Leute zu sehen.
Die Wahrnehmungs-Techniken wechseln.
Ich fahre mir mit der Hand
übers Gesicht, als hinge
mein Leben davon ab.

Herbst-Gedicht

2

Der Herbst beginnt auch diesmal
ländlich im zweiten Gedicht
mit Schrotsalven über den Feldern.
Komm näher, ohne Plan,
laß es zu, deine Handfläche
zu betrachten.
Nichts ist symbolisch
in unserem animalischen Leben.
Ideen fallen wie Wildpret
zu Boden.
Es gibt keine zuverlässige Lösung
für die Gleichgültigkeit
der Gegenstände.
Hinsehn genügt fürs erste –
ein Mädchen auf einem Fahrrad
verliert sich in der
durchsichtigen Luft.

Dies ist die Feststellung,
die ich brauche,
um mich zu vergewissern,
daß es einen Horizont gibt.
Danach schmeckt mir
einiges besser.

Der Einfachheit halber

Der Einfachheit halber
sage ich immer noch Landschaft.
Mit physischer Beschreibung
kommt man nicht weit
angesichts launenhafter Vegetation.
In gewissen Fällen
reicht das immer noch aus –
mit einem Kalender der Tatsachen,
die einem dazwischen kommen
als Jahreszeiten.
Eine gewisse Mühe macht es,
Einzelheiten in Besitz zu nehmen,
an denen man nichts besitzt.

MARTIN WALSER

Ein fliehendes Pferd

Sie waren gerade aus der Ortschaft draußen, da hörten sie hinter sich Schreie, Rufe, hallende Hufschläge. Sie rannten sofort zur Seite. Durch den Ort kam ein Pferd. In wilder Flucht. Die Häuser wirkten klein gegen das Pferd. Vielleicht weil es so große Sätze machte. Mit einem verkrampften, eigensinnig zur Seite gerichteten Kopf donnerte es zwischen den Häusern heraus. Die Vorderbeine gingen so gleichzeitig hoch und nieder, daß sie wirkten wie gefesselt. Schon hatte sich ein Mann dem Pferd in den Weg stellen wollen, aber da das Pferd sich seinetwegen nicht mäßigte, hatte er im letzten Augenblick einen Sprung zur Seite machen müssen. Plötzlich stand das Pferd. Etwa in der Mitte zwischen ihnen und dem Ort. Zwei Männer, die ihm nachgerannt waren, holten es ein. Der, dem es wahrscheinlich gehörte, überholte es zuerst, redete ihm gut zu, trat von vorn auf es zu und wollte es am Halfter nehmen. Aber in diesem Augenblick, als seine Hand sich dem Gesicht des Pferdes näherte, ging es vorn hoch und raste wieder los. Es raste an den Wanderern im vollen Karacho und mit krachenden Fürzen vorbei. Helmut hatte Mühe, Otto zurückzuhalten. Wahrscheinlich wurde das Pferd durch sein Gekläff noch verrückter. Es war ein schöner, auch auf dem freien Weg immer noch riesiger Fuchs mit einer Blesse im Gesicht. Klaus schrie Otto an: Halt's Maul, Köter! Warf Hel seine Jacke zu und rannte dem Pferd nach. Hel rief halblaut: Nicht, Klaus… Klaus!

Als das Pferd weit draußen wieder zum Stehen kam und am Wiesenrand graste, minderte Klaus sein Tempo. Je näher er dem Pferd kam, desto langsamer ging er. Zuletzt bog er weit aus und näherte sich dem Pferd genau von der Seite. Ganz zuletzt sah man ihn nach der Mähne greifen und schon saß er droben. Das Pferd rannte wieder los. Aber Klaus saß. Klein und eng. Irgendwie anliegend. Weil der Weg zwischen Bäume einbog und abwärts ging, sah man die beiden nicht mehr. Die vom Dorf waren inzwischen bei Helmut und den Frauen angekommen. Einer sagte, das hätte der Bub nicht machen dürfen. Jetzt werde der Braune erst recht nicht nachgeben. Er werde rennen, bis er müde sei. Zum Stehen könne der Bub ihn nicht bringen. Wahrscheinlich werde der Braune den Buben irgendwo abstreifen.

Der Bauer hielt Klaus, den er nur aus der Ferne gesehen hatte, offenbar für Helmuts und Sabines Sohn.

Hel hatte sich, als Klaus auf das Pferd gesprungen war, weggedreht. So stand sie noch. Sabine ging zu ihr hin. Schon bog aus der Kurve unter den Bäumen Klaus mit dem Braunen hervor. Und als er heran war, stand der Braune. Beide schwitzten. Hel rannte hin. Alle rannten hin. Nur Helmut nicht. Otto wütete wieder, also mußte er ihn möglichst weit abseits halten. Klaus übergab das Pferd. Der Bauer sagte: Das hätte letz gehen können. Klaus lachte und sagte: Aber nein. Das ist doch ein Braver. Der ist sicher nur wegen einer Bremse durchgegangen. Der Bauer schüttelte den Kopf, als sei er mit Klaus' Eingreifen immer noch nicht einverstanden. Dann grüßte man einander und alle gingen ihres Weges. Als sie wieder unter sich waren und alle Klaus ihre Bewunderung ausdrückten, sagte der, und legte dabei Hel den Arm um die Schultern: Siehst du, wenn ich den in Meran nicht gepackt hätte, hätte ich vor dem hier Angst gehabt. Das in Meran, erklärte er Helmut und Sabine, war nur ein Haflinger. Und Hel wollte mich zurückhalten. Also, wenn ich mich in etwas hineindenken kann, dann ist es ein fliehendes Pferd. Der Bauer hier hat den Fehler gemacht, von vorne auf das Pferd zuzugehen und auf es einzureden. Einem fliehenden Pferd kannst du dich nicht in den Weg stellen. Es muß das Gefühl haben, sein Weg bleibt frei. Und: ein fliehendes Pferd läßt nicht mit sich reden.

SILVIO BLATTER

Es war Winter und kalt

Es war Winter und kalt, es war an einem Sonntagmorgen mit allen Hoffnungen, die Sonne schien, auf dem Weg, der dem Fluß folgte, ging eine junge Frau, und über ihrem Bauch spannte der Mantel, denn sie war schwanger.
Margrit Fischer zählte fünfundzwanzig Jahre, sie erwartete ihr erstes Kind.
Über Nacht hatte ein Schneefall die Straßen und Häuser der Stadt, den Wald und die umliegenden Felder in seinen weißen Besitz genommen. Nur die Reuss zog unverändert dahin, spiegelte Licht und führte nur wenig Wasser wie immer im Januar. Margrit ging behutsam; in den Taschen des Mantels versteckt, legte sie die Hände auf den Bauch und spürte die Bewegungen ihres Kindes; in zwei Wochen sollte es zur Welt kommen.

Die Reuss bildete einen weiten Bogen und zog eine Schlaufe, in deren schmalster Stelle die Stadt Bremgarten gebaut war. Geteilt in zwei Terrassen, gesäumt von den flach ansteigenden Höhenzügen des Wagenrains und den schrofferen Hängen des Hasenbergs, lag sie größtenteils in der breiten und kiesigen Talsohle der Reuss. Die enge Oberstadt besetzte einen Sporn, die weitläufigere Unterstadt erstreckte sich mit ihrem Vorgelände in die Au hinaus.

Die Helligkeit schmerzte in den Augen, doch Margrit ging fühllos gegen das Licht. Sie hatte sich ein Kind gewünscht und war doch ein wenig irritiert gewesen, als der Arzt ihre Vermutung bestätigt und ihr gesagt hatte, daß sie schwanger sei: da hatte in ihrem Bauch etwas zu wachsen begonnen und war von Monat zu Monat leibhaftiger geworden, und dennoch war es anfänglich ein Vorgang gewesen, dem sie nicht mit dem Verstand allein hatte beikommen können, und erst ein Gefühl, das sie allmählich für dieses Wachsen hatte aufbringen können, hatte daraus ein Kind gemacht, ihr Kind.

Margrit blieb an einer Stelle stehen, wo das Ufergelände freien Blick auf die Reuss gab, Kies und Sandbänke lagerten im Flußbett, das gegenüberliegende Ufer wurde von Bäumen abgeschlossen, dahinter stand Wald.

In den ersten drei Monaten der Schwangerschaft war es ihr manchmal übel geworden, sie hatte erbrechen müssen, aber sie war auch froh, während dieser Zeit im Gesicht keine Pikkel bekommen zu haben, auch die Beine hatte sie nie einbinden müssen; nur ihr rundgeschnittenes, braunes Haar war stark nachgedunkelt, nun glänzte es im Sonnenlicht.

Eigentlich hatte Margrit die Messe besuchen wollen, und während die Kirchenglocken den hellen Tag mit ihrem Geläute metallisch durchwirkten, war sie an der Kirche vorbeigegangen und hatte, ohne nach Gründen zu fragen, den Weg an die Reuss genommen; es war eine plötzliche Laune gewesen, der sie nachgegeben hatte.

Margrit war in Bremgarten aufgewachsen; schon als Kind war sie, an schulfreien Nachmittagen, zum Fluß gelaufen, damals mit Zeichenblock und Malkasten, und hatte verschwiegene Plätze am Ufer aufgesucht. Sie hatte einen granitenen Findling als ihren liebsten Platz gewählt, der sich wie der Rücken eines Elefanten aus dem Flußbett erhob und den sie durch das knietiefe Wasser watend erreichen konnte. Im Sommer saß sie auf dem warmen Stein; mit dem Füßen im Wasser planschend, malte sie ganze Nachmittage. Sie hatte die Stunden vergessen. Das Alter des Steins, den der Gletscher vor Jahrtausenden gebracht und bei seinem Rückzug liegengelassen hatte, hob die Zeit gänzlich auf. Sie malte Aquarelle in den klaren Farben von Himmel, Wasser und

Stein. Flußbilder, die Struktur der Kiesel, und den Vogelzügen gab sie das Treibgut ihrer Träume mit. Wenn es eindunkelte und der Stein seine Wärme verlor, die Sonne nur noch die Wipfel der Bäume am anderen Ufer streifte, ging sie schweigend nach Hause, verwahrte Blätter in der Mappe, die niemand zu Gesicht bekam, denn in ihren Zeichnungen hätte man sie selbst erkannt, und das wollte sie nicht.

Margrit wandte sich wieder dem Weg zu, der schon nach ein paar Schritten von Bäumen und Sträuchern gesäumt wurde. Sie war eher schmal gebaut, mittelgroß, sie benötigte Kraft, den schweren Bauch zu tragen, und die Spur, die sie hinter sich zurückließ, war etwas zu breit. Doch Margrit war auch zäh, ging Schritt für Schritt durch unberührten Schnee und atmete die kalte Luft ein. Sie kam an einem vereinzelt stehenden Haus vorbei, dessen Scheiben das Sonnenlicht sammelten und gleißten. Ein paar Hunde, die in einem groß angelegten Zwinger gehalten wurden, liefen ans Gitter ihres Geheges und verbellten sie, doch sie hatte keine Angst vor den Tieren. Nach dem Zeltplatz erreichte sie das Holzlager der Genietruppen, auf den Stämmen lag Schnee. Von weitem sah sie, daß ihr ein Läufer entgegenkam, sein roter Trainingsanzug leuchtete im Weiß. Der Läufer trabte mit tierischer Ruhe seinen Weg. Als er an Margit vorbeigelaufen war, versuchte sie, seiner verlassenen Spur zu folgen, doch seine Schritte waren länger als die ihren, und es wäre ein anstrengendes Spiel gewesen, in seinen Stapfen zu gehen.
Die Bretterstapel und die aufeinandergeschichteten Stämme des Holzlagers grenzten einen weiten Platz von der Reuss ab, das Ufer war flach und setzte seinen sanften Abfall auch ins Wasser hinaus fort, so daß ein Teil des Flußbettes unter dem Wasserspiegel sichtbar blieb.
Margrit verweilte und schaute aufs Wasser hinaus. Im Juli hatte sie hier an einem sommerheißen Samstagnachmittag Anita, mit der zusammen sie drei halbe Tage jede Woche in

der Mohrenkopffabrik arbeitete, anvertraut, daß sie schwanger sei. Sie war auf einem Badetuch gelegen, über Bauch und Badehose hinweg hatte sie Anita betrachtet, die in einem orangefarbenen Bikini vor ihr stand und in jeder Hand eine Orange hielt.

Dann kommt das Kind im Winter zur Welt, hatte Anita sofort nachgerechnet. Es ist auch angenehmer, nicht gerade während der ärgsten Hitze hochschwanger zu sein.

Am Tag vorher hatte Margrit dieselbe Mitteilung auch ihrer Tante Anna Villiger gemacht, mit der sie seit dem Tod ihrer Mutter sehr vertraut war. Anna Villiger hatte sich über die Mitteilung gefreut und Margrit umarmt. Und an dieser Uferstelle war sie auch mit Herbert gestanden, in jenem Sommer, als sie einander kennengelernt hatten, er hatte zu den Sternen hochgeschaut und gesagt: Wenn du an die Distanzen zwischen den einzelnen Sternen denkst, verlieren alle Maßstäbe ihre Bedeutung und Lichtjahre werden zu Katzensprüngen, dann ist der Weg von Zürich nach Bern nichts mehr, gar nichts.

Und trotzdem brauchst du zwei Tage und Nächte, um ihn zu gehen, hatte sie lachend geantwortet, oder ein schnelles Auto, das die Strecke in einer guten Stunde schafft.

Dann waren sie weitergegangen, sie hatte sich bei ihm untergehakt und gesagt: Sterne, das sind auch Wünsche und Hoffnungen, aber wenn sie verraten werden, fallen sie vom Himmel, darum hat es hier so viele Steine. Damals war sie achtzehn Jahre alt.

Von dieser Uferstelle waren es nur noch wenige Schritte bis zur Militärbrücke, zu der Margrit über schmale Stufen hochstieg. Auf dem Rückweg zur Unterstadt begegneten ihr langsam fahrende Autos. Einzelne, sonntäglich gekleidete Kirchgänger, das Messbuch in der Hand, Nachdenklichkeit im Gesicht, dehnten den Heimweg zu einem Spaziergang aus. Kinder ereiferten sich bei einer Schneeballschlacht und versuchten, den pulvrigen Schnee zu Bällen zu formen, doch im Wurf fielen die Geschosse meist auseinander. Ein Mann zog einen Schlitten hinter sich her, auf dem zwei in dicke Kleider vermummte Mädchen mit unbewegten Gesichtern saßen und auch nicht lachten, als Margrit ihnen zuwinkte. In einem Garten, von dessen Zaun Margrit die weichen Schneekappen streifte, wühlte ein Hund im Schnee, scharrte ihn mit Sätzen und Sprüngen auf und rannte kläffend hinter einem blauen Gummiball her, den ihm eine Frau immer wieder abnahm, um ihn erneut in den Schnee zu werfen. Ein alter Mann, dem Margrit ausweichen mußte, schlurfte, den Weg mit dem Stock ertastend, dem Friedhof zu und fror in sich hinein.

Nach ein paar Minuten langte Margrit bei der Kirchentreppe an, die Unterstadt und Oberstadt über breite Steinstufen miteinander verband, an deren Fuß ein altes, von der Kirchgemeinde renoviertes Fachwerkhaus stand, in dem Anita wohnte. Auf halber Höhe der Treppe, die immer nach einer Stufenfolge eine Plattform hatte, blieb Margrit ein Weilchen stehen, bevor sie weiterstieg und am oberen Ende der Treppe zur »Alten Apotheke« kam, wo sie links abbog, um auf dem Trottoir zur Sternengasse hinauf zu gehen. Dabei beobachtete sie eine fette Taube, die vor einem Auto flüchtete und sich erst im letzten Augenblick darauf zu besinnen schien, daß sie ein Vogel war und fliegen konnte.

Die Häuser der Sternengasse bildeten eine Grenze, die Frontseiten richteten sich gegen die Oberstadt, die rückwärtigen Fenster aber schauten über Terrassengärten und Mauern auf die Unterstadt hinunter, in deren Zentrum die katholische Kirche stand. Das Haus, das Margrit betrat, war etwas schäbig, der Verputz bröckelte ab, die Tür war um die Klinke herum stark abgegriffen.

In diesem Haus war sie geboren worden, aus diesem Haus hatten ihre Eltern ausziehen müssen, nachdem sich ihr Vater mit dem Eigentümer überworfen hatte. Noch für die Zeit eines Jahres würde Margrit in diesem Haus wohnen können, dann beabsichtigte der Besitzer eine Renovierung, die mit der Aushöhlung des Hauses gleichbedeutend sein würde, und bei deren Durchführung nur die Fassade stehen bleiben konnte.

Seit Margrit verheiratet war, wohnte sie wieder in ihrem Geburtshaus, doch ihrem Mann käme ein Umzug nicht ungelegen, da ihn nichts an die alten Zimmer band und er den Geruch von ihm Ofenrohr bratenden Äpfeln, der die Räume dieses Hauses früher im Winter durchzogen hatte, nicht kannte.

Von hier aus kannst du jedem Auto aufs Dach spucken, hatte er spottend gesagt. Doch Margrit liebte die Gärten hinter dem Haus, den Platz der Stachelbeersträucher und die sonnenwarmen Mauern, an denen die Spalierbirnen hochwuchsen und zu süßer Reife gelangten, die Spielorte ihrer Kindheit.

Als Margrit im Hausflur stand, hörte sie Geräusche aus dem Wohnzimmer, aus denen sie schließen konnte, daß Herbert vor dem Fernseher saß und der Übertragung eines Skirennens folgte. Sie erinnerte sich daran, daß er dieses Rennen schon beim Frühstück erwähnt hatte, es war der zweite Lauf eines Riesenslaloms für Herren.

Anläßlich eines Fastnachtsballs, den der Fußballclub jedes Jahr veranstaltete, hatte sie Herbert kennengelernt und den ganzen Abend und bis spät in die Nacht hinein ausschließlich mit ihm getanzt, wobei sie gleich eine starke Zärtlichkeit für ihn empfunden hatte. Sie war mit einer Freundin als Zigeunerin verkleidet zu dem Ball gegangen. Als er sie am frühen Morgen nach Hause begleitet hatte, hatte sie ihm vor der Haustür ihr rotes Halstuch geschenkt. Er war ihr mit den Händen über die Haare gefahren und hatte nicht versucht, sie zu küssen, obwohl sie sich das gewünscht hätte und gleichwohl erleichtert war, daß er es nicht tat.

In der Folge hatten sie einander regelmäßig getroffen. Ihr Vater, dem sie seit zwei Jahren den Haushalt führte, hatte zu ihrer Bekanntschaft nichts gesagt, er legte ihr weiterhin regelmäßig seinen Zahltag auf den Tisch, wie er das früher auch bei der Mutter gehalten hatte, und sie verwaltete ihn gut.

Herbert war Bankangestellter und drei Jahre älter als Margrit. Nach einigen Wochen hatte ihn Margrit auch Anna Villiger vorgestellt, an diesen fröhlichen Abend erinnerte sie sich gern. Anna hatte ihnen selbstgebackenen Apfelkuchen vorgesetzt, den sie zu einem heißen Milchkaffee aßen. Später hatten sie eine Flasche guten Rotwein getrunken, Anna kannte sich da aus. Sie verstanden einander sofort, sonst hätte sie Herbert ihre Fotoalben nicht gezeigt, ihre Fotografien, die sie vielleicht eine Stunde betrachteten, während Anna erzählte. Ihr ganzes Alleinsein war da Erzählen geworden, als ob in ihr die Erinnerungswut ausgebrochen wäre, wie Herbert das später nannte. Drei Jahre blieb Herbert Margrits Freund, dann hatten sie geheiratet.

Du machst eine gute Partie, hatte Anna gesagt, der Mann gefällt mir.

Und jetzt? Manchmal begriff Margrit den Ehrgeiz ihres Mannes nicht, der noch vor seinem dreißigsten Geburtstag Prokurist sein wollte. Ihr war dies als Ziel gar nicht so wichtig.

Sie malte ihre Bilder, las, hörte Vorträge und war mit dem Leben nicht unzufrieden. Jedenfalls, dachte sie, hängt mehr Glück bestimmt nicht von ehrgeizigen Plänen ab. Am Beispiel Anna Villigers, deren Leben ein amputiertes war, seit ihre Kinder erwachsen waren und sie nicht mehr benötig ten, ein einsames dazu, seit ihr Mann verstorben war, hatte

Margrit erkannt, daß es darauf ankam, sich einen eigenen, einen inneren Bezirk zu schaffen.

Vor der Wohnungstür zog sie Schuhe und Mantel aus, sie trat leise in die Stube und legte Herbert die Hände auf die Augen. Nachdem er ihre Hände in seine genommen hatte, die ganz warm waren, beugte sie sich zu ihm hinunter, küßte ihn und teilte ihm mit, daß sie noch auf ihr Zimmer gehe, denn für gewöhnlich ließ er sich vor dem Fernseher nicht stören, schon gar nicht, wenn eine Sportveranstaltung ausgestrahlt wurde.

Sie zog ihre Hausschuhe an und stieg die Treppen in den Dachboden hinauf, wo sie eine Kammer ausgebaut und als Arbeitszimmer eingerichtet hatte, in der sie sich häufig aufhielt, um allein zu sein und ungestört arbeiten oder lesen zu können. Sie hatte sich einen Rahmen aufgebaut, um Teppiche zu knüpfen. In ihrem Zimmer malte sie Aquarelle, legte Farbschicht über Farbschicht. Hellfarbige Bilder entstanden: Aussichten aus dem Fenster, mit einem fernblauen Streifen Horizont als Zeichen einer Sehnsucht; immer gehörte zu jedem Bild ein Stück ihrer selbst.

Sie betrat das Zimmer und schloß die Tür. Sie ging zum Fenster und betrachtete die mit Wohnblöcken überbaute Au, wobei sie dem Weg, den sie gegangen war, nochmals folgte. Es war ein Blick auch auf die verschneiten Dächer der Unterstadt, über denen die vergoldeten Zeiger der Kirchenuhr auf ihrem im Kern blauen und am Rand schwarzen Zifferblatt ruhten.

An diesem frostklaren Morgen reichte die Aussicht weit über den Fluß hinaus bis zu den im blauen Dunst daliegenden, fernen Hügelzügen des Schwarzwaldes. Obwohl sie wußte, daß dies nur eine Träumerei war, wünschte sich Margrit manchmal, die Welt möge hinter diesen Wäldern ein Ende finden. Eine überschaubare, faßbare, sinnliche Welt, das wäre ein Wunsch. Doch sie hatte nur drei Wünsche frei, und zwei schon verspielt, und der dritte galt ihrem Kind. Dies dachte sie, während sie sich an den Tisch setzte.

Sie spürte die Bewegungen ihres Kindes, als sie eine Zeitlang in Gedanken verloren am Tisch saß und ein Buch in den Händen hielt, ohne ans Lesen zu denken. Ihr Blick aus dem Fenster suchte keinen Halt und verlief absichtslos ins Weite. Aus dem Radio, das sie eingeschaltet hatte, spielte eine Mandoline, zu der ein Mann mit rauher Stimme mehr sprach als sang, ein bekanntes Hitparadenlied, das sie verlockte mitzusummen.

In letzter Zeit hatte Margrit viel gelesen, dabei war in ihr etwas aufgebrochen. Auch hatte sie mit dem für das Kind aufgebrachte Vertrauen ein Vertrauen in sich selbst gewonnen, das wachsende Gefühl für das Kind war ein ebenso starkes Gefühl für sie selbst geworden. Es galt, dem Kind eine Welt zu schaffen, aber in dieser Welt mußte sie ihre eigene behaupten. Zu Herbert hatte sie am Anfang der Schwangerschaft, als er sie übertrieben nachsichtig behandelt hatte, etwas spitz gesagt: Ein Kind bekommen ist keine Krankheit. Sie hatte ihn damit verletzt, das wußte sie genau. Ich brauche keinen Beschützer, hatte sie weiter gesagt, ich brauche einen Mann, der mir Mut macht, ich selber zu sein.

Sie hatte über ihre Empfindungen mit Herbert gesprochen und ihm ihre Vorstellungen klargemacht. Sie war auch mehrmals nach Kallern gefahren, um mit Hans Villiger, mit dem sie einen Teil ihrer Kindheit verlebt hatte und der auch Pate ihres Kindes werden sollte, über ihre Ansichten und Probleme zu reden.

Manchmal hatte sie einen Hang zur Melancholie.

Margrit legte das Buch ungeöffnet beiseite und wärmte die Hände zwischen den Schenkeln.

Manchmal wurde ihr klar, daß ihr Denken bloß ein Wünschen war.

Zwei Zettel

In der Universitätsbibliothek zu Salzburg hat sich an dem großen Luster im großen Lesesaal der Bibliothekar erhängt, weil er, wie er auf einem hinterlassenen Zettel schreibt, es nach zweiundzwanzig Dienstjahren pötzlich nicht mehr ertragen hatte können, Bücher zu ordnen und Bücher auszuleihen, die nur dazu geschrieben worden sind, um Unheil anzurichten, wobei er sich auf alle jemals geschriebenen Bücher bezieht. Das hat mich an den Bruder meines Großvaters erinnert, der Revierjäger in Altentann bei Henndorf gewesen ist und sich auf dem Gipfel des Zifanken erschossen hat, weil er das Unglück der Menschen nicht mehr ertragen habe können. Auch er hatte diese eine Erkenntnis auf einem Zettel hinterlassen.

Silo

Zum Kriegsende hatten deutsche Soldaten in einem aufgelassenen Zementsilo bei Steinbach am Ziehberg gehaust. Bevor die Amerikaner gekommen sind, haben sie sich aus dem Silo zurückgezogen und haben den Silo von außen verriegelt. Als in diesen Tagen der Besitzer des Silos mit einem sogenannten schweren Steinhammer das in der Zwischenzeit völlig eingerostete Silotor öffnete, weil er die Absicht hat, den alten solange schon aufgelassenen Silo abzutragen und auf dem Grundstück eine Schweinemastanstalt zu bauen, hatte er eine grausige Entdeckung gemacht. In dem Silo waren, gleich hinter dem Tor, zwei völlig vermoderte menschliche Körper gelegen, die noch deutsche Uniformhosen und sogenannte Wehrmachtshemden angehabt haben. Der Bauer hatte festgestellt, daß es sich um Kameraden jener deutschen Soldaten handeln muß, die bei Kriegsende in dem Silo gehaust haben und dann über Nacht verschwunden sind. Die Behörden haben sofort versucht, die Angehörigen der beiden in dem Silo Umgekommenen zu verständigen. Noch nach zweiunddreißig Jahren waren die Papiere der beiden im Silo Aufgefundenen so gut erhalten gewesen, daß es nicht die geringste Schwierigkeit gegeben hatte, sie zu entziffern. Der eine war ein Leutnant, der andere ein Gefreiter gewesen. Beide waren aus Nackenheim am Rhein. Es ist die Frage, ob jetzt ihre möglicherweise noch lebenden Kameraden ausfindig gemacht werden sollen oder nicht. Die Leute beschäftigt der Gedanke, ob die beiden absichtlich oder unabsichtlich von ihren Kameraden in dem festverriegelten Silo zurückgelassen worden sind. Ein Verbrechen sei jedenfalls nicht auszuschließen, meinen sie.

Wahnsinn

Ein Briefträger ist in Lend suspendiert worden, der jahrelang alle Briefe, in welchen er traurige Nachrichten vermutete und naturgemäß alle an ihn gekommenen Partezetteln nicht ausgetragen, sondern bei sich zuhause verbrannt hat. Die Post hat ihn schließlich in die Irrenanstalt Scherrnberg einweisen lassen, wo er in einer Briefträgeruniform umhergeht und ständig Briefe austrägt, die von der Irrenhausverwaltung in einen eigens dafür an einer der Irrenhausmauern angebrachten Briefkasten hineingeworfen werden und die an seine Mitpatienten adressiert sind. Der Briefträger habe schon gleich nach seiner Einweisung in die Irrenanstalt Scherrnberg um seine Briefträgeruniform ersucht, *um nicht wahnsinnig werden zu müssen,* wie es heißt.

HANS MAGNUS ENZENSBERGER

Der Untergang der Titanic
Siebzehnter Gesang

Wir sinken lautlos. Still steht, wie in der Badewanne,
das Wasser in den strahlend erleuchteten Palmensälen,
Tennishallen, Foyers, und spiegelt sich in den Spiegeln.
Tintenschwarze Minuten, erstarrt wie in Gelatine.
Kein Streit, kein Wortwechsel. Halblaute Dialoge.
Bitte nach Ihnen. Grüß die Kinder. Erkälte dich nicht.
In den Booten kann man sogar das Knirschen der Taue
hören,
und phosphoreszierende Tropfen sieht man vom Ruder-
blatt,
das in Zeitlupe aus dem Meer taucht, ins Meer zurücksprin-
gen.
Erst ganz am Ende – der dunkle Bug hat sich lotrecht empor
aus dem Bodenlosen gehoben wie ein absurder Turm,
die Lichter im Rumpf sind erloschen, niemand sieht auf die
Uhr –
zertrümmert ein unerhörtes Geräusch die glasige Ruhe:
»Ein Ächzen war es, nein, ein Rasseln, ein Dröhnen,
eine rollende Folge von Schlägen, als würden in einem
Gewölbe
Gegenstände, tonnenschwer, in die Tiefe geworfen,
und diese undenkbar schweren Dinge zerschmetterten
fallend
alles. Es war ein Geräusch, wie es nie zuvor ein Mensch
vernommen hat, und wie es keiner von uns, solange er lebt,
je wieder zu hören hofft.« Von diesem Augenblick an
war kein Schiff mehr vorhanden. Was dann kam, waren die
Schreie.

MAX FRISCH

Einmal im Sommer

Einmal im Sommer hatten die Spechte sozusagen eine Idee: sie pickten nicht mehr auf die Rinde der alten Kastanie, sondern plötzlich an die Fensterscheiben, und es kamen immer mehr, alle wie versessen auf Glas. Auch Bändel mit glitzerndem Staniol verscheuchten sie nicht auf die Dauer. Es wurde eine Plage. Trat man ans Fenster, um sie persönlich zu verscheuchen, so wählten sie flugs ein anderes Fenster, und man konnte nicht überall am Fenster stehen und in die Hände klatschen. Wirksamer war es, wenn Herr Geiser mit einer Latte auf den Granit-Tisch schlug, so daß es knallte wie ein Schuß, dann flohen sie und warteten in den Zweigen ringsum. Später tönte es wieder an diesem oder jenem Fenster; sie konnten im Anflug sich an der glatten Scheibe nicht halten, so daß sie im Flattern nur zwei oder drei Mal auf das Glas pickten, ausnahmsweise vielleicht vier Mal. Im Sommer darauf hatten sie es wieder vergessen. Zwei Mal in der Woche fährt eine blonde Metzgerin das ganze Tal hinauf, sie ist deutscher Abstammung, Tessinerin durch Heirat, und verkauft Fleischwaren aus ihrem Volkswagen. Die Fischerei ist wenig ergiebig. Viele Kastanien haben den Krebs, aber alles in allem ist es ein grünes Tal, waldig wie zur Steinzeit. Das Farnkraut wird beinahe mannshoch. Im August, wenn es nicht regnet, sind Sternschnuppen zu sehen oder man hört ein Käuzchen. Bei Nebel im unteren Tal, wenn über dem Nebel der Mond scheint, kann es aussehen wie ein See mit verzackten Buchten, ein Fjord, es fehlt nur ein Schiff, das unterhalb des Dorfes vor Anker läge, ein schwarzer Kutter, ein Walfischfänger.

Der Saumweg, der 1768 durch die Brüder Remonda aus Comologno auf eigene Kosten ausgebaut wurde, stellte bis zum Bau der Straße im Jahre 1896 die Verbindung der Valle Onsernone mit der Außenwelt her.

Trotz der ursprünglichen Armut des Bodens, der wenig einsichtsvollen landvögtlichen Regierung, der unausgesetzten Aufteilungen und Plünderungen zum Schaden der Tessiner Gemeinden durch französische, österreichische und russische Armeen zur Zeit der französischen Revolution und des ersten Napoleons, vollbrachten die Tessiner wirkliche Wunder durch die Eröffnung bequemer und schöner Straßen von Chiasso nach Airolo, von Brissago zum Lukmanier, ja selbst in alle die Nebentäler und die Hänge der steilsten Berge entlang bis hinauf zu den verlorensten Alpdörfern, um diese der Kultur näher zu bringen.

In Island gibt es Moränen aus der letzten Eiszeit, die heute noch nicht überwachsen sind, ganze Täler voll Geröll, sie bleiben Wüste für alle Zeit. Ohne Rover wäre man verloren. Es gibt Gletscher, die ins Meer hangen. Ein einziger von ihnen, VATNAJÖKUL, ist größer als alle Gletscher der Alpen zusammen. Vulkane gibt es reihenweise, Kegel aus Asche; man kann sie besteigen, dann schaut man auf eine andere Art von Wüste, wo auch der Rover nichts hilft, Wüste aus schwarzer und brauner und violetter Lava. Kein Baum. Was aus der Ferne wie eine grüne Oase erscheint, meistens ist es Moor. Man fährt Tage lang, ohne ein Gehöft zu sehen; dann und wann ein paar einzelne Schafe, es reicht nicht für eine Herde, was da grünt zwischen dem Geröll. Wenn man in der Nacht vor das Zelt tritt, kein einziges Licht auf der Erde. Kein Laut. Tagsüber gibt es Vögel, viele Vögel. Wenn einmal die Sonne scheint, so glänzen in der Ferne die flachen Hauben der endlosen Gletscher. Meistens sind nur Wolken zu sehen, darunter die Ebene aus Kies. Da und dort liegen große Steine auf der Ebene, rund und glatt, so wie die Gletscher der Eiszeit sie geschliffen haben, und da bleiben sie.

Das Wetter wechselt von Stunde zu Stunde, die Wüste bleibt, sie wechselt nur ihre Farben und es gibt keine Farbe, die in der Wüste nicht vorkommt im Verlauf der langen Tage. Die eigene Wagenspur im Kies oder im Schlamm ist oft das einzige Zeichen dafür, daß es Menschen gibt auf diesem Gestirn. Es gibt Blumen, kleine wie in den Alpen, alle Sorten von Moos und Flechten. Anderswo zischt es aus dem Boden, es gluckst oder sprudelt grünlich zwischen gelblichen Krusten und riecht nach Schwefel. Es gibt ganze Mulden und Schluchten, die vom Schwefel gefärbt sind, anderswo eine Ebene voll Fahnen aus weißem Dampf, anderswo Wasserfälle. Ein breiter Strom aus Gletscherwasser stürzt über eine Basalt-Tafel in die Tiefe oder über mehrere Basalt-Tafeln, eine tosende Unmasse von grauem Wasser; der Basalt, wo er naß ist, glänzt wie Bronze, und eine Wolke von Gischt ist meilenweit zu sehen, ein Regenbogen dazu. Wenn es regnet, so regnet es meistens nicht lang. Ein blauer Himmel ist selten. Über dem Hochland liegen die Wolken niedrig und streifen die Gletscher, so daß sie grau werden, die Gletscher, und Himmel erscheint bloß als schmaler Streifen am Horizont, gelb wie Bernstein oder Zitrone und gegen Mitternacht lila. Kurzdarauf ist Morgen, in der Ferne ein rötliches Gestäube, ein Sandsturm. Anderswo ein hundertfaches Geäder von blinkenden Flüssen in einer Ebene. Es gibt Fjorde ohne ein einziges Schiff, ohne eine lebendige Seele, abgesehen von einem jungen Seehund. Kein Gehöft, nicht einmal ein verlassenes, kein Menschenwerk. Brandung um einen schwarzen Lava-Turm; der Aschenkegel ist weggespült. Rings um die Fjorde die waagrechten Berge, diese immergleichen Basalt-Tafeln; die Halden hinunter ins Meer sind grün. Welt wie vor der Erschaffung des Menschen. Manchenorts ist nicht zu erraten, welches Erdzeitalter das ist. Erschaffen sind die Möwen; ihr weißes Geflatter vor dem tintenblauen Gewölk über einem fahlen und bleiernen Meer. In der Regel kommen Eisberge nicht in Sicht, aber das Meer ist eisig. Trotz Golfstrom. Nicht nur an den nördlichen Halden bleiben Striemen von altem Schnee; der Sommer reicht nicht aus, um ihn zu schmelzen. Trotz der überlangen Tage. Wenn das Eis der Arktis schmilzt, so ist New York unter Wasser. Ein Zeichen dafür, daß die Erschaffung schon stattgefunden hat, ist ein Leuchtturm, anderswo eine amerikanische Radar-Station. Da und dort Treibholz aus Sibirien. Unter dem tiefen Gewölk ist das Meer schwarz mit wechselnden Flecken von Quecksilber, eine Stunde lang erscheint es blau wie das Mittelmeer, um Mitternacht wie Perlmutter. Es gibt Vulkane, die von Gletschern überdeckt sind, HEKLA, der einzige Vulkan, der zur Zeit raucht. Ein anderer Vulkan, ein neuer, ist im Meer entstanden, eine Insel aus Asche und Basalt; die ersten Bewohner, wenn die Lava erkaltet ist, sind Vögel, die sich von Fischen nähren; ihre Exkremente sind der Anfang einer Oase, die Menschen bewohnen können, bis eine nächste Lava alles erstickt. Wahrscheinlich sind es Fische, die uns überleben, und die Vögel.

Mensch, latein. **homo,** griech. **anthropos** (hierzu MODELL S. 685 und TAFELN S. 676 und 684).
1) Die Sonderstellung des M. Der Mensch hat sich und seine Daseinsumstände, so weit die Überlieferung zurückreicht, als ein Rätsel empfunden; er ist sich selbst unausschöpfliches Thema kraft seiner Fähigkeit, sich (als das »Subjekt«) der Welt, in der er lebt (den »Objekten«) gegenüberzustellen, →Philosophie. Dieses Abstandnehmen zu der Welt ist die Voraussetzung dafür, sich ihrer zu bemächtigen und damit für die Sonderleistung des M.
Da der M. sich aus sich selbst nicht verstehen kann, hat er seit uralten Zeiten versucht, sich über die Gottheit (→Religion) oder über ein anderes Nichtmenschliches hinweg zu begreifen, indem er sich mit diesem sowohl gleichsetzte wie von ihm abhob: sei es ein Tier (→Totemismus), ein Ahnengeist (→Ahnenbild, →Ahnenverehrung) oder sonst ein Alter Ego (→Maske), sei es in rationalist. Zeitaltern eine Maschine (LAMETTRIE: L'homme machine).

Daß der M. ein *geschichtl. Wesen* ist, bedeutet eine bis ins innerste gehende Formung durch überlieferte Fertigkeiten, Künste, Wissenschaften, Sitten, Rechtsanschauungen und Werthaltungen, zu denen er sich kritisch verhält, die er ergänzt, anreichert, vereinfacht, kompliziert, umbildet und verändert. Hinzu kommt die Fähigkeit, sich einen andersartigen Zustand vorzustellen und diesen bewußt zu planen, Ziele und Zwecke zu setzen – die produktive Phantasie und der Wille. Höhere Tiere lassen Hoffnungen und Befürchtungen erkennen, nur der M. »hat Zukunft«.

Ermöglicht sind diese Fähigkeiten durch eine Rückbildung jener starren angeborenen zweckmäßigen Verhaltensschemata, die wir beim Tier »Instinkte« nennen. Der M. lebt nicht eingepaßt in eine artbesondere natürliche →Umwelt, in der er sich instinktiv orientieren könnte, sondern er ist zur Zurichtung und Veränderung beliebiger Naturumstände durch seine Intelligenz, seine Handlungen und seine Arbeit fähig. Damit sind einerseits zahllose Möglichkeiten erhaltungswidrigen (nicht-angepaßten) Verhaltens gegeben, Irrtümer und Irrwege, Fehlentwürfe und Fehlentscheidungen, anderseits aber konnte der M. seine Art über die ganze Erde verbreiten und sich selbst in seinen Lebensformen differenzieren. Weite Gebiete der Erdoberfläche hat er für seine Lebensbedürfnisse umgestaltet; der Anteil der Kulturlandschaft nimmt ständig zu.

Es sind Hänge gerutscht, aber nicht hier, sondern hinten im Tal. Es sehe wüst aus. Der Bach habe sein Bett jetzt anderswo, der ganze Birkenwald sei weg, einfach weg, der ganze Talboden voll Geschiebe – Herr Geiser kennt die Gegend von Wanderungen mit den Enkelkindern – sie sei nicht wiederzuerkennen; die eiserne Brücke zum Sägewerk sei weg und auch nicht mehr nötig, da der Bach jetzt anderswo fließt. Von der Straße sei nichts mehr zu sehen. Das Sägewerk, zu einem Drittel eingestürzt, stehe nicht mehr rechts vom Bach, sondern links, und das Erdgeschoß mit den Maschinen sei voll Kies und Sand, der Bach voller Stämme, die das Geröll geschält hat, und Wellblech. Eine

Schneise sei entstanden, der Hang jetzt ohne Wald und Erde, von oben bis unten nichts als nackter Fels, es sehe wüst aus.

PETER HUCHEL

König Lear

Unter dem Steinbruch
kommt er herauf,
den Jodlappen
um die rechte Hand gewickelt.

In elenden Dörfern
schlug er Knüppelholz
für seine Linsensuppe.

Jetzt kehrt er
im dürren Schatten
zerrissener Wolken
zu seiner Krone
in die Schlucht zurück.

Im kalmusgeruch dänischer Wiesen
liegt immer noch Hamlet
und starrt in sein weißes Gesicht,
das im Wassergraben leuchtet.

Das letzte Wort
blieb ungesagt,
es schwamm auf dem Rücken der Biber fort.
Keiner weiß das Geheimnis.

Todtmoos

In Todtmoos
sah ich in weißer leuchtender Schneeluft
schneepflückende Wesen fliegen.
Ich griff in den Flockenfall
und fing nur Kälte.

Schneenarben an den Felsen,
Wegzeichen wohin? Schriftzeichen,
nicht zu entziffern.

Der fremde geht davon
und hat den Stempel
aus Regen und Moos
noch rasch der Mauer aufgedrückt.
Eine Haselnuß im Geröll
blickt ihm mit weißem Auge nach.

Jahreszeiten, Mißgeschicke, Nekrologe –
unbekümmert geht der Fremde davon.

PETER HANDKE

Langsame Heimkehr

Im Postflugzeug, wo er hinten mit ein paar gleich wieder einnickenden Indianern saß, sah Sorger bei Sonnenaufgang aus dem grenzenlosen Nadelbaumurwald ein einzelnes heitergelbes Birkenlaub leuchten, dachte an die Indianerin (»Da unten ist eine liebe Frau«) und richtete sich auf vor unbestimmter Neugier, aus der dann ein Hungergefühl wurde, nicht nach etwas Handgreiflichem, sondern überhaupt nach dem Kommenden: er erlebte, ohne Bilder davon, »die Zukunft«; und in einer solchen bilderlosen, warmen Phantasie sah er den Piloten sich umdrehen und las von dessen Lippen die Worte: »Wir müssen zurück.«

Der Grund zur Umkehr war der erste Schneesturm des Winters, auf dem Hochplateau hinter den südlichen Bergketten, wo die größere Ansiedlung lag (früher ein Goldgräberzentrum), von der aus man mit Düsenmaschinen weiterkonnte. Schon in der Rückflugschleife, die der Pilot zog, verzerrte sich unten die Landschaft: Das Rund des Moorsees wurde ein hypnotisches Starren, mäandernde kleine Flüsse wurden überwuchert von Sumpfgrün, in dem nur hier und da noch Wasser aufblinkte, und die langen Abflußrinnen auf den Hügelabhängen, von der Frühjahrsschmelze als lange, gerade Streifen in den Schotter gegraben, bogen sich weg nach allen Richtungen. Das Flugzeug würde erst am folgenden Morgen wieder starten können.

Sorger war nach der Landung am Rand des kleinen Rollfelds stehengeblieben. Er ragte da auf mit dem Koffer wie in einem Zerrspiegelkabinett, mit dicken kurzen Beinen und einem bis über die Ohren verlängerten Hals. Das Dorf schien in seiner Abwesenheit, die doch nicht mehr als die Zeit eines

Rundflugs gedauert hatte, sich als Ganzes in einen »Betrieb« verwandelt zu haben, wo Fremde keinen Zutritt haben. Er setzte sich auf den Koffer und lachte, als Dorf, sich, Sorger, aus. In eine solche Unwirklichkeit war er noch nie zurückgekehrt. Wie es vermeiden, gesehen zu werden? Er zuckte im Aufstehen, Weggehen, Richtungwechseln in einem fort mit den Achseln. Kein Spielzug mehr möglich: die unechten Farben der bloßen Fassaden; das entzauberte Wasser des falschen Stroms; und durch diese allgemeine, sich jetzt dreist und offen aufspielende Fadenscheinigkeit zickzackte an der Stelle des Gesichts das Grinsen des dummen Betrogenen.

Und dieser war gefährlich in seinem Nicht-wissen-Wohin; nicht als Angreifer, sondern als sich anbietendes Opfer.

Vor dem sich unschlüssig bewegenden Sorger ging auf dem schmalen Weg ein Mensch wie ohne Alter daher, ebenso langsam wie er; nicht versunken, aber auch nichts betrachtend – so daß die Langsamkeit seines Gangs allmählich als etwas Gemeines wirkte. Er schaute sich nicht um, zeigte nur immer wieder ein bißchen von seinem Profil, ohne das Auge, wie manche Hunde im Vorbeilaufen. Endlich trat er zur Seite, zog eine am Handgelenk befestigte Reifenkette aus der Tasche und kam, das schwere Ding mit der Faust raffend, gerade auf »mich!« zu.

Wie ohne Alter, so war der Mann auch ohne Rasse. Die Augen hell, ohne eine Mitte, wo noch ein Blick zu suchen gewesen wäre. Er verzog wohl den Mund zur Seite, sooft er in den Beinen einknickte, aber er lächelte nicht. Als er (»wirklich!«) mit der Kette ausholte, hatte keiner von den beiden mehr ein Gesicht, die ganze Welt verzog sich in diesem Augenblick und wurde tragikomisch gesichtslos.

»Lieber Bruder.« Der Betrunkene durchschlug mit der Kette den Koffer, der sofort auseinanderplatzte, und fiel dann ohnmächtig darüber.

Sorger hatte den Körper heruntergewälzt und war, seine Sa-

chen unter dem Arm, schnurstracks zu dem in irdischer Schönheit ihn grüßenden Giebelhaus gegangen; er war jetzt so wütend und haßte alle Menschen so sehr, daß er alle Bewegungen in Geraden vollführte. Die Tür war verschlossen, und er setzte sich stracks auf die Holzstapfen davor. Ein fallendes Blatt berührte ihn am Hinterkopf wie eine Pfote, aber die Katze war drinnen im Haus und strich durch die verlassenen Räume, ab und zu zerstreut eine Spielfigur andeutend, ganz mit den eigenen Reflexen beschäftigt, die ihr die Zeit vertrieben; indes der Mann draußen auf den Stufen gedemütigt wurde von dem unfreiwilligen Müßiggang – wobei der an ein Badekabinenbrett erinnernde Fußabstreifer zu seinen Füßen und der daneben liegende Ball noch als Spottbeigabe zum Schimpf erschienen.
So hatte ihn auch der Angriff nicht betroffen, sondern eher gekränkt; es war keine Tätlichkeit gewesen, sondern eine Mißachtung seiner Person und seiner Sachen – als habe eine Stimme laut gehöhnt: »Du und deine Fotos. Du und deine Zeichnungen. Du und deine ›Abhandlung‹.« Jetzt erst schlug Sorger zurück, mit der Faust in die Luft. Es gab keinen Hohen Norden mehr, nur noch das Wetter, das kalt und grau war wie seit jeher für einen Müßiggänger, der in dem Raum unter den Hütten, statt »Lauffers ruhende kleine Erdformen«, bloß rostendes Gerümpel sah; – während in der Zwischenzeit seine Arbeit, von der er geglaubt hatte, er allein wüßte ihr Geheimnis, von jemand beliebigem erledigt wurde, so nebenbei mit einem unter vielen Simultanhandgriffen. Als das Wesen die Kette zum Schlag hob, war Sorger momentlang tot gewesen; jetzt lebte er wieder, doch die Formlosigkeit ließ nicht nach: in dem Unmaß jeden Augenblicks pulste schon wieder der nächste Formlosigkeitspunkt – wie in einem bösartigen Schmerz erschien er sich punkthaft und grenzenlos: als Punkt elend schwer und als Unmaß elend gewichtslos. Die Indianerin war wieder die »andere Rasse« und konnte, bei allen möglichen Zwischenspie-

len, am Ende nur seine Vernichtung wollen. – »Und daß du, Lauffer, die anderen belügst (redete der in seiner Unförmigkeit schmählustige Sorger), kommt daher, daß dich ihre Gesellschaft, gleich welcher Art, tief unlustig macht – du dich andererseits aber niemandem zeigen magst: weil du wohl ein liebenswürdiger, herzensguter, dich jeder Kreatur erbarmender, doch zuerst und zuletzt unlustiger Geselle bist.«

Dabei wurde der zornige Redner sich endlich seiner bewußt als einer Ungestalt mit einem zu kleinen Atemschlitz irgendwo, blickte auf und sah die Wasserfläche, als beobachte sie ihn. Viel zu ruhig war diese ebene Erde – und Sorger erwartete jetzt den Ausbruch; hatte sogar das Bedürfnis, augenblicklich eine Gebirgsbildung zu erleben, oder wenigstens einen vom Fels platzenden Stein. Er sprang auf und trat den Ball gegen die Hauswand, so heftig, daß dieser im Abprall an seinem Ohr vorbeisirrte; spielte dann weiter, ohne Atem zu holen, bis die Kieselsteine vor ihm wie Blumen leuchteten und er als Alleinspielender sich unheimlich wurde.

Innehaltend bemerkte er die niedrigen, nach hinten gestaffelten Wolken über dem Wasser. Sie waren fahlhell, unten nicht abgeflacht wie sonst, sondern gerundet, und standen unbewegt. Ein Windstoß kam aus der Tiefe der Landschaft, und auf einmal fielen dicke Schneeschwaden, am Horizont noch dunkel wirrend wie ein Heuschreckenschwarm, aus den Wolken, nicht aus allen zugleich, sondern in schnellen Abständen aus einer nach der anderen, eigene Körper, die sich aus den Wolkenkörpern lösten und herabstaubten gleich einer Serie von Lawinen, bis zuletzt im Vordergrund ein kurzer, aber kräftiger weißer Schwall mit einem trockenen Rasseln auch das Haus und den davor stehenden Mann überschüttete, während über dem ganzen Stromgebiet schon keine einzige Flocke mehr fiel.

Gleich danach begann, in der Windstille, unter dem einförmig grauen Himmel, ein dichter, gleichmäßiger, langsamer Schneefall, der die Lippen kitzelte und den Bereich um das Haus zu einem Hofraum machte. Helle Freude! Lieblicher Schweiß! Der gerade noch atembehinderte Mensch rannte in die wiedergewonnene Luft hinaus, drehte als ein Lebensbündel mehrere Runden ums Haus herum und schrie wie in der ewigen Kinderzeit. Bald kam auch der liebenswerte Kollege (schon von weitem in der Buschebene zu sehen), wunderte sich nicht wenig, und so vergingen, in einer neuen, traurigen, formvollendeten Freundlichkeit, die Stunden bis zum nächsten Tag, an dem Valentin Sorger mit einem anderen Koffer aus dem namenlosen, schon winterlich dämmrigen Landstrich (darin jedoch deutlich die Augenpaare Lauffers und der Indianerin) in die Welt der Namen zurückflog. In der Universitätsstadt an der Westküste des Kontinents, wo er seit ein paar Jahren hauptsächlich lebte, gab es eine sehr breite, vor allem von Tankstellen und Einkaufszentren gesäumte Straße, die »Northern Light Boulevard« hieß.

JÜRGEN BECKER

Augenblick

Einmal Kraniche, still liegend
über ziehender Gegend, wo wir
nicht mehr sind, aber zuvor,
wir kämpfen viel weg.

Heimat

Quer übers Feld diese schwierige Straße,
auf der ein Mann steht und denkt.
Die Baustellen liegen jetzt still.
Etwas im Winter ist nicht gelungen.
Einmal kreisen Möwen über das Feld;
wohin sie gehören,
sie zögern nicht mehr und fliegen zum Fluß.

RETO HÄNNY

Voller Schwung hinein in den Tag, aus der Stadt hinaus

Oder er suchte Zuflucht in Spaziergängen. Voller Schwung hinein in den Tag, aus der Stadt hinaus, ins Rucher Riet, Vögel beobachten, Sumpfrohrsänger Rohrdommeln Schnepfen, und vom Rucher Riet weiter dem Mühlbach entlang, vor dem Wehr über den Steg und durchs Auwäldchen hin nach Kaltbrunn, von dort über die Steinenbrugg nach Starrberg, durchs Gasterholz aufwärts, den Brämiberg hinauf nach Altwies und hinein in die Hessrüti und über die Schänerwiiti in den Steineggwald, hinauf zum Gleiterspitz, und weiter, über den Tanzboden, über Gluris, die Waldgrenze, noch eine Mulde, eine kurze Hanglinie, hinauf zum Speer, und, wenn die Zeit reicht, weiter zum Federspitz, sei es auch nur, um ab und zu wenigstens, selten genug übrigens, den eigenen Körper zu spüren beim z'Berg Gehen, wie von einer Algolagnie getrieben, und dann wieder hinunter nach Waldbach. Ins Steintal. Alles wäre so still grau dämmernd. In den Nebelnischen die Flühe des Kuhmettlers; die Gipfel blieben abgewandt; der Blick ins Tiefland von Gewölk vermauert. In den Fichten sängen Kreuzschnäbel. Es wäre, als wäre man sich selbst ein Traum. Und anderntags auf einem andern Landkartenblatt weiter. Aus der Stadt hinaus, an der psychiatrischen Anstalt, dem Waldhaus, vorbei, die Prasserie hinauf in den Fürstenwald – auffallend übrigens, wie schöne Namen in diesem Land die Anstalten tragen, Waldhaus Waldau Burghölzli Bonrepos Belair, und an welch herrlichen Orten manche, vor allem die älteren dieser Irrenanstalten und Zuchthäuser, oder Korrektionshäuser, Eingliederungsheime, wie sie in der Fachsprache, welche eine ausgesprochene Vorliebe für euphemistische Wendungen auszuzeichnen scheint, genannt werden, stehen, nicht selten am Rande von Villenquartieren, seltsamerweise –, und dann den Fürstenwald hinauf nach Campodels, zum Tschingelstein, den Kohlrieserweg hinüber in den Teuchelwald und aufwärts zum Lärchenboden, den Naßplattenweg weiter zur Aussichtsterrasse auf dem Vogelboden, und weiter, die Langtolen hinauf und über den Ochsenberg hinein nach Flies Bargs Sazelva, und dann den Hang hinab, über Bergwiesen und durch den Weißtannenwald hinab, in engen Kehren über Fontanulias Bardäls Valtoris hinunter, gegenüber von Speinis, in einer Rodung auf der anderen Talflanke, das Kurhaus, dann in die Schlucht hinab, dem Wasser entlang hinaus, vorn am Asyl vorbei, dann über die Brücke und wiederum hangaufwärts, durchs Totengut nach Sankt Hilarien, den Schwarzwald hinan nach Fülian, alles so ruhig und still und kalt, als ob eine entsetzliche Stimme um den ganzen Horizont schrie, und gegen Abend, spätestens vor dem Eindunkeln, wiederum abwärts, den oberen und unteren Altschutz hinab, über Ruhenstein zur Eckersruh, zum Richtplatz beim Kalkofen, bald danach aus dem Wald hinaus, und weiter, hinab nach Plankis, auf den Bus, oder aber, wenn die Zeit reicht, oben dem Hang nach gegen die Stadt zurück, über Trist und über die Geißweid und die Wiesen und Äcker zu den Gütern von Foral, über Sixtusruh, Grünberg, Winterberg, den Rosenhügelweg am Dornhaldenfriedhof vorbei in die Stadt zurück, ja, in jedem Fall ein kurzer Besuch auf dem Dornhaldenfriedhof, lieber vorher eine Abkürzung nehmen, in wilden Sprüngen, abseits vom Weg durchs Dickicht, durch Laub und Geröll hangabwärts, damit es für einen kurzen Besuch auf dem Dornhaldenfriedhof reicht. Hinaus und hinauf und hinab und hinauf und hinab und wiederum hinein in die Stadt, und anderntags, undsoweiter.

Gehen gehen denken rennen stolpern. Zuflucht in Vorsät-

zen zu ausgedehnten, kaum aber begonnen, auch schon wieder verworfenen, oder, gezwungen durch Baugruben und Stützmauern und Schlicklöcher – Gegebenheiten, die in keiner Landkarte verzeichnet sind –, zumindest, wenn überhaupt, wenn nicht gleich in einer Sackgasse oder Fallgrube endend, völlig andersverlaufend ausgeführten Spaziergängen. Die Gegend ist voller Überraschungen.
Angefangen hatte dies alles vor Jahren schon, eigentlich noch vor dem Theater; erinnert er; er litt damals lange Zeit an einer Fingeragnosie, schaute sich mit dem Arm in der Schlinge häufig die Gegend an, als er auf einen Fragebogen, den auszufüllen für seine Einteilung in den Zivilschutz er gezwungen, zumindest angehalten wurde – BITTE SENDEN SIE UNS DIESEN FRAGEBOGEN FRISTGERECHT UMGEHEND IN BLOCKSCHRIFT AUSGEFÜLLT ZURÜCK hieß es in einem roten, oben schräg aufs Blatt plazierten Stempelaufdruck –, unter dem Stichwort Hobby LESEN UND SPAZIERENGEHEN hingeschrieben hatte, ganz zuunterst auf das von ihm im übrigen leergelassene, das heißt: unbehandelte Blatt; anzukreuzen gab es nichts mehr; zusätzlich zur vorgedruckten Vielfalt von Ankreuzbarem waren hier unten zwei durch Punkte markierte Linien angebracht; für ANDERES, wie die Verantwortlichen in Klammern anfügten, die kontrollführende Stelle, hieß es darunter über dem Amtsstempel. Lesen und spazierengehen. Andere Interessen hatte er im Moment keine, beim besten Willen nicht, weder interessierte er sich für Radioelektrik, noch hatte er je Brieftauben gezogen; weder war er Hobbyfunker noch Kurzwellenamateur noch Lastwagenfahrer noch sonst was Ankreuzbares; mit simulierten Verletzten mochte er sich schon gar nicht erneut wieder abgeben, nachdem diese seinem Rücken in der Sanitätsrekrutenschule schon arg zu schaffen gemacht hatten; für Pyrotechnik hätte er sich erwärmen lassen, weil ihm dazu aber die technische Vorbildung fehlte, kam auch dies nicht in Frage, und wenn er ehrlich war, verspürte er gar keine

Lust, sich erneut einteilen zu lassen, kaum war er mit einiger Anstrengung an einem Ort ausgemustert worden. Halbe Tage lang hatte er trainiert, hatte verkrümmt in einem Stuhl gehockt, damit die erforderlichen Rückenschmerzen, die es ihm erlaubten, vor der Untersuchungskommission zur sanitarischen Nachmusterung in genügend gekrümmter Haltung anzutreten, auch ja einträten, hatte vor dem Spiegel geübt, bis es ihm gelang, ein genügend leidendes Aussehen zu mimen und durchzuhalten, bis es endlich hieß DIENSTUNTAUGLICH. Zwei Jahre zuvor, bei der Aushebung, hatte es trotz einigen ihm mit blauem Filzstift an die Wirbelsäule geschmierten Kreuzen leider noch geheißen DIENSTTAUGLICH, den Stempel vom gleichen Major ins Dienstbüchlein geknallt gekriegt, von einem zackigen Eierkopf aus alteingesessenem Geschlecht, dem es gar nicht schlecht bekam, sich eine eckige Mütze überstülpen zu dürfen, um mit dieser Mütze das zugespitzte Oberhaupt etwas zu verdecken.
Ja, dieser Fragebogen erfreute ihn gar nicht, verhieß Ungutes: man wünschte ihn erneut eingeteilt, nachdem er vor der Ausmusterung, während seiner militärischen Ausbildung, schon dauernd angehalten worden war weiterzumachen, zu aspirieren, wie dies im Fachjargon heißt; obwohl er weder Mediziner war noch aus besserem Hause stammte – vielleicht waren es seine einigermaßen flinken Beine, die ihn zum Weitermachen prädestinierten; obwohl er die zahlreichen Fragebogen über HERKUNFT UND GEWÜNSCHTEN AUFSTIEG, wie es auf jenen Bogen unbeirrt hieß, alle unausgefüllt als etwas blasse Papierflieger, mal war das Papier verwaschen hellgelb, mal hellgrün, hellblau, hatte in die Eichen des Kasernenhofes hineinsegeln lassen, den aufblasbaren roten Plastikpinguinen nach, die ein Freund von ihm, Stäubli, ein Buchhändler, oder, wie es im Dienst hieß: Dienstkamerad Stäubli, mit Vorliebe samstags, kurz vor dem großen Zirkus des Hauptverlesens, kurz bevor sie beide als letzte ihres Zuges ins Ausgangstenue geklemmt auf

den Platz hinunterwetzten, aus einem Kasernenfenster warf und die dann friedlich über den Platz und über den auf dem Asphalt in Reih und Glied ausgerichteten behelmten Köpfen und den beringten seltener bekränzten steifen Hüten hinwegschwebten; auf der Brust, Schwarz auf Rot, in verquollenen Lettern: VIVA. Keiner wurde heruntergeschossen, mit einer kurzen entschlossenen Bewegung aus der Hüfte heraus, wie es die, welche dazu befähigt gewesen wären, gelernt hatten. Während vereinzelte aus der welschen Kompanie, die in derselben Kaserne Dienst tat, oder eben Dienst zu tun ausgebildet wurde, dieses samstägliche Übel, eine Stunde, bevor man entlassen auf den Zug hetzt, nach dem Duschen noch, in Nagelschuhen und voller Montur über den Kasernenplatz huschen zu müssen, so lange, bis aufs Haltegebrüll ein einziger Knall folgt und die Meute auch schon schön in Kolonnen ausgerichtet dasteht, stramm und stumm, mit durchgedrücktem Kreuz und verkniffenen Lippen, Wut und Lachen verkneifend, dann in die Schlafsäle, um sich umzuziehen, marsch, Kampfanzug ab Nagelschuhe ab Ausgangstenue an, marsch, auf den Platz hinunter, um sich fürs Hauptverlesen neu in Kolonnen auszurichten, marsch, größte vorn, kleinste zuhinterst, marsch, und, falls dem am Platzrand stehenden Feldweibel mit einer Stoppuhr in der Hand alles zu langsam vor sich ging, das Ganze gleich nochmals von vorn: exerzieren, Tenuetürk – zum Gaudi der Welschen, die diesen samstäglichen Zirkus, dieses Übelste der Übel, sinnloser noch als der Großteil der übrigen Übungen, legerer handhabten und meist eben früher abbrachen; – während also einige der welschen Kompanie da und dort aus den Kasernenfenstern Stäublis Pinguinen nachgrinsten und den deutschschweizerischen Zirkus auf dem Platz unten kommentierten, begnügten sich die Offiziere, mit nervösen Fingern über die feine Garbardine ihrer Uniformen, über das gewichtige Leder der Pistolenkoppel zu streichen, die Blicke stur gradausgezwängt auf ihrer gerichteten

Truppe, ACHTUNG – zum Kotzen dieser Leerlauf – ABTRETEN, marsch, in den Schlafsaal, Helm ans Kopfende der Pritsche, Schluß: endlich durfte man auf den Zug.

Ja, dachte er an jene Zeiten zurück, so verspürte er nicht die geringste Lust, sich, was ihm unvermeidlich erschien, wenn er den Fragebogen durchlas, gleich wieder reglementieren zu lassen; nachdem er an einem Ort, wie gesagt, ausgemustert worden war, und nachdem ihm und einigen anderen aus dem gleichen Zug Jahrs zuvor, im Laufe der siebzehn Dienstwochen, in der Schule der Nation, wie sich jene Torturanstalt nennt, die er absolviert hatte – bei seiner Ausmusterung war dies vom Musterungsoffizier, dessen Lippen sich dabei leicht zu kräuseln schienen, befriedigt festgestellt worden –, der Feldwebel zahlreiche Pornohefte konfisziert hatte, harmlosen Schund, den sie beharrlich anstelle des Dienstreglements und der Sanitätsreglements rechts neben das Zahnglas mit nach rechts ausgerichteter Zahnbürste auf die Planke hinten über der Pritsche gelegt hatten; in schäbigen Räumen abgelichtete, auf Hochglanz frisierte Geilheit anstelle graugefaßter Pornografie.

WERNER KOCH

Jenseits des Sees

Das Sterben war einfach.

Die Katze allerdings, sie hatte mich gewarnt. Laß das, hatte sie gesagt, der See ist zu kalt, kein Mensch traut sich noch hinein, du wirst das andere Ufer nicht mehr erreichen. Ich aber wollte es noch einmal schaffen. Der See, mein Gott, was mochte mir der schon antun? Der See und ich: das war Liebe auf den ersten flüchtigen Blick; wir lernten uns verstehen, kein Uferweg, den ich nicht ausgetreten hätte, nirgends ein Fremdling im Schilf. Ich hatte hier Heimat gefunden; nicht durch Geburt, beileibe nicht, ich hatte mir mein Heil suchen müssen, meine Zugehörigkeit, meine Ordnung, meinen Frieden, meine mir gemäße Welt; ich war hier Dauerpatient, und im Gegensatz zu den Leuten vom See nahm ich den See nicht als selbstverständlich, er war mir Erlebnis, täglich neu, ein währendes Abenteuer, voller Widersprüche, doch man findet sich ab, weil es unabwendbar ist.
Ich schaffte es nicht mehr. Der See war in diesen frühen Herbsttagen außergewöhnlich kalt, das Wasserthermometer zeigte knapp elf Grad an, doch zunächst machte mir das nichts aus. Ich war schon in der Mitte des Sees, als mich fror. Ich war allein. Das andere Ufer war weit, zu weit, und als ich zurücksah, wußte ich, daß ich es nicht mehr schaffen würde. Ich wußte, daß es zu Ende ging. Ich legte mich auf den Rücken, versuchte, wenigstens den Kopf über Wasser zu halten, aber mich fror immer mehr; meine Kräfte ließen nach, ich schluckte Wasser, nein, dachte ich, so schnell darfst du dich nicht unterkriegen lassen, so schnell nicht, aber, die Katze hatte mich gewarnt, der See sei zu kalt, zu

gefährlich, nur: Was sollte das jetzt? Zu spät, nicht wahr, zu Ende. Ich weiß nicht, wann man sterben muß, bis jetzt weiß ich das nicht; ich weiß auch nicht, wie man sterben soll, die Ursachen sind unglaubwürdig; ich weiß lediglich, daß man in den letzten Sekunden des Lebens sterben will. Es gibt kein Aufbäumen, Widerstand ist zwecklos. Auch deshalb ist Sterben einfach.

Wo ist die Schwelle? Meßbar ist sie nicht, es gibt keinen Punkt Null. Nur wer Quarzuhren anbetet, hält es für denkbar, daß erst nach dem letzten Atemzug das Leben aus- und der Tod einsetzt. Nein, nein, alles fließt. Im Brennpunkt haust die Angst. Je mehr die Ängste nachlassen, desto näher ist der Tod, ob das Herz nun noch schlägt oder die Lunge noch atmet. Die letzten Blicke kommen schon aus dem Jenseits. Jedermann erlebt das, sieht es mit an, begreift es aber nicht. Am allerwenigsten begreifen es die sogenannten Seelsorger, denen die Gnade so leicht auf der Zunge liegt. Der Tod ist nicht gnädig; er ist, weil er ist.

Ich hatte keine Angst mehr. Auch das Frieren ließ nach. Ich wußte, daß ich ertrunken und also tot war, aber ich konnte mit dieser Tatsache wenig anfangen. Ob die Katze es schon bemerkt hatte? Vielleicht saß sie am Ufer und wartete auf meine Rückkehr? Vielleicht auch dachte sie schon nicht mehr an mich und fing Fische. Aber dazu war es ihr wohl zu kalt. Wahrscheinlich lag sie auf ihrem Sessel in der Hütte und döste vor sich hin. Jeder andere Tod ist einem selber fremd; fremde Tode versäumt man. Man versäumt sie selbst dann, wenn man sich liebt.

An alles andere hatte ich gedacht: an Lungenkrebs, an eine Schrumpfleber, an Herzinfarkt; auf den Gedanken, einmal ertrinken zu sollen, war ich zeitlebens nie gekommen. Rückwirkend leuchtet es ein. Der See, das war schon immer mein Einundalles gewesen, und nun war ich ganz dort. Am Ufer stand Bauer Greiffs Sohn und rief nach seinem Hund. Ich überlegte, was wohl aus meiner Hütte werden würde.

Bauer Greiff könnte sie verfallen lassen. Oder vermieten. Oder verkaufen. Die Nachfolger stehen parat. Morgen oder übermorgen würde man mich im Dorf vermissen. Im See war es still, ich hatte ungeahnte Ruhe.
So also ist das. Mein Gott, wie oft denkt man an den Tod, doch wenn er dann kommt, muß man höllisch achtgeben, daß er einen nicht überrennt. Keine Frage, jedermann hat die Chance, auf die Stunde seines Todes hinzuleben. Aber ist es eine Chance? Welche? Die kümmerlichen Versuche, noch zu Lebzeiten eine Einheit von Leben und Tod zu erwirken, sind allesamt gescheitert, auch hinter Klostermauern, auch im Schweigen der Wälder, selbst Jesus hatte Angst, sagt man, jedenfalls hat es sich so angesehen. Ich hatte keine Angst. Ich lag ertrunken im See, seltsam geborgen, der Seegrund war weich, grüne Algen, meterhoch, schwebten hinauf zum Licht, Fische schwammen hindurch und nahmen keine Notiz von mir. Die Katze hatte recht behalten. Aber kommt es darauf an? Wer eigentlich hat recht? Was ist das: recht haben? Allenfalls eine Frage der Definition. Das Leben hat recht, der Tod hat recht, jedem das Seine. Der See hat dich verschluckt, dachte ich, mach' was draus. Aber was?
Ich wartete.
Warten ist nicht das richtige Wort. Warten erweckt den Eindruck, es müsse etwas geschehen, so oder so kommen, man wartet nicht zweckfrei; gerade das aber war meine Lage: zweckfrei warten, ohne Absicht, ohne Wünsche, ohne Hoffnung; gut, wenn etwas geschieht, gut, wenn nichts geschieht; es ist, wie es ist, und wie es ist, so muß es sein, man fragt nicht mehr, weil die Antworten fraglos gegeben werden.
Man muß unterscheiden zwischen dem Vorgang des Sterbens und dem Beginn des Totseins. Aus meiner Sicht entlarvt sich die Angst vor dem Sterben zumindest nachträglich als Lappalie; Angst hin, Angst her: Sterben ist unabdingbar, jeder Tod kommt für jeden, es gibt kein Entrinnen, man hat

ihn anzunehmen. Es ist nicht wahr, daß einem plötzlich alles egal geworden ist; man verliert lediglich das lebenslängliche »Wenn«, das »Aber«, das »Warum«; man streift sie ab, sie verlieren an Fragwürdigkeit, sie sind nicht mehr da, aus, gestorben, dahin.

Es könnte sein, daß meine Kölner Firma mir einen Nachruf widmet. Der Direktor wird sagen, dazu sei man schlechterdings verpflichtet, letztendlich hätte ich mich um die Firma verdient gemacht. Die Sekretärin des Direktors wird diese Meinung der Sekretärin des Personalchefs durchsagen, aber der Personalchef will die Entscheidung nicht ohne den Personalrat treffen, hier gilt es, Mitbestimmung zu leben, gleichberechtigte Abstimmung über Größe und Inhalt einer Todesanzeige. Anfrage bei der Anzeigenabteilung des »Kölner Stadtanzeiger« nach der momentanen Millimeterpauschale. Antwort: Gesamtkosten 800 Mark. Rückfrage bei der Direktion: ob 600 Mark nicht ausreichten. Antwort: 600 Mark langten auch. Nachfrage der Personalabteilung, wer für den Text des Nachrufs verantwortlich zeichne. Antwort des Direktors: das lasse er sich nicht nehmen. Ergebnis: die Firma trauert, es werde schwer sein, mich zu ersetzen. Kommt einer zur Beerdigung? Vorsorglich wird der Antrag auf eine Dienstreise gestellt und vorab genehmigt.

Ich wußte nicht, ob mich irgendjemand irgendwann aus dem See herausholen würde. Man wird sehen.

Die Katze müßte jetzt Hunger haben. Ob sie mich vermißt? Wahrscheinlich. Die Lebenden vermissen immer etwas. Sie merken geradezu an dem, was sie vermissen, daß sie leben, und wenn ihnen die Toten abhanden kommen, trauern sie weniger dem Tod nach – davon wissen sie ohnehin nichts –, nein, sie beklagen sich selber, die Trauer ist egozentrisch, eitel, der Tote hat gut schweigen, und was wird aus den Überlebenden?

Nun, ich hatte es geschafft.

Was eigentlich? Das Leben? Das Sterben? Den Tod? Von zehn Milliarden Atemzügen gehen neuneinhalb Milliarden ins Leere; man könnte sie weglassen, niemandem fiel das auf; Leben will weniger gelebt als gelernt sein, aber ehe man das begreift, kommen die Nierensteine, die Herzrhythmusstörungen, die Bandscheibenschäden; die Jugend rennt rückwärts davon, man schafft wenig, man wird geschafft; die Eigeninitiative war mittelmäßig, nie ist man zu sich selber gekommen, das Leben ließ einem keine Zeit, obschon man sich die Zeit zum Leben sehr wohl hätte nehmen können; aber man hat sich angepaßt; ein Leben, vollgespickt mit Ansichten und Absichten, aber blöd vertan, weil man zeitlebens versäumt hat, sich selber zu leben. Aussicht: ja; Einsicht: nein. Warum? Es sollte einem gleichgültig sein, ob auf der Todesanzeige »Generaldirektor«, »Sportler des Jahres« oder »Ritter vom Heiligen Grab« steht. Aber nein, den Trauernden will man es noch einmal zeigen, ihr Leid ist unsagbar, man selber unersetzbar, der Tod ist groß, wir sind die Seinen. Schade. Auch dieses Leben vertan. Man ist nicht bloß gestorben; man ist verschieden, entschlafen, womöglich sanft dahin- oder heimgegangen. Schade. Die großen Tode machen schaulustig, die Orden im Sarg haben ausgeklimpert, sie rosten dahin, das Dekor war mies, das Leben käuflich, man hat es aus-, nicht angenommen. Man hat es vertan. Gewiß, jeder vertut sich mal. Aber gleich das Leben?

Nun, ich hatte es geschafft. Es waren noch andere Ertrunkene im See. Eine junge Frau war da; sie hatte lange dunkelblonde Haare, die ihr über die Schultern flossen, und ich fragte sie, wann sie gestorben sei. Sie sah mich an, lächelte, aber sie antwortete nicht. Zuerst dachte ich, sie habe mich nicht verstanden. Vielleicht aber mochte sie nicht erinnert werden? Nur Ruhe haben. Ich sah sie an, lächelte zurück und sagte nichts mehr. Der Seegrund war dunkelgrün, die Algen standen still, oben würde es Abend werden.

ALICE MILLER

Das arme reiche Kind

Manchmal muß ich mich fragen, ob es uns überhaupt je möglich sein wird, das Ausmaß der Einsamkeit und Verlassenheit zu erfassen, dem wir als Kinder und folglich auch, intrapsychisch, als Erwachsene ausgesetzt waren oder sind. Ich meine hier nicht in erster Linie die äußere Verlassenheit, die äußeren Trennungen von den Eltern, die selbstverständlich traumatische Auswirkungen haben können, ich denke auch nicht an Kinder, die offensichtlich vernachlässigt oder gar verwahrlost aufgewachsen sind und die es schon immer wußten oder wenigstens mit dieser Wahrheit großgeworden sind.

Aber es bleibt ja noch die ganz große Zahl der narzißtisch gestörten Menschen, die sehr oft differenzierte und bemühte Eltern hatten, die von ihren Eltern gefördert wurden und die an schweren Depressionen leiden. Mit dem Bild einer glücklichen und behüteten Kindheit, mit dem sie aufgewachsen sind, kommen sie in die Analyse.

Es handelt sich um Patienten, die selber viele Möglichkeiten oder sogar Talente hatten, die sie auch entwickelten, und die oft wegen ihrer Gaben und Leistungen gelobt wurden. Fast alle diese Analysanden waren schon im ersten Lebensjahr trocken und viele halfen bereits im Alter von eineinhalb bis fünf Jahren sehr geschickt bei der Pflege ihrer kleinen Geschwister. Nach der vorherrschenden Meinung müßten diese Menschen – der Stolz ihrer Eltern – ein starkes und stabiles Selbstbewußtsein haben. Aber gerade das Gegenteil ist der Fall. Alles, was sie anpacken, machen sie gut bis hervorragend, sie werden bewundert und beneidet, sie ernten Erfolge, wo es ihnen immer wichtig ist, aber alles das nützt nichts. Dahinter lauert die Depression, das Gefühl der Leere, der Selbstentfremdung, der Sinnlosigkeit ihres Daseins – sobald die Droge der Grandiosität ausfällt, sobald sie nicht »on top« sind, nicht mit Sicherheit der Superstar, oder wenn sie plötzlich das Gefühl bekommen, vor irgendeinem Idealbild ihrer selbst versagt zu haben. Dann werden sie gelegentlich von Ängsten oder schweren Schuld- und Schamgefühlen geplagt. Was sind die Gründe einer so tiefen narzißtischen Störung bei diesen begabten Menschen?

Schon in der ersten Besprechung lassen sie den Zuhörenden bald wissen, daß sie verständnisvolle Eltern hatten, mindestens einen Elternteil, und wenn es ihnen je am Verständnis der Umwelt gefehlt hatte, so lag es, meinen sie, an ihnen, nämlich daran, daß sie sich nicht richtig ausdrücken konnten. Sie bringen ihre ersten Erinnerungen ohne jegliches Mitgefühl für das Kind, das sie einmal waren, und dies fällt um so mehr auf, als diese Patienten nicht nur eine ausgesprochene Fähigkeit zur Introspektion haben, sondern sich auch leicht in andere Menschen einfühlen können. Ihre Beziehung zur Gefühlswelt ihrer Kindheit ist aber durch mangelnden Respekt, Kontrollzwang, Manipulation und Leistungsdruck charakterisiert. Nicht selten zeigen sich da Verachtung und Ironie, die bis zum Spott und Zynismus gehen können. Allgemein zutreffend ist ferner ein völliges Ausbleiben von echtem, emotionalem Verstehen und Ernstnehmen des eigenen Kinderschicksals, sowie eine völlige Ahnungslosigkeit in bezug auf die eigenen wahren Bedürfnisse, jenseits der Leistungszwänge. Die Verinnerlichung des ursprünglichen Dramas ist so vollkommen gelungen, daß die Illusion der guten Kindheit gerettet werden kann.

Um das seelische Klima der Kindheit dieser Analysanden schildern zu können, möchte ich zunächst einige Voraussetzungen formulieren, von denen ich ausgehe und die vor allem den Arbeiten von D. Winnicott, M. Mahler und H. Kohut nahestehen.

1. Es ist ein ureigenes Bedürfnis des Kindes, als das, was es jeweils ist, und als *Zentrum der eigenen Aktivität* gesehen, beachtet und ernstgenommen zu werden. Im Unterschied zum Triebwunsch handelt es sich hier um ein genauso legitimes, aber *narzißtisches Bedürfnis*, dessen Erfüllung zur Bildung eines gesunden Selbstgefühls unerläßlich ist.
2. »Das, was es jeweils ist«, meint: *Gefühle, Empfindungen und ihren Ausdruck*, bereits beim Säugling. »Die inneren (!) Empfindungen des Säuglings und Kleinkindes«, schreibt M. Mahler, »bilden den Kern des Selbst. Sie scheinen der Mittel-, der Kristallisationspunkt des Selbstgefühls zu bleiben, um das herum das ›Identitätsgefühl‹ errichtet wird« (1972, S. 17).
3. In einer Atmosphäre der *Achtung und Toleranz für die Gefühle des Kindes* kann das Kind in der Trennungsphase die Symbiose mit der Mutter aufgeben und die Schritte zur Individuation und Autonomie vollziehen.
4. Damit diese Voraussetzungen des gesunden Narzißmus möglich wären, müßten die Eltern dieser Kinder ebenfalls in einem solchen Klima aufgewachsen sein.
5. Eltern, die dieses Klima als Kinder nicht bekommen haben, sind narzißtisch *bedürftig*, d. h. sie suchen ihr ganzes Leben, was ihnen ihre eigenen Eltern zur *rechten Zeit* nicht geben konnten: ein Wesen, das ganz auf sie eingeht, sie ganz versteht und ernstnimmt, das sie bewundert und ihnen folgt.
6. Dieses Suchen kann natürlich nicht voll gelingen, denn es bezieht sich auf *eine unwiderruflich vergangene Situation*, nämlich die erste Zeit der Selbstformung.
7. Aber ein Mensch mit einem ungestillten und *unbewußten* – weil abgewehrten – *Bedürfnis* ist einem *Zwang* unterworfen, das Bedürfnis doch noch auf Ersatzwegen befriedigen zu wollen.
8. Am meisten eignen sich dazu die *eigenen Kinder.* Ein Neugeborenes ist auf Gedeih und Verderb auf seine Eltern

angewiesen. Und da seine Existenz davon abhängt, ihre Zuwendung zu bekommen, tut es auch alles, um sie nicht zu verlieren. Es wird vom ersten Tag an all seine Möglichkeiten einsetzen, wie eine kleine Pflanze, die sich nach der Sonne dreht, um zu überleben (vgl. A. Miller, 1971).

Bisher bewegte ich mich auf dem Boden von mehr oder weniger bekannten Tatsachen. Die folgenden Gedanken beruhen auf Beobachtungen, die ich in den von mir durchgeführten oder kontrollierten Analysen von Kollegen und nicht zuletzt in den zahlreichen Interviews mit Adepten der Psychoanalyse machte. Bei allen diesen Menschen war ein Kinderschicksal vorzufinden, das mir bezeichnend erscheint.

1. Da war eine im Grunde *emotional unsichere Mutter*, die für ihr narzißtisches Gleichgewicht auf ein bestimmtes Verhalten oder eine bestimmte Seinsweise des Kindes angewiesen war. Diese Unsicherheit konnte sehr wohl dem Kinde und der ganzen Umgebung hinter einer harten, autoritären, ja totalitären Fassade verborgen bleiben.

2. Dazu kam eine erstaunliche *Fähigkeit des Kindes*, dieses Bedürfnis der Mutter oder beider Eltern intuitiv, also auch unbewußt zu spüren und zu beantworten, d. h. die ihm unbewußt zugeteilte Funktion zu übernehmen.

3. Diese Funktion sicherte dem Kind die »Liebe«, d. h. hier die *narzißtische Besetzung* durch die Eltern. Es spürte, daß es gebraucht wurde, und das gab seinem Leben die Existenzsicherung.

Diese Fähigkeit wird ausgebaut und perfektioniert, und diese Kinder werden nicht nur zu Müttern (Vertrauten, Tröstern, Ratgebern, Stützen) ihrer Mütter, sondern übernehmen auch Verantwortung für ihre Geschwister und bilden schließlich ein ganz *besonderes Sensorium für unbewußte Signale der Bedürfnisse des Anderen* aus. Kein Wunder, wenn sie später oft den Beruf des Psychoanalytikers wählen. Wer sonst, ohne diese Vorgeschichte, würde das Interesse dafür aufbringen, den ganzen Tag herausfinden zu wollen, was sich im Unbewußten des anderen abspielt? Aber in der Ausbildung und Vervollkommnung dieses differenzierten Sensoriums, das einst dem Kind zum Überleben verhalf und den Erwachsenen zu seinem seltsamen Beruf befähigt, liegen auch die *Wurzeln der narzißtischen Störung.*

ODYSSEAS ELYTIS

Gedichte

Die zeit ist schneller Vogelschatten
Weit offen meine Augen in ihren Bildern

Um das tiefgrüne Glück der Blätter
Großes Erleben der Schmetterlinge

Während die Unschuld
Sich ihrer letzten Lüge entkleidet

Süßes Abenteuer süßes
Leben.

Melancholie der Ägäis

Welche Fügung der Seele an die abendlichen Taucherkönige
Welche Stille in den Stimmen des fernen Landes!
Der Kuckuck in den Bäumen das Tuch
Geheimnisvoller Ritus beim Mahl der Fischer
Und das Meer bläst Musik
Fernes Leid der Frau
Der schönen, die ihre Brust entblößte
Als die Erinnerung einfiel in die Nester
Und des Flieders Feuer den Abend besprühte!

Mit Schiff und Segel der Madonna
Flohen, behütet von den Winden
Die Geliebten der Lilienfremde
Wie aber besang hier die Nacht den Schlaf

Mit strudelndem Haar an leuchtenden Engen
Oder den weiten hellen Küsten
Und wie unter dem goldenen Schwert Orions
Verflog und zerfloß
Der Staub aus den Träumen der Mädchen
Im Duft von Basilikum und Minze!

Am Kreuzweg stand die alte Zauberin
Und entfachte die Winde mit Thymian
Biegsame Schatten wanderten leise
Mit einem Krug Johanniswasser in der Hand
Leicht, als gingen sie ein ins Paradies
Und aus der Grillen Andacht, die das Land erfüllte
Traten die Schönen mit mondgleicher Haut
Um auf mitternächtlicher Tenne zu tanzen...

O Zeichen die ihr in die Tiefe
Des spiegelnden Wassers eingeht
Sieben kleine schimmernde Lilien

Wenn das Schwert Orions zurückkehrt
Wird es armes Brot unter dem Lämpchen finden
Aber eine Seele in der Glut der Sterne
Und große Hände in die Unendlichkeit hinein verzweigt
Einsamen Tang letzte Gaben der Küste
Smaragdene Jahre

O grüner Smaragd – welcher Seher sah
Dich bei der Geburt des Tages halten das Licht
Das Licht bei der Geburt beider Augen der Welt!

Silbernes Gedicht als Geschenk

Ich weiß daß das alles nichts ist   und daß die Sprache
die ich spreche kein Alphabet hat

Weil auch Sonne und Wellen eine Silbenschrift
sind die du nur in Zeiten der Trauer oder der Verbannung
entzifferst

Und das Vaterland   ein Fresko mit aufeinanderfolgenden Schichten, fränkischen oder slawischen   läßt du dich aber zufällig darauf ein es zu erneuern   landest du sofort im Gefängnis und mußt Rechenschaft ablegen

Vor einer Menge fremder Mächte   stets mittels deiner eigenen

Wie das bei Mißgeschicken so üblich ist

Dennoch   stellen wir uns einmal vor daß auf einer Tenne aus alter Zeit die auch in einem Hochhaus sein könnte Kinder spielen   und der der verliert

Den Regeln gemäß   den anderen eine Wahrheit sagen und bieten muß

Bis alle am Ende merken daß sie in Händen halten ein

Silbernes Gedicht als kleines Geschenk.

ADOLF MUSCHG

Ich erwachte an einem Feuerschein

Ich erwachte an einem Feuerschein, jedenfalls hielt ich für den Widerschein eines Feuers, was an meinen Wänden tanzte. Seltam nur, daß es mondblau war. Der Moskitovorhanghimmel war weit geöffnet. Dabei war ich sicher, ihn vor dem Einschlafen bis auf einen Spalt zugezogen zu haben. Auch das Bett schien gewachsen, ich fühlte mich turmhoch über dem Boden liegen, auf einem weitläufigen, durch das dünne Laken kaum verhüllten Steinblock. Alles tat mir weh, aber wenn das ein Feuer war, mußte ich fliehen. Ich setzte mich auf und ließ die Beine vom Bettrand hängen, sie berührten den Boden nicht, es würde ein Sprung nötig sein, bei dem mich der Bademantel behindern konnte. Jemand mußte mich in der Nacht in diesen Bademantel gesteckt haben, einen schwärzlichen Überwurf, der vorn mit einer Mönchskordel zusammengehalten war. Ich versuchte sie festzuziehen, sie war elastisch, aber nur in einer Richtung: wenn ich dran zog, wurde sie länger und immer länger, also mußte ich den Rock mit den Händen zusammenhalten, und bevor ich sprang, hörte ich Stimmen –

Stimmen durcheinanderredend, aber leise, ein Volksgemurmel, das durch etwas Unerhörtes gedämpft war. Das Äußerste mußte schon geschehen sein, der Schrei schon verklungen, auf den die unbekannte Menge antwortete. Es hing ein Geschmack in der Luft, wie ich ihn als Kind im Mund gehabt habe, als ich mit der Zungenspitze das gefrorene Gartentor berührte und die Zunge gerade noch, aber blutend, zurückzog. Dieser Schrei, wenn da ein Schrei gewesen war, hatte mich wohl geweckt. Aber warum waren alle andern schon versammelt, schon verständigt, warum ich nicht, ich allein, wenn es draußen doch brannte? Die Tür war zu öffnen, wenn ich mich reckte, wenigstens war ich nicht eingeschlossen, wie gefürchtet, einen Augenblick in Todesangst befürchtet. Ich ging hinaus, geblendet, da lag der Hof von gestern im Flutlicht, aber ich wußte, daß es hätte »Schußlicht« heißen müssen, taghell, wie es nur sein kann, wenn eigentlich Nacht ist. In der Mitte des Hofes brannte ein blaues Feuer ohne Rauch oder Geräusch und wurde von einer mächtigen alten Frau mit rundlichen glatten Klötzen gefüttert, von denen ich wußte, daß es die Arme und Beine von Puppen, in Wirklichkeit aber von gefrorenen Kindern waren. Und sie brannten auch nicht eigentlich, sondern vergingen langsam im Lichtschein, wurden durchsichtig und dann unsichtbar. Es war dieses Verglühen, von dem das starke Licht ausging, und ich wußte zum ersten Mal, was Feuer ist, und wie es gemacht wird. Ich hörte die Stimme von Gallus, dann die von Gaby, dann Stappungs Lachen, aber es waren nur Chinesen zu sehen, deren Köpfe im Dunkel lagen. Als ich die laut knarrende Tür zuzog, glaubte ich zu erkennen, daß die Köpfe sich mir zuwendeten, ich konnte ihre Augenhöhlen sehen, aber diese Augenhöhlen waren ja die Augen selbst, und ihre Finsternis sah durch mich hindurch. Ich versuchte mich zu setzen, aber der Lichtschein folgte mir, ich kauerte in erbarmungsloser Helligkeit und mußte dabei immer diesen Rock zusammenhalten. Jetzt konnte ich sehen, er war gemustert, zeigte schwarze Ranken oder Zähne auf braunem Grund, die Kordel war jetzt so schwach geworden, daß sie zu gar nichts mehr gut war, aber als ich sie wegwerfen wollte, klebte sie mir an den Händen. Ich hörte meine Reisegefährten sprechen, Stappung auch, verstand aber kein Wort, auch wenn mir jeder Klang vertraut war. Ich wußte, ich war als Zeuge geladen, ich mußte aussagen und wußte nicht was, wenn es nicht das Schrecklichste war. Wenn ich den Mund öffnete, gab ich mich nicht mehr als Zeuge, sondern als Angeklagten, ja schon Verurteilten zu erkennen. Der Mann, der neben dem Feuer saß, war der Richter, er versteckte sich ein wenig, aber ich glaubte Kong zu erkennen, erkannte ihn an der heftigen Fußbewegung, mit der er den Boden schlug, das war Ungeduld, es wurde also erwartet, daß ich sprach, mich verriet, und mich am Ende der Verhandlung an der Kordel aufhängte. Ich versuchte sie verstohlen noch länger zu ziehen, bis sie zu schwach sein würde, um mich zu tragen. Einmal blickte ich mich nach meiner Tür um, sie schien noch höher geworden, und die Klinke war abgeschraubt. Er hat es getan, sagte eine Stimme, die von Kong, und sie redete mit holländischem Akzent, er hat seinen Tod gewünscht, er hat jeden Tag darauf gewartet. Ich hatte den Tod meines Vaters gewünscht. Seit mir ein Schulkamerad gesagt hatte, mein Vater sei ja schon alt, er werde bald sterben, hatte ich mich vor diesem Tod gefürchtet und die Zimmertür einen Spalt offen gelassen, um die Schreibmaschine meines Vaters hören zu können. Damit der Tod nicht eintreten konnte, mußte diese Tür etwas Licht durchlassen, aber jetzt hörte ich die Wahrheit: ich hatte immer auf den Tod gewartet, Kong hatte recht, ich hatte diesen Tod wünschen müssen, damit nicht noch Schrecklicheres geschah, von dem ich mir keinen Begriff machen konnte. Ich sah die Züge des Schrecklichsten im blauen Feuer, das die alte Frau fütterte, es erinnerte, ohne daß die Einzelheiten deutlich waren, an Stappung, oder an einen Schakal, der Schakal hatte das Maul offen, er litt es, das Schrecklichste, obwohl er mich zugleich verschlingen wollte, diese beiden Schrecken waren nicht zu unterscheiden, ich mußte mit dem Schakal leiden, mich seinen von Atemnot geöffneten Zähnen anbieten, damit er erlöst würde. Die alte Frau hatte eine Unkrauthacke mit einem langen Stiel, mit dem schürte sie das blaue Feuer, in Wirklichkeit schlug sie nach dem Kopf, der immer deutlicher der Kopf meines Vaters wurde, den ich im Sarg gesehen hatte, sie zielte nach den Augen, die damals geschlossen gewesen waren. Die Frau riß dem Kopf mit behutsamen Schlägen die Lider auf, sie legte den Blick frei, der durchsichtig war, vollkommen durchsichtig gerade auf mich gerichtet. Da ist noch viel, sagte sie, schau nur, wieviel ich da noch rauskriege, hatte meine Großmutter gesagt, als ich das Ei nicht richtig auslöffelte, ihr aber gelang es, noch ganz viel Weißes vom Boden des Eis herauszuholen, sie steckte es mir in den Mund, das ist auch noch gut, sagte sie, man muß nur suchen.

Es verging Zeit, bis ich mich getraute, die Hand auszustrekken, und das rauhe Zeug in die Hand bekam, das Moskitonetz, und eine Stimme Quauwipao sagen hörte, ich verstand es nicht, aber es war chinesisch, unbefangen, wie man redet, wenn man schon früh bei der Arbeit ist und den Morgen für sich hat. Eine andere Frauenstimme antwortete unbekümmert, dann hörte ich Wasser ausgießen und das Schleifen eines Besens.

CZESŁAW MIŁOSZ

Aufgabe

Mit Zittern und Bangen denk ich, daß ich mein Leben
erfüllte,
Hätte ich nur gewagt, öffentlich auszusagen,
Betrug zu enthüllen, meinen und den der Epoche:
Uns war das Gekreisch von Zwergen und von Dämonen
erlaubt,
Doch reine und würdige Worte waren verboten
bei hoher Strafe, so daß, wer eins zu sagen wagte,
Sich selber hätte verloren geben müssen.

Wie viele herrliche Vorsätze

Wie viele herrliche Vorsätze, Spiele und Listen gab es,
Als uns, meine Freunde,
Die Wolken, die waldesrühmlichen Statuen
Und über der schmalen Straße Johannisadler-Engel
beschützten.
Ihr solltet verlieren und wußtet es nicht.
Ihr solltet verlieren, ich hab es gewußt.
Ohne die Mitwisserschaft, die vergebliche, euch oder mir zu
bekennen.
Nun ist es vollbracht. Der Wind spielt mit Schatten von
Namen,
Schneestille folgt auf die Dynastie.
Wer Verstand besaß, der wählte Doktrinen,

In denen der teuflische Moder, flimmernd, geleuchtet hatte.
Wer Herz hatte, ließ sich zur Liebe verführen.
Wer Schönheit wollte, diente dem Stein auf dem Stein.
So zahlte unser Jahrhundert heim
Denen, die seiner Verzweiflung und seiner Hoffnung vertrauten.
Und was hat Gewinnen bedeutet? Mitten im Wort zu verstummen.
Den Schrei zu vernehmen, der Lüge zu huldigen, die Wahrheit war nämlich gefallen.
Kumpanei zu heucheln, an Gräbern vorbei.
Und sich zu den Auserwählten zählend
Mit ganzem Körper Scham
Zu empfinden.

Wenn ich sagte

Wenn ich die Wahrheit sagte, zogen mich die beleidigenden Lächeln der Zeitungsratten
In ihr Vertrauen, als ob wir uns darauf verstünden.
Ich konnte nur meine Verachtung durch Jahre bewahren
Wissend, daß ihnen der Triumph beschert sein würde,
Weil sie der Reihe nach, was sie wollten, bekamen:
Jeder den ihm gemäßen Anteil am Nichts.

Gabe

Der Tag war glücklich.
Der Nebel fiel früh herab, ich hatte im Garten zu schaffen.
Die Kolibris rasten an der Blüte des Kaprifoliums.
Es gab in der Welt kein Ding, das ich hätte haben wollen.
Ich kannte niemanden, den ich beneiden müßte.

Was Böses geschehen war, hab ich vergessen.
Ich schämte mich nicht zu denken, ich sei, wer ich bin.
Ich spürte keinerlei Schmerz im Leibe.
Aufgerichtet sah ich das blaue Meer und die Segel.

JOSEF WINKLER

Haus 7
35 Tiere, 6 Kinder,
9 Kruzifixe

Die Mutter krempelte das Totenhemd des Kindes, das voll Erde war, in die Höhe und küßte die blutgefüllte Nabelgrube. Verschiedenförmige Wolken zogen über die beiden Köpfe und über den umgestürzten Traktor am Hang, der wie ein verendetes Pferd mit rollenden Rädern auf dem Rücken lag. Das Knistern einer Wurzel löste in ihr die Ahnung eines Scheiterhaufens aus, auf dem sie stolz wie Jeanne d'Arc mit dem toten Kind in den Händen, Blutflecken auf den Hüften, stehen und verbrennen wollte. Sie hob das Kind in die Höhe, die Hosenleiter baumelte nach unten und streifte im Gehen die Grasspitzen, trug es über einen Feldhügel und einen zweiten ins Haus hinein, das in diesem Augenblick zu einem Totenhaus wurde. Auf dem lotrechten Balken des Dorfkruzifix ging der Großvater, Vater meiner Mutter, der gestern noch mit pendelndem Kopf am Klofenster stand, an dem menschengroßen Dorfkruzifix mit dem hölzernen Schindeldach vorbei. Manchmal lehnten an der Mauer dieses Kruzifix Sense und Heurechen, Bauern standen daneben und sprachen unter dem Angesicht des Gekreuzigten über ein krank gewordenes Tier. Der Asphalt flirrte unter der Sommerhitze. Der Großvater schob den Hut nach hinten und wischte sich mit der Innenfläche der anderen Hand den Schweiß von der Stirn. Der Pfau folgte ihm, am Rande des Weges Futter suchend, auf Schritt und Tritt. Blieb der Pfau stehen, blieb auch der Großvater stehen und drehte sich nach dem Tier um; die zweite Hälfte eines Regenwurms krümmte sich an dessen Schnabelspitze. Wasserschüsseltragend ging eine Hebamme in seinen Gedanken vorbei. Ein Enkelkind war ihm gestorben. Über die Hausmauer rankten sich dunkler und dunkler werdende Weintrauben. Das Dorfkruzifix trug die Gesichtszüge des toten Kindes. Ein paar Wochen vorher hatte er zum toten Pferdekopf gebetet, der mit heraushängender Zunge und weitaufgerissenen Augen im feuchten Stroh gelegen hatte, jetzt war es der nackte, vom Traktor deformierte Kopf des Kindes, vor dem er, an seinem Spazierstock Halt suchend, stand. Unter dem Scherenschnitt des Mähmessers an der Seite des Traktors fielen dem Kind die Haare vom Kopf. Der Geruch des Holzes im Bauernhaus wurde durch den Tod verstärkt. Die Fensterkreuze ließen den Blick bis ans Ende der Welt gehen. Jedes Auge, das aus dem Fenster blickte, durchdrang die Landschaft, die grünen Wiesen, der Wind schlug Wogen im Roggenfeld, millionenfach zitterten die Haferähren ums tote Kind.

Das Weizenfeld marschiert als komplexer Trauergast mit den gesamten Ähren auf. Hunde rasseln mit ihren Ketten. Hunderte Marzipanjesus gehen bloßfüßig über das Meer. Unter den Peitschenhieben der Galeerensträflinge krümmen sich ihre braungebrannten Rücken. Sie ziehen ein Wrack ins Tote Meer. Der Heukarren, den das Pferd über die Dorfstraße zieht, ist beladen mit Leichenkränzen, an denen weiße, kunstgerechte Schleifen mit Goldaufschriften hängen, Blumensträuße, die peinlich genau an ihren Stengelenden mit violetten Papiermanschetten verziert sind, und in der Mitte des Wagens eine kindsgroße Holzschachtel auf Engelsfüßen. Unter der Anstrengung des Fuders nickt das Pferd, unaufhaltsam vorwärtsziehend, mit seinem Kopf. Fliegen heben sich von seinen eitrigen Augen, setzen sich wieder nieder, das Pferd schüttelt den Kopf, die Riemen und Zügel des Totengräbers, der auf dem glänzenden Rücken des Pferdes sitzt, geraten außer Rand und Band, der Wagen wird erschüttert, die Hinterdreintrottenden horchen auf und fallen aus dem Rhythmus der Gebete. Der Kaubügel ist voll von grünem Speichel. Wagen und Gebete setzen ihren Rhythmus fort. Den Leichenzug führt das Kruzifix an wie ein Feldmarschall mit dem schneidigen Atem eines handkantenscharfen Kreuzzeichens. Alle anwesenden Trauergäste kennen den Weg zum Friedhof genau. Während sie beten und in Gedanken auf den eigenen Tod oder auf den Tod ihrer Kinder zurückfallen, zählen sie die Schritte von ihrem Hausein- und -ausgang zum Familiengrab ab. Die Blumen an den Fensternischen der Häuser geben dem Kind das letzte Geleit, Forellen zur linken Seite des Trauerzugs den Dorfbach entlangschwimmend, ein Schwarm Zugvögel rechts. Mit Strohpuppen und Blumenbüscheln gehen die kleinen Brüder und Schwestern des toten Kindes hinter dem Fuder her. Die Mutter blickt hoch und sieht das Dorf unter dem dunklen Schleier ihrer Trauer. Großvater kehrt Blütenblätter aus dem Totenzimmer; Bestatter wird die schwarzen Dekorationstücher falten.

Nach ihrer erschöpfenden Maurerarbeit badeten Kurt und Hans in einem See. Keuchend schwamm plötzlich Hans an Kurt heran und faßte ihn, bereits sinkend, an den Fesseln seiner Beine. Wie zwei Trapezkünstler, der eine auf der Schulter des anderen, sanken sie auf den Grund. Im Todeskampf befreite sich Kurt mit einem Schlag auf den Schädel des Freundes. Hans ließ los und fiel mit blutendem Mund und gespreizten Fingern auf den Rücken. Kurt turnte sich an die Wasseroberfläche hoch und lag keuchend, seine Finger krallten sich in den feinen Sand, am Ufer. Hans, so erzählt man, hatte *ein Loch im Herzen.* Er war mit einem Herzfehler auf die Welt gekommen. Die Feuerwehr barg den Leichnam. Im Elternhaus wurde er aufgebahrt wie sein fünfjähriger Bruder, der vom Traktor zerquetscht worden war. Man erzählte, daß sein Körper *wie ein Krapfen aufgebläht* sei. Andere Tote wurden offen aufgebahrt, die Särge der beiden Brüder waren geschlossen. Man versteckte ihre deformierten Leiber vor den Trauergästen. Stumm saß die schwarzgekleidete Großmutter in einer Ecke des Totenzimmers.

WISŁAWA SZYMBORSKA

An mein Herz am Sonntag

Ich danke dir, mein Herz,
daß du nicht säumst, daß du dich regst,
ohne Entgelt und ohne Lohn,
aus angeborenem Fleiß.

Siebzig Verdienste hast du in einer Minute.
Jede deiner Muskelbewegungen
ist wie ein Anstoß des Bootes
ins offene Meer
zur Fahrt um die Welt.

Ich danke dir, mein Herz,
daß du mich ab und zu
herausnimmst aus der Ganzheit
als Einzelheit selbst im Traum.

Du sorgst dafür, daß ich mich nicht
ganz und gar verflüchtige
in einem Flug,
der keine Flügel braucht.

Ich danke dir, mein Herz,
daß ich wieder erwacht bin –
und obwohl es Sonntag ist,
ein Tag der Ruhe,
hält der Verkehr unter den Rippen an
wie sonst an den Wochentagen.

Pieta

Im Städtchen, in dem der Held geboren wurde,
das Denkmal besichtigen, seine Größe loben,
zwei Hühner vertreiben von der Schwelle des leeren
  Museums,
erfahren, wo seine Mutter wohnt,
klopfen, die knarrende Tür aufstoßen.
Sie hält sich gerade, sie kämmt sich glatt, blickt hell.
Sagen, daß man aus Polen gefahren kommt.
Grüßen. Fragen, laut und deutlich.
Ja, sie habe ihn sehr geliebt. Ja, so sei er immer gewesen.
Ja, sie habe damals vor der Gefängnismauer gestanden.
Ja, sie habe die Salve gehört.
Bedauern, daß man kein Tonband mitgenommen habe,
und keine Kamera. Ja, sie kenne diese Geräte.
Im Rundfunk habe sie seinen letzten Brief gelesen.
Im Fernsehen alte Wiegenlieder gesungen.
Einmal sei sie sogar im Film aufgetreten, habe tränend
in Jupiterlampen gestarrt. Ja, die Erinnerung rühre sie.
Ja, sie sei etwas müde. Ja, das gehe vorüber.
Aufstehen. Danken. Abschied nehmen. Hinausgehn,
vorbei an den nächsten Touristen im Flur.

EINAR SCHLEEF

Gertrud

Ich hoffte auf eine gute Nacht. Kurz vor 4 wieder wach. Wach und Kopfschmerzen, Knacken im Hals, wie abgewürgt, aber ich atme, lebe. Anziehen, aufstehen, jedesmal schlägt die Uhr in mir. 4 Uhr: Ich muß in die Bäckerei. Teig kneten. Lebkuchenherzen glasieren. Ich ziehe das Bett hoch und umarme Willy. Meine Vorstellung ist so lebendig. Ich hole alles nach. Ich will nur neben dir liegen, ruhig werden. Ich bin nicht alt. Ich bin wunschlos. Jedenfalls jetzt. Nimm mich in den Arm, deine Brust küssen, mich anschmiegen, einschlafen, du fährst mir durchs Haar, meine Lippen zukken. Elbe schreit mich an: Gertrud der Ofen läuft über, der säuft ab. Mensch machen Sie mich nicht verrückt. Die Asche stiebt durchs Backstubenfenster. Udo zeigt seinem Vater die totgeschlagenen Ratten. Luke auf. Stichflamme. Trinken. Vorsichtig zum Wasserhahn. Mich jetzt erkälten. Ich schlucke aus der Hand.
Um 7 schlägt die Uhr zum 2. Mal. Mein Kopf dröhnt. Die Vögel ein richtiges Gewirr. Nachts die Schatten auf der Tapete, früh das Gekreisch. Ruhe.

Wenn ich aufstehe, langsam, die Beine gehören nicht zum Oberkörper, ich muß bitten, daß sie mich tragen. Bleib liegen, der Tag lang genug. Warte bis 10. Hunger. Ich muß essen weil Frühstück ist. Mittag um 1. Ich nehme zu, aber ich halte die Mahlzeiten ein, Willy leckt. Schließt die Augen. Meine Hand über seinen Nacken. Die Vorhaut schiebt sich zurück. Faß mich an.

Es ist 11, die Vögel nehmen keine Rücksicht. Die Amseln plündern den Futterring. Alle freßt ihr an mir. Die roten Beeren sind für Vati. Viehzeug. Meine Feinde sind die Vögel. Nicht die rumhuppen, die schreien. Es ist Nebel, trotzdem laut, wie laut muß es erst bei Sonne sein. Im November ist Schluß. Die Ziegel triefig, unser Neon brennt noch. Ich danke der Stadt, paar Pflastersteine liegen schon im Fensterbrett, wenn ich nur keine Kirchgänger verletze. Ich kratze mich am Hals, das ist Willys Bart. Andere Frauen schimpfen, ich lecke die Stoppeln. Meine Brust brennt, bis hierher fühle ich es. Ich bin 66. 3 Jahre schon den Vati überrundet.

Er steht vor mir, die eigenartigen, graugrünen Militärhosen an, breit an den Schenkeln, aufgesetzte Taschen, am Knöchel eng, Hosenträger, Unterhemd. Heiß Trude. Eine Holzbaracke mit Eisengittern vor den Fenstern, mit eisernen Fensterklappen, innen das Sicherheitsschloß, alles an Willys Bund. Das Holz grau gestrichen, frisch, der Ölfarbengeruch, nur künstliches Licht, es hat nicht geregnet, drückend heiß. Die Feldbetten mit dunkelgrauen Decken. Pferdedecken. Ich soll hier schlafen. Wir sollen hier schlafen. Hans ist wund, ich wasche und pudere ihn auf der Toilette. Ein schwachbeleuchteter Gang, einfach keine Glühbirne, jede Tür abgeschlossen, im Klo steckt innen der Schlüssel. Hoffentlich kriegt Hans nichts ab. Bisher ging alles gut. Ich sehe mich im Spiegel. Verkommen. Mich jetzt ertragen. Ein Vieh in der Falle, die letzten Sekunden, ein Wolf beißt sich die Pfote ab. Ich muß mein Kind ins Bett bringen. Willy auf der Pritsche, reibt sich den Schwanz, das Unterhemd auf dem Fußboden. Ich wiege Hans.
Augen schließen, schlucken, ich bin ruhig, fällt mir das Erinnern schwer, ist es nicht als baute ich meine eigene Grabkammer, Bröckchen an Bröckchen. Die Erde klebt. Mach ich mein Totenfest. Legitimiere ich mich. Ich weiß, 7 Mo-

nate danach, nach Willy, hätte ich tot sein müssen, ich weiß, ich bereue, ich wollte sterben, jetzt will ich es nicht mehr, ich werde sterben, umkippen, das Fallen hat von mir Besitz ergriffen. Mein Kopf sorgt schon vor, kleine Drehung nach rechts, langsam nach links, alles, ich bin sehr beweglich. Ich klopfe im Rhythmus gegen die Giebel, die Bettkante, auch den Nachttisch, meine Schublade erreiche ich ohne weiteres. Aufstehen, warum heute. Aus der fleißigen Gertrud ist die faule Trude geworden. Im Märchen. Hier sind sie eins und liegen zusammen. Die Faule sagt: Du mußt deine Grabkreuze stecken. Die Fleißige sagt: Du mußt dir die Finger zerstechen. Mein Bauch sagt: Ich muß essen. Keiner vertraut mir. Willy sagt: Zieh dich aus.
Grabe tiefer, das Loch größer, stocke, stoße auf einen Feldstein. Ringsrum freischaufeln. Vatis Findling. Die Szene in der Baracke. Der Friedhofsgärtner mir oft genug versprochen. Da sitzt er, fest in der Erde. Spuck in die Pfote, streng dich an, da führt kein Weg vorbei, schlag in die Kissen, rubbel dich zwischen den Zehen wund, 4 Uhr, mach Licht, wird wieder Nacht. Ich muß eine Lösung finden, tief muß es sein, sehr tief. Den Rand leg ich mit Brettern aus, auch den Anmarsch für die Karre, jawohl ich brauche eine Karre, unsere große Schaufel, dann den Scheiß abwärts, aber der Felstein stört, der sperrt die Queckenwurzel, dafür ist er gut, so breit, kann ich Willys Namen einmeißeln lassen, ich könnte vorsichtig hineinkriechen, mit dem Handfeger saubermachen, würde ja sehen ob die Oberfläche nicht zu uneben. Gertrud bleibst du stecken, wer reicht dir die Hand. Willy, der grinst, pinkelt dir von oben in die Fresse, oft genug erlebt, hör auf, Ruhe finden, Schlag 4 Uhr Nacht ist die vorbei, gegönnt werden dir 3 Stunden zum Verschnaufen, dann rumort dein Kopf, der Bauch. Willys Geruch klebt an dir.
Er schloß die Tür auf: Man muß durch den Arbeitsraum. Das neue Schild: Chefarchitekt. Schon der Wächter stand

stramm. Stramm. Und ich in Sommergarderobe. Aus der Modenzeitung. Aus meinem Koffer. Alles im Schlepptau. Ich rede, schluck Trude, schmeckt bitter, aber der Herr will es. Mein ganzer Körper sehnte sich nach der Umarmung. Stickige Luft. Willy drehte das Licht aus. Unerträglich. Im Arbeitszimmer brannte die Tischlampe. Wozu. Ihn fragen. Sein Reich. Wie meine Nähmaschine. In halber Höhe alles verglast, sah die Stahlzeichenschränke, jede Lade mit einem einzelnen Sicherheitsschloß. Das Zeichenbrett abgeräumt, kein Bleistift, als würde überhaupt nicht gearbeitet. Die grünen Stahlschränke in dem Licht, wir lagen nackt auf dem Feldbet und quälten uns. Ich biß, und er war wie ein Kind. Rutschte an mir, wollte sich verkriechen. Wir kniffen uns, kratzten den Rücken auf, ich faßte zu Hans hinüber, seine kleine Faust umklammerte meinen Zeigefinger. Willy kaute meine Hand. 2 Kinder, keinen Mann. Er rieb mein Gesicht, Stirn, Augenhöhle und Nase. Ich hielt ihn fest. Umklammerte ihn. Übermüdet. Ich spielte mit ihm, beide Hände an seinem Schwanz. Er und ich. Ich küsse dich, mach du. Ich fühlte mich ihm gegenüber frei, wollte das hinausdehnen, aber ich hatte ein wichsendes Kind im Arm. Ich leckte, hatte ich noch nie getan. Merkte er es. Er bewegte sich. Ich ihn im Arm. Ich war ganz ruhig. Ganz warm. Ich hielt seine Hand fest. Noch nicht. Sein Kopf ins Kissen ohne irgendwelche Anzeichen, ich küßte die Brust, biß in die Gurgel. Dann sagte er leise: Ich muß austreten. Er blieb sitzen, überlegte. Suchte er seine Schuhe. Sich an den Bettgestellen festhaltend zur Korridortür. Licht. Nackt, dünn, groß. Er pochte gegen die Wände. Warum. Jetzt mußte er an der Klotür sein. Ich hörte ihn kacken. Zum 1. Mal ohne Peinlichkeit. Wenn er jetzt seine Hände nicht richtig wäscht und danach riecht, wirst du es hinnehmen, ich roch unter seinen Fingernägeln, schon im Mund, jetzt das Papier von der Rolle, abwischen, ich streckte mich aus, Hans schlief fest, beide Hände frei, ich bekam Luft, aber woher. Ob eine

Last von mir gefallen. Ich fuhr mit der Hand über Brust und Schenkel. Jetzt. Er knipste das Flurlicht aus.
Wir lagen nebeneinander. Jetzt. Er brabbelte, ich schien überhört zu haben. Was. Ich lag auf ihm. Was. Es kam schon, auf dem Klo, es hat sich so eingeleitet.
Sein Geruch hängt an mir.
Ich hätte ihn unterbrochen.
Er möchte jetzt schlafen, wir kabbelten, küß mich. Für einen Moment schien er aufzuwachen, dann die Hand auf der Brust, Augen zur Seite: Laß mich allein. Ich zog aufs andere Bett. Die Bartstoppeln brannten. Ich habe mich extra rasiert. Ist Hans zugedeckt. Ja. Schlaf. Kannst du jetzt schlafen. Ja. Es hat nicht geregnet. Es sah ganz danach aus. Mir brennen die Augen vom Kalk. Schnauze die morgen an. Schläfst du. Gib mir die Hand. Schlaf.
Plötzlich wie ein Schlag, Licht im Gesicht, rausgezerrt aus Dumpfheit, ich schrie, der Hals zugeschnürt, eine Taschenlampe ins Gesicht. Eh ich die Augen aufkriegte, ich zittere, die Finger verkrampfen sich, eine Aufsichtsperson kontrollierte Willys Baracke, sah nachher die Taschenlampe über jede Zeichenlade. Schloß für Schloß. Klopfte leise mit dem Finger dagegen. Er stand vor mir, der Uniformierte, nur der Umriß: Es ist alles in Ordnung. Er mußte mein entsetztes Gesicht sehen. Schreien. Uns beide so. Die Lampe streifte Willy, auf dem Bauch liegend, einen Arm über die Kante, Laken und Decke am Boden.
Die Beine anziehen, tun sonst weh, mich ruhig halten, das Licht stach durch die Augenlider. Jemand öffnet sie mit dem Messer, bloß hochgeoben ob noch die Augäpfel auf ihrem Platz. Sie schlafen. Der gelbe Kniest setzt sich fest. Der Uniformierte schloß uns wieder ein. Ein Bunker. Die Tischlampe aus. Also für ihn hatte Willy sie an. Vor Kopfschmerzen ohnmächtig. Ich spürte wie sich mein Körper mit einer Kruste überzog, an der Schenkelaußenseite nach innen. Rauhputz. So eine graublaue Schlempe mit harten Kieseln.

Unsinnig. Die Kiesel Pickel. Vom Bart. Lüge. Bemerkte deutlich, es schob sich was zu, kroch aus der Matratze, direkt aus der Wärme, da wo mein Körper anfing.
Ich quetschte die Pickel aus.
Ich denke wir frühstücken. Mach dem Sohnemann was. Ich muß los. Von draußen wurden die Eisenladen geöffnet. Also war nur das Gitter von innen am Sicherheitsschloß. Willy schob die Fensterflügel auf. So jetzt kriegt ihr wieder Luft. Er stand vollständig angezogen, Schuhe geputzt, gekämmt am Bett. Um 3 hole ich euch zum Essen ab. Er kniete sich hin, küßte Hans, kniff mich in den Oberarm. Trude.

Angst vor der Dunkelheit. Ein Mittel erfinden um das Einbrechen der Nacht hinauszuzögern, die Stunde in der ich umkippe, mein Gleichgewicht verliere. Den Tag krauche ich, geduckt, bange, das Licht nimmt ab, meine Unruhe, ich schlucke, kratze, spüre, wie es in mir hochsteigt. Was möchte ich wissen. Meine Hände jucken, die Haut an den Knöcheln brennt. Magenschmerzen, ich halte mir die Brüste, reibe, 5 Uhr. Jetzt beginnt es langsam. Ich beobachte den Lichschalter, wenn ich einschalte wird es draußen schlagartig dunkel. Blau. Ich sehe mich im Fenster, mein Gegenüber mir auf den Tisch. Das Rollo schließen. Ich habe 2 Gesichter, eins rutscht in das andere. Ich sitze. Ich sehe mich sitzen, ich umkreise mich. Ich bin dicker geworden. Ich quäle mich. Ich werde im Hause bleiben. Ich schalte kein Licht ein. Ich erschrecke vor jedem Geräusch. Mein gebrochener Arm, seit wann bemerke ich ihn. Der November ist zu warm, ich tröste mich. 7 Uhr. Ich schleiche durch die Wohnung. Vorgebeugt, mein eigenes Gespenst. Auf den Krückstock gestützt. Ich lebe mit mir. Keiner darf mich stören. Mein Flügel lahmt. Ich zähle die Stunde. Der Zeiger ruckt. Bin untätig, zum Zerreißen gespannt. Der Stuhl zu hart, das Bett zu weich, wer hilft. Finde keine Ruhe. Rufe, warte. Poche gegen die Wand. Wer antwortet. Die Weide nebenan. Ich frage nochmal. Vergeblich. Das Rollo. Mich verschließen. Ich werde verrückt. Ich muß unter Menschen. Ich muß sprechen. Es versteht mich keiner. An der Seite wanke ich, wische den Hausputz vom Mantel. Das alte Wrack. Die Kinder lachen, laufen mir im Gänsemarsch nach. Die verrückte Alte. Sabbere, mir rinnt der Schweiß, ewige Wiederholung ohne aufzuatmen. Mein Arm, ich drücke ihn gegen die Brust, vielleicht wärmen sich beide, mein Spiegelbild friert. Rotz an der Scheibe. Fettfinger. Wer hat hier angefaßt. Ich kontrolliere die Wohnung, der Stasihund persönlich. Aber kein Willy zu finden, hinter jeder Ecke. Er ist fort. Schrei, wirf dich auf den Rücken, aus, fort. Die Tür zu, der Schlüssel von innen, zweimal umgedreht, hier kommt keiner rein. Vom Klo durch den Flur, gebückt, die Finger fahren über die Geländersprossen. Was hab ich die früher staubgewischt. Jede Woche. Auf den Knien. Heiß mein Gesicht. Ich schmecke den Dreck. Bald Glatze. Ich tue mir weh. Die Schlafzimmertür. Jetzt ist es 8. Beten, kratzen, beißen, die Nachttischlampe an, meine Fotos, die Briefe durchsehen, nur die Hände beschäftigen, der Riß an der Decke wird breiter, das ist Vatis Brief vom Datum egal, merkes am Papier. Vati zur Kur. Jedes Wort auswendig. Sinnlos. Nur die Finger nicht klamm werden lassen. Bewegen. Sagt auch der Doktor. Der Arm. Lahm. Der muß ab. Die erklären mich in der Poliklinik für verrückt, Hand an sich selbst zu legen. Abschneiden. Langeweile. So bin ich. Mich beruhigen, aufstehen, hinlegen, lüften, wieder essen. Mich auf die Straße trauen. Die Fenster. Wenn ich nur die Menschen dahinter nicht kennen würde. Mich in den Zug setzen, irgendwo aussteigen, mein Zug hat rotes Licht. Stop. Willy sitzt am Drücker. Das Frühjahr. Das Rotkehlchen schreit. Ich lauter. Ich nehme mir meine Strümpfe vor, ein Marmeladenglas, so groß das Loch, meine Brille angelaufen, hättest die auch schon früher flicken können. Trude. Mädchen. Meine linke Hand wird steif. Rechts. Ich bin auf den rechten Arm gefallen. Willy. Ja du bist schuld. Ich weiß es genau. Du hast mir auf der Treppe den Hieb versetzt, ich bin klapprig, aber das weiß ich, sag was du willst. Rechtfertige dich, Totenfest läßt dir keine Ruhe. 1/29. Wann schlägt die Turmuhr. Schnupfen. Meine Nase ist zu. Die Strümpfe wäscht man vorher. Ich möchte so gerne spazierengehen. Mich davonschleichen. Allein sein. Aber ich werde erkannt. Jemand hält mich fest, versetzt mir einen Tritt von hinten. Ich bin unschuldig, aber ich verberge mein Gesicht, trage schwer an meinem Sack. Herr vergib. Wie auch wir vergeben unseren Schuldigern. Das Geländer putzen. Mir eine Aufgabe stellen. Der Fernseher kommt bei mir nicht mehr zu Wort. Antenne raus, Stecker. Danke. Wer zwingt mich in die Knie. Einen Schluck aus der Pulle. Ein Auge zudrükken. Schon am frühen Morgen Gertrud. Elly sieht mich. Der Magen braucht das, soll endlich Ruhe geben. Die Turmuhr, ich warte. Eingeschlafen, aber ich bin wach. Ein Auto. Horch. In unserer Straße oder nebenan. Metzdorfs Sohn. Ich höre gut. Jetzt schließt er die Garage auf. Ohne Licht. Er scheint ein Weihnachtsgeschenk heimzubringen. Wohin mit mir. Satz an Satz, Ausrede an Ausrede. Mich zurechtfinden, jetzt ist er im Haus. Ordentlich der Sohn. Abgeschlossen. Schreibtisch gestützt, der Maschinendeckel lose, kriecht der Staub rein. Vatis Maschine. Auf dem Kunstlederboden meine Schuppen, Haare, abgebissenes Streichholz. Einen Brief nach Berlin. Wer schreibt mir. Ich suche das schwarze Trageband für den Arm, irgendwo versteckt, hebe ja grundsätzlich immer alles auf. Suchen damit kann ich mich beschäftigen. In der Schürzentasche wußte es, was sucht es da. Ich kann auch die Turmuhr überhört haben. Mir Wasser hinsetzen um den Arm zu baden. Schlaf ich wieder ein. Noch mehr Schmerzen. Das Bett. Ich schiele, macht es Anstalten, ich muß auf die Straße, Fenster anglotzen. Wenn ich nur nicht die Maschinen dahinter kennen würde.

HANS MAGNUS ENZENSBERGER

Andenken

Also was die siebziger Jahre betrifft,
kann ich mich kurz fassen.
Die Auskunft war immer besetzt.
Die wundersame Brotvermehrung
beschränkte sich auf Düsseldorf und Umgebung.
Die furchtbare Nachricht lief über den Ticker,
wurde zur Kenntnis genommen und archiviert.

Widerstandslos, im großen und ganzen,
haben sie sich selbst verschluckt,
die siebziger Jahre,
ohne Gewähr für Nachgeborene,
Türken und Arbeitslose.
Daß irgendwer ihrer mit Nachsicht gedächte,
wäre zuviel verlangt.

Die Furie

Sie sieht zu, wie es mehr wird,
verschwenderisch mehr,
einfach alles, wir auch;
wie es wächst, über den Kopf,
die Arbeit auch; wie der Mehrwert
mehr wird, der Hunger auch;
sieht einfach zu, mit ihrem Gesicht,

das nichts sieht; nichtssagend,
kein Sterbenswort;
denkt sich ihr Teil;
Hoffnung, denkt sie,
unendlich viel Hoffnung,
nur nicht für euch;
ihr, die nicht auf uns hört,
gehört alles; und sie erscheint
nicht fürchterlich; sie erscheint nicht;
ausdruckslos; sie ist gekommen;
ist immer schon da; vor uns
denkt sie; bleibt;
ohne die Hand auszustrecken
nach dem oder jenem,
fällt ihr, was zunächst unmerklich,
dann schnell, rasend schnell fällt, zu;
sie allein bleibt ruhig,
die Furie des Verschwindens.

SIEGFRIED UNSELD

Welche Bücher möchte der Verleger verlegen?

Die Frage, nach welchem Prinzip erfolgt die Auswahl der Bücher, wird am häufigsten an einen Verleger herangetragen. Früher lautete meine Antwort: ich möchte Bücher machen, die Spaß bereiten. Später zielte die Antwort auf Bücher, die der Verlag als solcher realisieren kann, auf die der Verlag als Ganzes mit all seinen Mitarbeitern und Autoren eingestellt ist. Ich möchte Bücher machen, die etwas bewirken, und immer schwebt mir hierbei Kafkas Satz vor: »Ein Buch muß die Axt sein für das gefrorene Meer in uns.« Oder, wie Marcel Proust am Schluß der *Recherche* schrieb: »Um aber auf mich selbst zurückzukommen, so dachte ich bescheidener an mein Buch, und es wäre sogar ungenau zu sagen, daß ich dabei nur an meine Leser dachte. Denn sie würden meiner Meinung nach nicht meine Leser sein, sondern die Leser ihrer selbst, da mein Buch nur etwas wie ein Vergrößerungsfernglas sein würde... durch das ich ihnen ermöglichte, in sich selbst zu lesen.« Das sind also die Bücher, die der Verleger verlegen möchte. Ihre Kriterien sind Substanz und Qualität, und die Kriterien sind immer wieder an jedem einzelnen Manuskript zu prüfen. Der Verleger möchte Literatur bringen, die in unser Bewußtsein dringt und dies zu verändern sucht, Literatur, die stärkt, gerade wenn sie beunruhigt.

Literatur ist immer das, was Autoren aus ihr machen. Der Verleger folgt in seiner Arbeit dem inneren Kalender seiner Autoren. Wir stellten schon fest, daß auf reichere literarische Epochen magere folgen können. Es kann auch sein, daß ein Sprachbereich Führung und Bedeutung an einen anderen abgibt, im 18. und Anfang des 19. Jahrhunderts war es die deutsche Literatur, dann folgten die großen Russen, dann, zu Beginn unseres Jahrhunderts, die Amerikaner, die großen Iren, die Franzosen. Im europäischen Konzert der Literatur ist gegenwärtig die deutschsprachige Stimme durchaus vernehmbar, und innerhalb dieses deutschsprachigen Bereichs spielen schweizerische und österreichische Schriftsteller eine wachsende Rolle. Heute sehen wir, daß die deutschsprachige Literatur zu Beginn unseres Jahrhunderts in einer Krise stand, und diese Krise war keineswegs auf die deutschsprachige Literatur beschränkt. Vielen Autoren ist das Schreiben schwergefallen. Einige der besten schwiegen lange. Das alte Problem, wie die Vorstellung von Wirklichkeit mit der Wirklichkeit selbst in Einklang zu bringen ist, wird komplizierter; die Vorstellung von Sozialismus, die zeitgenössische Schriftsteller haben, scheitert oft genug an der uns gezeigten sozialistischen Wirklichkeit; eine Zeitlang herrschte auch der Irrtum vor, Literatur müsse konkrete Rezepte für die jeweilige Tagespraxis ausarbeiten und propagieren. Dazu kam und kommt als ganz andersartige Schwierigkeit die ungeheuer rasche, weltweite Kommunikation; unser Bewußtsein hat Schwierigkeiten, den durch das Tempo der Computer, der Nachrichtensatelliten und durch das Tempo unserer technologischen Entwicklung hervorgerufenen immer neuen Nachrichten, Daten und Fakten zu folgen und standzuhalten.

In einem *Versuch, die Welt besser zu bestehen*, kommt Alexander Mitscherlich zum Ergebnis, gegenüber der immer stärker verwalteten und computergesteuerten Welt müsse eine Stärkung der »Ich-Kräfte« gefordert werden, eine neue Kultivierung menschlicher Grundrechte. Max Frischs Satz aus dem Jahre 1945, »Es kommt auf den Menschen an ... die Sintflut ist herstellbar«, ist wieder aktuell geworden. Lange Jahrhunderte bemühte sich der Mensch um seine Vervollkommnung, unser Jahrhundert sieht die Perfektionierung der Dinge, der computergesteuerten Dinge unseres Alltags von der Datenbank bis zum Mondflug vor. Erhart Kästner sprach von einem »Aufstand der Dinge«. Es ist durchaus denkbar, folgert Alexander Mitscherlich, »daß die Entscheidung für ein erträgliches Leben der Menschenart bei der Gruppe liegen wird, die neben der Leidenschaft der Perfektionierung der Dinge die Leidenschaft der Selbsterkenntnis zu wecken weiß«. Ich bin fest überzeugt, daß dieser Prozeß der Selbsterkenntnis sich vornehmlich durch Literatur vollziehen kann.

Noch einmal: Literatur ist immer das, was Autoren aus ihr machen. Und oft sind wir befangen gegenüber der Literatur der eigenen Zeit. Man soll sich hüten, Entwicklungen zu prognostizieren. Sicher wird sich jene Tendenz einer wachsenden Demokratisierung der Literatur verstärken, einer aufklärerischen Literatur mit verstehbarer Ausdruckspraxis; sie zeigt den Menschen im Zwang und Zusammenhang der vorgegebenen gesellschaftlichen Umstände. Dann werden wir weiterhin Literatur haben, die einen intensiveren und intimeren Umgang mit der Sprache belegt, dies aus der Erkenntnis, daß veränderte Inhalte adäquat nur durch veränderte Sprachformen wiedergegeben werden können. Und als sicher gilt mir jene Möglichkeit der Literatur, die dem Spiel, der erfahrungsgesättigten Phantasie wieder größere Bedeutung zumißt. Diese Literatur enthält keine direkte Botschaft, ihre Lektüre ist ein Appell an die Freiheit des Lesers, auch er möge seine Phantasie in Bewegung setzen. Peter Handke erwartet von einem literarischen Werk eine Neuigkeit, »etwas, das ihm eine gedachte, noch nicht bewußte *Möglichkeit* der Wirklichkeit bewußt macht, eine neue Möglichkeit zu sehen, zu sprechen, zu denken, zu existieren«. In seinem Aufsatz *Die Literatur ist romantisch* heißt es: »Der sich Engagierende beschäftigt sich mit der Sollensordnung nicht spielerisch, sondern zweckbewußt…

Eine engagierte Literatur gibt es nicht, der Begriff ist ein Widerspruch in sich. Es gibt engagierte Menschen, aber keine engagierten Schriftsteller... Das Engagement zielt zweckbetont auf die Veränderung der gesellschaftlichen Wirklichkeit, während ein Zweck für die Kunst ein Unding wäre. Sie ist nicht ernst und nicht direkt, d. h. auf etwas gerichtet, sondern eine Form und als solche auf nichts gerichtet, höchstens ein ernsthaftes Spiel.«

In diesem Prozeß, in der Bereitschaft zu Phantasie und Spiel, wird sich immer wieder eine neue Möglichkeit für Literatur ergeben, für das Gedicht, für das Drama und durchaus für die alte Form des Romans, der Erzählung, der Novelle.

In freier Phantasie und in ernsthaftem Spiel die Wirklichkeit transzendieren: dies scheint mir eine wichtige Möglichkeit von Literatur zu sein. Transzendieren war eine wichtige Maxime für den späten Brecht, wenn er postulierte: »Wirklicher Fortschritt ist nicht Fortgeschrittensein, sondern Fortschreiten« und »Transzendieren, nicht Transzendenz.«

Ein Lieblingswort des alten Josef Knecht in Hermann Hesses *Glasperlenspiel:* »Mein Leben sollte ein Transzendieren, ein Fortschreiten von Stufe zu Stufe sein.«

Diese Betonung des Fortschreitens, die Betonung der Phantasie und Spielbereitschaft scheint mir kein zufälliges, auch kein rückwärtsgewandtes, eher ein objektives Zeichen zukünftiger Literaturmöglichkeiten zu sein. Noch vor kurzem wurde ja die Literatur für tot erklärt, erst nur die bürgerliche, dann die gesamte Literatur, selbst Kafka und Beckett wurden nicht mehr ausgenommen, in deren Werk eine Verstümmelung und Kapitulation vor den gesellschaftlichen Mächten der Entfremdung stattfände. Ich sehe dies anders: indem diese Entfremdung in der Literatur dargestellt wird, ist sie bewußtgemacht, und dies scheint mir ein erster Schritt zu ihrer Aufhebung zu sein. Wer bloß politisch und gesellschaftlich relevante Texte fordert und den Autor nur noch als »Agent der Masse« begreift, gibt der Literatur eine Ersatzfunktion und müßte sich wundern über das Faktum, daß Lenins Bruder bei seiner Hinrichtung die Gedichte Heinrich Heines im Rock trug. Wundern auch über den Tagebuch-Eintrag Brechts: »Wenn der Sinn für Literatur in einem Menschen sich erschöpft, ist er verloren.« Wer Freude und Lust am Schönen, also die Realisierung aller Libido-Ansprüche, wer Phantasie und Spiel jetzt nicht haben, sondern diese für eine zukünftige klassenlose Gesellschaft vertagen möchte, leistet nur der Verhinderung dieses Prozesses Vorschub. Wir sollten diesen auf das »soziologisch Relevante« zielenden Kritikern, nicht einmal den uns durchaus bekannten Predigern vom Tod der Literatur nicht gram sein; auch sie haben etwas deutlich gemacht, Soziologie macht jetzt Fiction wieder möglich. Diese Literatur mit der Bereitschaft zu Phantasie und Spiel wird einen neuen Kräftezuwachs für den Menschen realisieren, eine Literatur, die vom Wirklichen ausgehend auf das Mögliche verweist. So sah dies Theodor W. Adorno in seiner posthum erschienenen »Ästhetischen Theorie«: »Phantasie ist auch, und wesentlich, die uneingeschränkte Verfügung über die Möglichkeiten der Lösung, die innerhalb eines Kunstwerkes sich kristallisieren... einzig durchs Seiende hindurch transzendiert Kunst zum Nichtseienden.«

Solche Literatur zu verlegen erscheint mir ein erstrebenswertes Ziel zu sein. Auch ich möchte meine Arbeit ohne direkte, abfragbare Ideologie, ohne den deutschen Hang zum Extrem und Exzeß, durchaus mit dem Mut zum Kompromiß, in möglicher Phantasie und wenn immer es geht in »ernsthaftem Spiel« leisten. Ich bin der festen Überzeugung, daß das Buch, der Typ unseres anspruchsvollen Buches in unserer Gesellschaft, einer Gesellschaft mit wachsender Freizeit einerseits und mit dem klaren Ziel des Mündigwerdens des Einzelnen andererseits, ständig seinen

Platz behaupten wird. Der Markt des Handels wie der Medien wird immer ökonomischer, um so größer ist die Chance, mit Substanz und Qualität Wirkungen zu erzielen. Das Buch verändert sich in seiner Machart und Herstellung durch den Einfluß gewaltiger, geradezu revolutionärer neuer Technologien, aber auch das wird uns helfen, das ebenso Nützliche wie Schöne zu machen. Wir wissen, daß Schreiben in unserer Zeit aus vielen belegbaren Gründen schwieriger geworden ist. Am einzelnen Ich, so schrieb Max Frisch, vollziehe sich menschliches Leben: »ohne Leitbild« sollte dieses einzelne Ich sein, forderte Theodor W. Adorno. Dieser Einzelne, der sich heute aus autoritätsgebundenen Strukturen zu lösen versucht, der es wagt, er selbst zu sein, anders zu sein, eigene Wege im Denken und Handeln zu gehen, Wege, die von einem starken Ich zu einem brüderlichen Du, von einem gestärkten Individuum zu einer gerechteren Gesellschaft führen – ist dieser Einzelne nicht eine neue Herausforderung für die Literatur, für den also, der sie schreibt? Wir erfahren, daß Wissen, daß Theorie zu denken, heute schwieriger geworden ist, weil es für die immer komplexer werdenden Gesellschaften schwierig ist, vernünftige Identitäten auszubilden. Ist dies Schwierige nicht eine Herausforderung für die Wissenschaft, für den also, der sie denkt?

Literatur ist immer das, was Autoren aus ihr machen. Die Aufgaben des literarischen Verlegers mögen sich im Detail des fließenden literarischen Kommunikationsprozesses leicht geändert haben, im Grunde sind es die alten: bereit zu sein für den Autor, für das Neue seines Werkes, und mitzuhelfen an seiner Wirkung.

Autoren · Quellenhinweise

HERBERT ACHTERNBUSCH
Am 23. 11. 1938 in München geboren, lebt in Buchenhof bei München.
Am Anfang war das Gold, S. 142
Aus: Happy oder Der Tag wird kommen. Suhrkamp Verlag Frankfurt am Main 1975, S. 127-134

ERNST AUGUSTIN
Am 31. 10. 1927 in Hirschberg/Schlesien geboren, lebt in München.
Der Fall der Evelyne B., S. 241
Aus: Raumlicht: Der Fall Evelyne B. Suhrkamp Verlag Frankfurt am Main 1976, S. 7-19

INGEBORG BACHMANN
Am 25. 6. 1926 in Klagenfurt geboren, gestorben am 16. 10. 1973 in Rom.
Ich habe den sibirischen Judenmantel an, S. 47
Aus: Malina. Suhrkamp Verlag Frankfurt am Main 1977, S. 201-207

DJUNA BARNES
Am 12. 6. 1892 in Cornwall-on-the-Hudson/New York geboren, gestorben am 18. 6. 1982 in New York.
Wächter. Was spricht die Nacht?, S. 62
Aus: Nachtgewächs. Roman. Übertragen von Wolfgang Hildesheimer. Suhrkamp Verlag Frankfurt am Main 1971, S. 91-95

JÜRGEN BECKER
Am 10. 7. 1932 in Köln geboren, lebt dort.
Vormittag, Zusammenhang; Freischaffender, S. 199
Aus: Das Ende der Landschaftsmalerei. Suhrkamp Verlag Frankfurt am Main 1974
Augenblick; Heimat, S. 328
Aus: In der verbleibenden Zeit. Suhrkamp Verlag Frankfurt am Main 1979

JUREK BECKER
Am 30. 9. 1937 in Lodz geboren, lebt in Berlin.
Dann ist es wieder Tag, endlich wieder Tag, S. 265
Aus: Jakob der Lügner. Suhrkamp Verlag Frankfurt am Main 1987, S. 67-75

THOMAS BERNHARD
Am 9. 2. 1931 in Heerlen/Holland geboren, gestorben am 12. 2. 1989 in Gmunden/Oberösterreich.
...tatsächlich habe Konrad im Zimmer seiner Frau eine Hacke versteckt gehabt, S. 13
Aus: Das Kalkwerk. Suhrkamp Verlag Frankfurt am Main 1970, S. 16-20
Die Macht der Gewohnheit, S. 178
Aus: Die Macht der Gewohnheit. Suhrkamp Verlag Frankfurt am Main 1974 (Bibliothek Suhrkamp Band 415), S. 98-107
Zwei Zettel; Silo; Wahnsinn, S. 312
Aus: Der Stimmenimitator. Suhrkamp Verlag Frankfurt am Main 1978, S. 110, 126, 165

SILVIO BLATTER
Am 25. 1. 1946 in Bremgarten/Schweiz geboren, lebt in Zürich.
Es war Winter und kalt, S. 303
Aus: Zunehmendes Heimweh. Suhrkamp Verlag Frankfurt am Main 1978, S. 9-18

HANS BLUMENBERG
Am 13. 7. 1920 in Lübeck geboren, lehrte zuletzt in Münster Philosophie.
Die Zweideutigkeit des Himmels, S. 205
Aus: Die Genesis der kopernikanischen Welt. Suhrkamp Verlag Frankfurt am Main 1975, S. 11-15

THOMAS BRASCH
Am 19. 2. 1945 in Westow/England geboren, lebt in Berlin.
Hammett; Zwei Gedichte von Jack the ripper, S. 289
Aus: Kargo. 32. Versuch auf einem untergehenden Schiff aus der eigenen Haut zu kommen. Suhrkamp Verlag Frankfurt am Main 1977

VOLKER BRAUN
Am 7. 5. 1939 in Dresden geboren, lebt in Berlin.
Die Festtage war Karin elend zumut, S. 284
Aus: Unvollendete Geschichte. Suhrkamp Verlag Frankfurt am Main 1979, S. 12-19

BERTOLT BRECHT
Am 10. 2. 1898 in Augsburg geboren, gestorben am 14. 8. 1956 in Berlin.
Arbeitsjournal, S. 129
Aus: Arbeitsjournal 1938-1955. Herausgegeben von Werner Hecht. Suhrkamp Verlag Frankfurt am Main 1973

ALEJO CARPENTIER
Am 26. 4. 1904 in Havanna geboren, gestorben am 24. 4. 1980 in Paris.
Strike up, S. 232
Aus: Barockkonzert. Novelle. Aus dem Spanischen von Anneliese Botond. Suhrkamp Verlag Frankfurt am Main 1976 (Bibliothek Suhrkamp Band 508), S. 89-100

PAUL CELAN
Am 23. 11. 1920 in Czernowitz geboren, gestorben am 5. 5. 1970 in Paris.
Ein Blatt, baumlos für Bertolt Brecht, S. 66
Aus: Schneepart. Suhrkamp Verlag Frankfurt am Main 1971

GÜNTER EICH
Am 1. 2. 1907 in Lebus an der Oder geboren, gestorben am 20. 12. 1972 in Salzburg.
Ein Tibeter in meinem Büro; Exkurs über die Milz, S. 23
Aus: Ein Tibeter in meinem Büro. 49 Maulwürfe. Suhrkamp Verlag Frankfurt am Main 1970, S. 46-47, 64-65

T. S. ELIOT
Am 26. 9. 1888 in St. Louis/USA geboren, gestorben am 4. 1. 1965 in London.
Das Totenamt; Eine Schachpartie, S. 122
Aus: Das wüste Land. Übertragen von Ernst Robert Curtius. Suhrkamp Verlag Frankfurt am Main 1975, S. 85-95

ODYSSEAS ELYTIS
Am 2. 11. 1911 in Heraklion/Kreta geboren, lebt in Athen.
Die Zeit; Melancholie der Ägäis; Silbernes Gedicht als Geschenk, S. 345
Aus: Ausgewählte Gedichte. Ausgewählt und übertragen von Barbara Vierneisel-Schlörb und Antigone Kasolea. Suhrkamp Verlag Frankfurt am Main 1979

HANS MAGNUS ENZENSBERGER
Am 11. 11. 1929 in Kaufbeuren geboren, lebt in München.
Der Untergang der Titanic. Siebzehnter Gesang, S. 314
Aus: Der Untergang der Titanic. Suhrkamp Verlag Frankfurt am Main 1978, S. 56
Andenken; Die Furie, S. 369
Aus: Die Furie des Verschwindens. Suhrkamp Verlag Frankfurt am Main 1980

MARIELUISE FLEISSER
Am 23. 11. 1901 in Ingolstadt geboren, dort gestorben am 1. 2. 1974.
Moritat vom Institutsfräulein, S. 104
Aus: Gesammelte Werke. Herausgegeben von Günther Rühle. Dritter Band: Gesammelte Erzählungen. Suhrkamp Verlag Frankfurt am Main 1972, S. 32-42

MAX FRISCH
Am 15. 5. 1911 in Zürich geboren, lebt dort.
Die Säule, S. 69
Aus: Tagebuch 1966-1971. Suhrkamp Verlag Frankfurt am Main 1972, S. 431-432
Wir hoffen. Rede zur Verleihung des Friedenspreises des deutschen Buchhandels 1976, S. 218
Aus: Gesammelte Werke in zeitlicher Folge. Herausgegeben von Hans Mayer unter Mitwirkung von Walter Schmitz. Band VII: Supplementband. 1976-1985. Suhrkamp Verlag Frankfurt am Main 1986, S. 7-19
Einmal im Sommer, S. 315
Aus: Der Mensch erscheint im Holozän. Suhrkamp Verlag Frankfurt am Main 1979, S. 66-72

RETO HÄNNY
1947 in Tschappina/Graubünden geboren, lebt bei Zürich.
Voller Schwung hinein in den Tag, aus der Stadt hinaus, S. 329
Aus: Ruch. Ein Bericht. Suhrkamp Verlag Frankfurt am Main 1979; revidierte Fassung 1984: edition suhrkamp Band 1295, S. 19-25

PETER HANDKE
Am 6. 12. 1942 in Griffen/Kärnten geboren, lebt in Paris.

Mit meinem letzten Geld fuhr ich im Taxi durch den Staat Oregon, S. 71
Aus: Der kurze Brief zum langen Abschied. Suhrkamp Verlag Frankfurt am Main 1972, S. 180-186
Wer hat schon einmal geträumt, ein Mörder geworden zu sein, S. 190
Aus: Die Stunde der wahren Empfindung. Suhrkamp Verlag Frankfurt am Main 1975, S. 7-8
Langsame Heimkehr, S. 323
Aus: Langsame Heimkehr. Suhrkamp Verlag Frankfurt am Main 1979, S. 83-89

ZBIGNIEW HERBERT
Am 29. 10. 1924 in Lemberg geboren, lebt in Warschau und Paris.
Die Geschichte des Minotaurus, S. 139
Aus: Im Vaterland der Mythen. Griechisches Tagebuch. Aus dem Polnischen von Karl Dedecius, Klaus Staemmler und Walter Tiel. Suhrkamp Verlag Frankfurt am Main 1973, S. 139-140

WOLFGANG HILDESHEIMER
Am 9. 12. 1916 in Hamburg geboren, lebt in Poschiavo/Schweiz.
Masante, S. 132
Aus: Masante. Suhrkamp Verlag Frankfurt am Main 1975, S. 367-377
Mozart, S. 290
Aus: Mozart. Suhrkamp Verlag Frankfurt am Main 1977, S. 119-124

LUDWIG HOHL
Am 9. 4. 1904 in Netstal/Glarus geboren, gestorben am 3. 11. 1980 in Genf.
Das Blatt, S. 67
Aus: Nächtlicher Weg. Suhrkamp Verlag Frankfurt am Main 1971, S. 7-8
Ein ungeheures Schiff, S. 203
Aus: Bergfahrt. Suhrkamp Verlag Frankfurt am Main 1978, S. 7-9

ÖDÖN VON HORVÁTH
Am 9. 12. 1901 in Fiume geboren, gestorben am 1. 6. 1938 in Paris.

Original Zaubermärchen, S. 26
Aus: Gesammelte Werke. Herausgegeben von Traugott Krischke unter Mitarbeit von Susanna Foral-Krischke. Band IV: Prosa und Verse 1918-1938. Suhrkamp Verlag Frankfurt am Main 1988, S. 55-59

PETER HUCHEL
Am 3. 4. 1903 in Berlin-Lichterfelde geboren, gestorben am 30. 4. 1981 in Staufen bei Freiburg.
Die Begrüßung; Unkraut; Das Gericht, S. 76
Aus: Gezählte Tage. Suhrkamp Verlag Frankfurt am Main 1972
König Lear; Im Kalmusgeruch; Im Todtmoos; Der Fremde, S. 321
Aus: Die neunte Stunde. Suhrkamp Verlag Frankfurt am Main 1979

UWE JOHNSON
Am 20. 7. 1934 in Cammin/Pommern geboren, gestorben am 23. 2. 1984 in Sheernes-on-Sea/England.
29. Oktober, 1967, S. 17
Aus: Jahrestage 1. Aus dem Leben der Gesine Cresspahl. Suhrkamp Verlag Frankfurt am Main 1970, S. 235-240

JAMES JOYCE
Am 2. 2. 1882 in Dublin geboren, gestorben am 13. 1. 1941 in Zürich.
Mr. Bloom bewunderte des Friedhofsaufsehers blühende Fülle, S. 186
Aus: Ulysses. Werke. Frankfurter Ausgabe Band III. Übersetzt von Hans Wollschläger. Suhrkamp Verlag Frankfurt am Main 1975, S. 151-155

ALEXANDER KLUGE
Am 14. 2. 1932 in Halberstadt geboren, lebt in München.
Der Betthase, S. 169
Aus: Lernprozesse mit tödlichem Ausgang. Suhrkamp Verlag Frankfurt am Main 1973, S. 11-15

WERNER KOCH
Am 4. 8. 1923 in Mühlheim/Ruhr geboren, lebt in Köln.
Jenseits des Sees, S. 335

Aus: Jenseits des Sees. Suhrkamp Verlag Frankfurt am Main 1979, S. 7-12

WOLFGANG KOEPPEN
Am 23. 6. 1906 in Greifswald geboren, lebt in München.
Jugend, S. 260
Aus: Jugend. Suhrkamp Verlag Frankfurt am Main 1976, S. 68-73

FRANZ XAVER KROETZ
Am 25. 2. 1946 in München geboren, lebt in Kirchberg.
Kirchgang bei schlechtem Wetter, S. 91
Aus: Stallerhof. Stück in drei Akten (1972). In: Stücke I. Suhrkamp Verlag Frankfurt am Main 1989 (suhrkamp taschenbuch 1677), S. 283-287

KARL KROLOW
Am 11. 3. 1915 in Hannover geboren, lebt in Darmstadt.
Warnung des Sommers; Herbst-Gedicht 1; Herbst-Gedicht 2; Der Einfachheit halber, S. 297
Aus: Der Einfachheit halber. Suhrkamp Verlag Frankfurt am Main 1977

DIETER KÜHN
Am 1. 2. 1935 in Köln geboren, lebt dort.
Die Präsidentin, S. 154
Aus: Die Präsidentin. Suhrkamp Verlag Frankfurt am Main 1973, S. 7-17

JÜRG LAEDERACH
Am 20. 12. 1945 in Basel geboren, lebt dort.
I And Crime, S. 175
Aus: Einfall der Dämmerung. Suhrkamp Verlag Frankfurt am Main 1974, S. 35-37

GERTRUD LEUTENEGGER
Am 7. 12. 1948 in Schwyz geboren, lebt in La Crettaz/Schweiz.
Erste Straße, S. 200
Aus: Vorabend. Suhrkamp Verlag Frankfurt am Main 1975, S. 7-11

CLAUDE LÉVI-STRAUSS
Am 28. 11. 1908 in Brüssel geboren, lebt in Paris.
Bororo-Gesang, S. 32

Aus: Mythologica I. Das Rohe und das Gekochte. Aus dem Französischen von Eva Moldenhauer. Suhrkamp Verlag Frankfurt am Main 1971, S. 57-59

RAINER MALKOWSKI
Am 26. 12. 1939 in Berlin geboren, lebt in Brannenburg/Bayern.
Der Tag um Mitternacht; Notiz im November, S. 283
Aus: Einladung ins Freie. Suhrkamp Verlag Frankfurt am Main 1977

HANS MAYER
Am 19. 3. 1907 in Köln geboren, lebt in Tübingen.
Offener Schluß, S. 211
Aus: Außenseiter. Suhrkamp Verlag Frankfurt am Main 1975, S. 459-464

FRIEDERIKE MAYRÖCKER
Am 20. 12. 1924 in Wien geboren, lebt dort.
ich höre dies Reden und Erzählen, S. 192
Aus: Das Licht in der Landschaft. Suhrkamp Verlag Frankfurt am Main 1975, S. 81-87

E. Y. MEYER
Am 11. 10. 1946 in Liestal bei Basel geboren, lebt in Bern.
Dünnerwerdende Äste, S. 116
Aus: Ein Reisender in Sachen Umsturz. Suhrkamp Verlag Frankfurt am Main 1972, S. 7-14

ALICE MILLER
1923 geboren, lebt in Südfrankreich.
Das arme reiche Kind, S. 340
Aus: Das Drama des begabten Kindes und die Suche nach dem wahren Selbst. Suhrkamp Verlag Frankfurt am Main 1979, S. 19-24

CZESŁAW MIŁOSZ
Am 30. 6. 1911 in Šeteiniai/Litauen geboren, lebt in Berkeley/USA.
Aufgabe; Wie viele herrliche Vorsätze; Wenn ich sagte; Gabe, S. 352
Aus: Zeichen im Dunkel. Herausgegeben von Karl Dedecius. Suhrkamp Verlag Frankfurt am Main 1979

ALEXANDER MITSCHERLICH
Am 20. 9. 1908 in München geboren, gestorben am 26. 6. 1982 in Frankfurt am Main.
Versuch, die Welt besser zu bestehen, S. 41
Aus: Versuch, die Welt besser zu bestehen. Suhrkamp Verlag Frankfurt am Main 1970, S. 157-163

TILMANN MOSER
Am 29. 7. 1938 in Villingen geboren, lebt in Freiburg im Breisgau.
Gottesvergiftung, S. 254
Aus: Gottesvergiftung. Suhrkamp Verlag Frankfurt am Main 1976, S. 9-17

ADOLF MUSCHG
Am 13. 5. 1934 in Zollikon geboren, lebt in Männedorf bei Zürich.
Ein ungetreuer Prokurist, S. 79
Aus: Liebesgeschichten. Suhrkamp Verlag Frankfurt am Main 1972, S. 9-22
Ich erwachte an einem Feuerschein, S. 348
Aus: Baiyun oder die Freundschaftsgesellschaft. Suhrkamp Verlag Frankfurt am Main 1980, S. 274-277

PAUL NIZON
Am 19. 12. 1929 in Bern geboren, lebt in Paris.
Wenn es Nachmittag, S. 53
Aus: Im Hause enden die Geschichten. Suhrkamp Verlag Frankfurt am Main 1978, S. 15-18
In Vincents Briefen aus Den Haag, S. 197
Aus: Stolz. Suhrkamp Verlag Frankfurt am Main 1978, S. 116-119

HANS ERICH NOSSACK
Am 31. 1. 1901 in Hamburg geboren, dort gestorben am 2. 11. 1977.
Man könnte sich die Sache natürlich sehr viel einfacher machen, S. 97
Aus: Die gestohlene Melodie. Suhrkamp Verlag Frankfurt am Main 1972, S. 7-14

ERICA PEDRETTI
Am 25. 2. 1930 in Sternberg/Mähren geboren, lebt in La Neuveville/Schweiz.
Schlaflos die ganze Nacht, S. 141
Aus: Heiliger Sebastian. Suhrkamp Verlag Frankfurt am Main 1973, S. 86

ULRICH PLENZDORF
Am 26. 10. 1934 in Berlin geboren, lebt dort.
Natürlich Jeans!, S. 147
Aus: Die neuen Leiden des jungen W. Suhrkamp Verlag Frankfurt am Main 1973, S. 26-30

EINAR SCHLEEF
Am 17. 1. 1944 in Sangerhausen geboren, lebt in Berlin.
Gertrud, S. 361
Aus: Gertrud. Suhrkamp Verlag Frankfurt am Main 1980, S. 371-377

GERTRUDE STEIN
Am 3. 2. 1874 in Allegheny/Pennsylvania geboren, gestorben am 27. 7. 1946 in Paris.
Erzählen, S. 57
Aus: Erzählen. Vier Vorträge. Übertragen von Ernst Jandl. Suhrkamp Verlag Frankfurt am Main 1971, S. 15-21

KARIN STRUCK
Am 14. 5. 1947 in Schlagtow/Mecklenburg geboren, lebt in Hamburg.
Einmal im Leben Urlaub machen, S. 150
Aus: Klassenliebe. Suhrkamp Verlag Frankfurt am Main 1973, S. 92-96

WISŁAWA SZYMBORSKA
Am 2. 7. 1923 bei Posen geboren, lebt in Krakau.
An mein Herz am Sonntag; Pieta, S. 359
Aus: Deshalb leben wir. Übertragen und herausgegeben von Karl Dedecius. Suhrkamp Verlag Frankfurt am Main 1980

SIEGFRIED UNSELD
Am 28. 9. 1924 in Ulm geboren, lebt in Frankfurt am Main.

Welche Bücher möchte der Verleger verlegen?, S. 371
Aus: Der Autor und sein Verleger. Vorlesungen in Mainz und Austin. Suhrkamp Verlag Frankfurt am Main 1978, S. 53-60

MARTIN WALSER
Am 24. 3. 1927 in Wasserburg geboren, lebt in Überlingen.
Also, Anna, S. 166
Aus: Der Sturz. Suhrkamp Verlag Frankfurt am Main 1973, S. 10-12
Ein fliehendes Pferd, S. 300
Aus: Ein fliehendes Pferd. Suhrkamp Verlag Frankfurt am Main 1978, S. 88-90

ROBERT WALSER
Am 15. 4. 1878 in Biel geboren, gestorben am 25. 12. 1956 in Herisau/Schweiz.
Eines Morgens um acht Uhr, S. 274
Aus: Der Gehülfe. Suhrkamp Verlag Frankfurt am Main 1976, S. 5-15

JOSEF WINKLER
Am 3. 3. 1953 in Kamering/Kärnten geboren, lebt in Klagenfurt.
Haus 7. 35 Tiere, 6 Kinder, 9 Kruzifixe, S. 355
Aus: Der Ackermann aus Kärnten. Suhrkamp Verlag Frankfurt am Main 1980, S. 51-54

LUDWIG WITTGENSTEIN
Am 26. 4. 1889 in Wien geboren, gestorben am 29. 4. 1951 in Cambridge.
Über Gewißheit, S. 37
Aus: Über Gewißheit. Herausgegeben von G. E. M. Anscombe und G. H. von Wright. Suhrkamp Verlag Frankfurt am Main 1970, S. 36-40